ISBN 978-0-243-87258-9
PIBN 10751699

This book is a reproduction of an important historical work. Forgotten Books uses
state-of-the-art technology to digitally reconstruct the work, preserving the original format
whilst repairing imperfections present in the aged copy. In rare cases, an imperfection in
the original, such as a blemish or missing page, may be replicated in our edition. We do,
however, repair the vast majority of imperfections successfully; any imperfections that
remain are intentionally left to preserve the state of such historical works.

1 MONTH OF
FREE
READING

at

www.ForgottenBooks.com

By purchasing this book you are eligible for one month membership to ForgottenBooks.com, giving you unlimited access to our entire collection of over 700,000 titles via our web site and mobile apps.

To claim your free month visit:

www.forgottenbooks.com/free751699

VERSAILLES

CERF ET FILS, IMPRIMEURS

59, RUE DUPLESSIS, 59

JUVÉNAL

ÉTUDE SUR JUVÉNAL

AVEC UNE TRADUCTION COMPLÈTE EN VERS FRANÇAIS
ET DES NOTES

PAR

M. GUÉRIN

*Nec verbum verbo curabis reddere, fidus
Interpres.*
(*Art poétique*, vers 133.)

PARIS

LIBRAIRIE LÉOPOLD CERF

13, RUE DE MÉDICIS, 13

1887

A LA MÉMOIRE DE MON AMI

ÉMILE DUPONNOIS

———

A LA MÉMOIRE DE MA FEMME

ANNA BLÜMEL

. . . .
Va, ne crains pas que je t'oublie,
Car, sans toi, plus rien ne m'est beau,
Et, dans mon cœur ensevelie,
Repose en paix dans ce tombeau.

. . . . O mon vieux Juvénal,
Homme d'ivoire et d'or. . . . .
(Victor Hugo)

I

« L'ingénieux hidalgo de la Manche » allant un jour
dans les rues de Barcelone, leva, par hasard, les yeux
et aperçut, au-dessus d'une porte, cette inscription en
très grosses lettres : *Aqui se imprimen libros.* Il s'en
réjouit beaucoup, dit son éminent biographe, « car il
n'avait jamais vu d'imprimerie et il voulait savoir ce
que c'était ». Il y entra donc, et, entre autres choses
qu'il y vit, on lui montra « un homme de bonne mine
et de quelque gravité », qui présidait lui-même à l'im-
pression d'une traduction dont il était l'auteur. Le
chevalier de la Triste Figure, qui agissait comme un
fou, mais qui parlait comme un sage, ayant des clartés
de tout, l'interrogea selon son habitude, et, après quel-
ques réflexions d'une ironie, hélas ! bien pénible pour
un traducteur, il ajouta, par manière de consolation :

JUVÉNAL.   1

« Ce n'est pas que je veuille inférer de là que traduire ne soit un louable exercice, car l'homme pourrait s'occuper à de pires choses et qui lui seraient d'un moindre profit. »

Que ces paroles soient notre excuse, indulgent lecteur, pour avoir tenté, après tant d'autres, de faire passer dans notre langue, le moins infidèlement que nous avons pu, un poète qui, malgré ses imperfections, est et restera l'un des plus grands noms littéraires de l'antiquité. Juvénal, en effet, mérite, sans aucun doute, d'être étudié pour lui-même : l'homme « d'ivoire et d'or », selon l'expression de Victor Hugo, est une de ces âmes sincères et hautes qui donnent à l'expression de leurs sentiments et de leurs idées un tel relief, une vie si intense, qu'ils les assurent à jamais contre le temps. Mais Juvénal ne mérite pas seulement d'être étudié pour lui-même, au point de vue littéraire ; son livre est un *document historique* qui le cède à peine, pour ce qui regarde les mœurs, à l'œuvre de Tacite. Le poète est, lui aussi, un historien, et cette intensité de vie qu'il a mise dans ses vers, il la puisa dans son ardent amour pour la vertu, sans doute, et dans sa haine vigoureuse pour le vice, mais aussi, qu'on le sache bien, dans son amour pour la patrie et pour l'humanité.

Ne dussions-nous retirer d'autre profit de notre travail que d'avoir longtemps vécu dans la familiarité d'un tel homme, ce serait assez pour nous ; mais nous croirions avoir rendu quelque service si nous pouvions induire à nous imiter un nombre plus considérable de nos concitoyens. Notre temps, en effet, n'est pas sans quelque analogie avec la triste époque où vécut Juvénal. Nous ne voulons certes pas calomnier nos mœurs et nous reconnaissons volontiers qu'elles sont encore loin du degré de corruption où étaient tombés les contemporains de Néron et de Domitien. Mais qui oserait affirmer que nous ne glissons pas sur la même pente et que nos âmes amollies n'ont pas besoin de se retremper?

II

Juvénal a eu ses admirateurs enthousiastes et ses détracteurs passionnés. Notre intention n'est point de peser ici minutieusement leurs éloges et leurs critiques ; le meilleur moyen, à notre avis, de bien juger d'un ouvrage, c'est de ne s'en rapporter qu'à soi-même et de le lire tout entier avec attention et sans prévention. Mais la chose n'est pas facile quand il s'agit d'un écrivain comme Juvénal. Il a été jugé si sévèrement et de si haut, que, dans l'intérêt même de la liberté du lecteur, il ne serait peut-être pas inutile de reviser son procès. Or, comme il n'y a de procès bien instruits que ceux qu'on instruit sur pièces, nous citerons beaucoup. Il faut se défier infiniment, surtout en fait de critique, des jugements rendus sur simples plaidoiries.

Une des choses qui ont le plus nui à Juvénal dans beaucoup d'esprits, c'est leur prédilection pour Horace. Nous ne nous attarderons pourtant pas à instituer un parallèle entre ces deux éminents poètes ; nous n'éprouvons aucun besoin de les immoler l'un à l'autre. La différence des talents s'explique assez par la différence des situations et des caractères. L'œuvre, c'est l'homme et le milieu. Horace était, comme il le dit lui-même en riant, un spirituel et délicat « pourceau d'Épicure », un charmant égoïste, aussi sceptique en politique qu'en morale, poète « parasite[1] » selon l'expression même d'Auguste, vivant des générosités de Mécène et des largesses impériales ; mais aimant assez ses aises pour puiser dans cet amour une certaine indépendance ; du reste réduisant tout à l'art de vivre « honnêtement », c'est-à-dire de bien vivre, avec une suffisante mesure et une suffisante dignité. Ajoutons que, au sortir des proscriptions et des guerres civiles, grâce à la paix qu'assurait un despotisme dont on ne sentait pas encore le poids, il y avait plaisir pour les âmes fatiguées à s'abandonner sans crainte aux jouissances d'une vie élégante et voluptueuse. C'est là ce qui explique le ton des satires d'Horace. Il est, comme on l'a dit, assez justement, « le poète du goût

---

[1] Le mot « parasite » n'a point, dans notre pensée, la signification basse qu'on lui donne ordinairement ; mais il implique une dépendance qui exclut la liberté si essentielle au poète satirique.

et de la décence » ; il n'attaque dans le vice que l'excès
ou le ridicule : *Castigat ridendo mores.*

Juvénal ne rit pas, lui, ou, du moins, il ne rit guère.
Le temps du rire est passé. Le despotisme a produit
ses fruits naturels ; la gangrène morale a gagné le
corps social tout entier. Le ridicule disparaît sous l'é-
normité du vice ; c'est le vice qu'il faut atteindre ; c'est
lui qu'il attaque, qu'il prend corps à corps et qu'il
secoue avec toute l'impétueuse vigueur d'une âme in-
dignée.

La différence des temps suffirait donc, à la rigueur,
à rendre compte de la différence des talents et des
formes dans un même genre de compositions. Mais
cette différence a une cause plus profonde dans l'âme
même des deux poètes, dans les mobiles qui les ont
poussés à écrire :

> *Paupertas impulit audax* [1]
> *Ut versus facerem....*

dit Horace ;

> *Facit indignatio versum* [2],

s'écrie Juvénal.

Il est vrai que Juvénal possédait ce qui manquait à
Horace : l'indépendance matérielle.

---

[1] La *pauvreté* audacieuse m'a poussé à faire des vers.
[2] L'*indignation* me dicte mes vers.

III

Junius Juvénal naquit à Aquinum (comme nous le
voyons dans la satire III, vers 316):

>   . . . . *Quoties te*
> *Roma tuo refici properantem reddet* Aquino, —

en l'an 41, la dernière année du règne de Caligula. Sa
longue vie, de plus de quatre-vingts ans, s'écoula sous
une série d'empereurs qui furent : Claude, Néron,
Galba, Othon, Vitellius, Vespasien, Titus, Domitien,
Nerva, Trajan, Adrien. Il était, comme Horace, fils,
ou, peut-être, seulement fils adoptif d'un riche affran-
chi, et jouissait, par conséquent, d'une fortune qui lui
permettait de se livrer à ses goûts littéraires sans
être exposé à la tentation d'adresser à d'abomi-
nables tyrans des flatteries intéressées. Il n'a loué
qu'une fois, — Domitien, il est vrai, — mais au com-
mencement de son règne et d'une chose louable :
d'avoir établi des concours qui fournissaient aux
gens de lettres l'occasion de sortir de la misère
dans laquelle les laissait croupir l'indifférence des
riches.

Dans une critique acerbe, que nous aurons à redres-
ser plus d'une fois, parce qu'elle est, à notre sens, plus

spécieuse que juste, La Harpe ¹ part de ce fait pour

¹ Si, dans cette préface, nous semblons nous attacher à combattre plus particulièrement les jugements de La Harpe ce n'est pas que nous accordions à son opinion une importance dominante, c'est parce que, dans sa réponse à Dusaulx, il a condensé, pour ainsi dire, les critiques diverses dirigées de différents côtés contre Juvénal et qu'en les faisant siennes, il en a pris la responsabilité. Nous estimons qu'il vaut mieux n'avoir affaire qu'à un seul contradicteur.

« Mais, pourrait-on nous objecter, la critique de La Harpe est bien ancienne et l'opinion a changé depuis ». On se tromperait.

Le savant auteur de l'histoire des Romains (et il n'est pas le seul de son école; tant il est vrai que les passions contemporaines retentissent jusque dans les jugements que nous portons sur les hommes et les choses de l'antiquité!), M. Victor Duruy, a fait de Juvénal une critique qui, pour le fond, ne s'écarte pas beaucoup de celle de La Harpe et qui, je vais le démontrer, n'est guère plus juste. La voici :

« Juvénal fait autorité pour les mœurs de cette époque. Que vaut « pourtant son témoignage? Il nous importe de le marquer ; et sa « vie, et sa manière d'écrire nous l'apprendront. »

On voit par ce début que le portrait n'est point tracé à la légère, puisqu'il s'agit, chose capitale ! de peser l'autorité de notre poète en tant que peintre des mœurs de son temps.

« Fils ou pupille (?) d'un affranchi, il ne semble pas avoir eu une « existence facile. »

Ce « il ne semble pas » est fort étrange ; car, M. Duruy n'a pu, comme tout le monde, trouver ce renseignement sur Juvénal que dans la biographie attribuée à Suétone, ou dans les vers mêmes du poète. Or, Suétone débute précisément en disant que Juvénal était fils ou fils adoptif (alumnus) d'un riche affranchi, *libertini locupletis* ; et, quant aux fragments de vers cités par M. Duruy dans une note : *res exiguæ...* et *humilis domus* (Sat. xi, vers 129 et 169), il s'en faut beaucoup, comme on le verra clairement au cours de cette préface, qu'ils aient le sens qu'on leur donne. Il ne s'agit, en effet, ici que d'une comparaison entre la simplicité, la frugalité de Juvénal dans son honnête aisance et le luxe effréné des Apicius de son temps. (Voir Sat. xi, note 1.)

« Du moins, il ne sut *réussir* ni au barreau, *puisqu'il resta pauvre,* « lorsque tant d'autres s'y enrichissaient, ni à l'armée, puisqu'il ne put « s'élever au-dessus du grade de commandant d'une cohorte, et il « déclama longtemps sans avancer davantage sa fortune. »

Je ne relève pas toutes les allégations contenues dans ce passage ; la réfutation en serait peut-être cruelle. Elles tombent, du reste, devant ces paroles du biographe rapportées par M. Duruy lui-même dans la note précitée : *Ad mediam fere ætatem declamavit animi magis causa quam quod scholæ se aut foro præpararet.* C'est-à-dire, en propres termes, qu'ayant assez de bien pour vivre de ses rentes, il ne

s'élever avec une grande véhémence contre le carac-

voulut être ni rhéteur, ni avocat. Il ne voulut pas davantage être mili-
taire ; et, s'il fut nommé commandant d'une cohorte, il le fut bien
malgré lui, à l'âge de plus de quatre-vingts ans ; on sait à quelle
occasion et par qui. Le lecteur comprendra certainement, sans qu'il
soit besoin d'insister, que, lorsqu'on débute à cet âge dans la carrière
militaire, il est difficile de s'y élever bien haut.

Contrairement à l'affirmation du biographe de Juvénal, M. Duruy
veut, malgré l'évidence (Voir Sat. xv, vers 45 : *quantum ipse notavi*)
que notre poète ait été envoyé en Bretagne plutôt qu'en Egypte, et
cela, sur l'autorité de Sidoine Apollinaire. En quoi, nous croyons
qu'il se trompe, et nous savons bien pourquoi : il ne fallait pas laisser
sur Hadrien, son favori, la tache de cette odieuse plaisanterie. » Il
paraît, dit-il, toujours sur l'autorité de Sidoine Appollinaire, que la
cause de « son exil... fut la récitation en plein théâtre, par un ac-
» teur, de quelqu'une de ses pièces. » — Ceci encore est en contra-
diction manifeste avec ce que dit le biographe, qu'il fit plusieurs fois,
de ses œuvres des lectures publiques qui furent très suivies et très
applaudies : *Magna frequentia, magnoque successu bis ac ter auditus
est*, et que c'est à la suite de ces lectures qu'il fut relégué en Egypte.

« Ce fut sur le tard qu'il se mit à la poésie, dans les années où
» l'imagination est déjà refroidie, mais lorsqu'il reste encore assez de
» chaleur au sang *pour la colère*. Par sa naissance, son talent et la
» médiocrité de son bien, il était, comme Martial, ce que nous appel-
» lerions : *un déclassé* (Voir Satire xi, note 1) ; mais le poète de Bil-
» bilis, joyeux de caractère, aimait à rire, même dans la gêne. Juvé-
» nal, au contraire, *un de ces hommes que la nature ou leur condition
» rend moroses*, voyait en noir et peignit tout de cette couleur. Il ne
» connaît pas les nuances et s'irrite autant d'un travers que d'un
» crime. *La société où il ne trouvait qu'une place modeste* lui parut
» naturellement mal faite et il s'en fit le juge implacable ; à
» moins que *cette grande colère* n'ait été qu'un calcul et que, au lieu de
» tableaux d'histoire, il faille voir dans son œuvre d'anciennes thèses
» d'école versifiées avec éloquence. *Lui-même nous apprend* qu'avant
» d'écrire, il examina *froidement* tous les genres en vogue et que,
» *par ennui* des élégies et des Théséïdes dont ses oreilles étaient re-
» battues, *il se décida pour la Satire parce qu'elle était délaissée.* »

Par ce que nous avons dit plus haut, nous croyons avoir suffisam-
ment établi que Juvénal n'était pas un déclassé ; par conséquent, tous
les raisonnements échafaudés sur ce fait tombent d'eux-mêmes. Mais
ce que nous ne pouvons laisser passer sans protester, c'est cette affir-
mation de M. Duruy que, après avoir examiné *froidement* tous les
genres en vogue, Juvénal se décida pour la satire *parce qu'elle était
délaissée.* (Délaissée ! au temps de Perse, de Pétrone, de Turnus, de
Martial, etc...)

tère de Juvénal à qui il fait un crime de n'avoir pas

En vérité, Monsieur Duruy, vous connaissez à fond votre Juvénal ; il y paraît dans votre histoire ; mais vous le lisez bien mal quand vous voulez !

Juvénal veut expliquer pourquoi il fait des *vers* et pourquoi ces vers sont des *satires ;* et voici son raisonnement réduit à sa plus grande simplicité : Tout le monde fait des vers, dit-il ; pourquoi n'en ferais-je pas ? — Soit, lui répond-on ; mais pourquoi faire des satires ? — Écoutez, dit le poète ; et, après avoir ramassé, dans une rapide esquisse, les vices, les crimes, les bassesses, les turpitudes de son temps, il laisse éclater ce vers si connu :

Si natura negat, facit indignatio versum,

Si ma verve native à mes vœux se refuse,
Muse Indignation, toi, tu seras ma Muse.

Voilà, Monsieur Duruy, pourquoi Juvénal a fait des satires. Ce n'est pas parce qu'il était un déclassé morose qui trouvait la société mal faite ; ce n'est pas parce que la satire était délaissée, c'est parce qu'il était un honnête homme qui, au milieu de la dépravation générale, n'avait pas perdu la faculté de s'indigner. Il fit ses Satires comme Victor Hugo a fait ses *Châtiments.*

Mais *prudemment* il fuit son temps...

Ici encore ce reproche de lâcheté que nous avons trouvé dans La Harpe. Eh bien ! il faut pourtant s'entendre : c'est la question même *d'être ou de ne pas être.* Juvénal, octogénaire, fut relégué en Egypte par Hadrien, qui n'était point un tyran, pour une critique assez anodine à l'adresse d'un favori ; que pense-t-on qu'eût fait Néron après la satire VIII, ou Domitien, après la satire IV ?... On ne pouvait pas, alors s'exiler à Jersey « terre libre » et civilisée. Hors de l'empire Romain il n'y avait que des Barbares, et chez eux même quelle sécurité ? Ce reproche revient donc tout simplement à ceci : Pourquoi, dès sa première satire, ne s'est-il pas fait empaler ?

Tœda lucebit in illa
Qua stantes ardent qui fixo gutture fumant.
(Sat. I, vers 155).

Voyons, Messieurs, ne trouvez-vous pas qu'il y a là un peu d'exagération ?

« Cessez donc de prendre Juvénal pour le peintre véritable des » mœurs romaines, surtout du temps où il a vécu, le grand siècle des » Antonins. »

Cette conclusion de M. Duruy, conclusion *laborieusement* et *industrieusement* amenée, appelle une première observation d'ordre tout historique. Le temps où a vécu Juvénal est, dites-vous, le « grand loué Trajan [1]. C'est, selon nous, commettre une étrange

siècle » des Antonins... En vérité ? Si vous faites commencer le
siècle des Antonins à Trajan, Juvénal avait cinquante-huit ans à
l'avènement de ce prince qui, malgré ses grandes qualités, n'était
certainement pas sans vices, puisqu'il aimait le vin et les... Gany-
mèdes. A l'avènement de Hadrien, il en avait soixante-quinze. N'est-
ce pas dire que, sans être fini au point de vue de la production litté-
raire (plusieurs de ses meilleures satires sont postérieures à cette épo-
que), il était arrivé à un âge où le pli est pris, où les conceptions ne
changent pas ? Et s'il pouvait entendre vos critiques, ne serait-il pas
en droit de vous répondre : « Je faisais des satires et non des pané-
» gyriques ; les Pline suffisaient à cette besogne. » Juvénal n'a rien à
voir avec le siècle des Antonins. Son siècle, à lui, c'est le siècle des
Néron et des Domitien ; et, pour cette époque, la vérité de ses tableaux
ne peut guère être contestée, à moins de récuser, en même temps, le
témoignage unanime de tous les contemporains, depuis Tacite jusqu'à
Suétone, en passant par Pétrone et Martial. Cette unanimité était fort
gênante pour M. Duruy ; aussi se trouve-t-il entraîné à faire, à l'égard
de Tacite, de Suétone et des autres écrivains de ce temps, à peu près
ce qu'il a fait à l'égard de Juvénal, à mettre en suspicion leur témoi-
gnage et à saper leur autorité. — Pourquoi ? — La raison n'en est
que trop facile à saisir : M. Duruy est certainement un honnête homme,
aimant le bien, le comprenant et ayant mis tout son zèle à le réaliser ;
mais, à son grand dommage, un jour, l'Empire l'a pris, et il en a
coûté quelque chose au penseur et à l'historien.

Que le lecteur veuille bien nous pardonner la longueur de cette
note. Elle était indispensable.

[1] Au silence de Juvénal, La Harpe oppose le langage de Tacite.
Tacite qui avait, comme Pline, des raisons particulières pour louer
Trajan, le loue, en effet, dans le troisième chapitre de sa vie d'Agri-
cola, d'avoir, après la sanglante tyrannie de Domitien, rendu la sécu-
rité aux Romains. Mais il était trop philosophe pour prétendre qu'un
changement heureux dans le principat pût amener, en même temps, un
changement analogue dans les mœurs. Il fait, au contraire, dans ce
même passage, des remarques profondes à cet égard. « *Natura tamen*,
dit-il, *infirmitatis humanæ, tardiora sunt remedia quam mala, et ut
corpora lente augescunt, cito exstinguuntur, sic ingenia studiaque op-
presseris facilius quam revocaveris.* »

Ce qui prouve que ce « grand Siècle des Antonins » comme l'ap-
pelle M. Duruy, ne fut grand que dans le principat, qui fut occupé
successivement par quatre hommes de mérite, c'est ce qui se passa
après la mort de Marc-Aurèle, dont le fils Commode put renouveler
tous les crimes et toutes les folies des plus méchants princes ses pré-
décesseurs, sans trouver, dans les mœurs publiques, plus de résistance
qu'ils n'en avaient trouvé eux-mêmes.

méprise. Juvénal n'était pas un poète courtisan. Son
idéal n'était pas du côté du despotisme, fût-il honnête
et intelligent. A tort ou à raison, comme les âmes les
plus fières de son époque, il se tournait vers le passé,
vers ces temps héroïques où la République romaine
était encore honnête et libre. L'expérience même qu'il
avait faite en louant Domitien était bien propre à
le guérir de toute tentation de louer désormais les
princes. Il y a peu de règnes qui ne soient d'abord
pleins de promesses. Pour quiconque a lu Tacite sans
prévention, sans se laisser troubler la vue par le reflet
sinistre que les dernières années de Tibère jettent ré-
trospectivement sur le commencement de son princi-
pat, n'est-il pas vrai qu'il est, par sa haute raison, par
l'ensemble des qualités qui font un sage prince, fort
au-dessus de ce Sénat et de ce peuple qui se « ruaient
à la servitude » et qui ne tardèrent guère à le fatiguer
de leur bassesse? Caligula, lui-même, ne fut-il pas
d'abord les délices de Rome? *Incendebat et ipse, dit
Suétone, studia hominum omni genere popularitatis.*
Mais les délices de Rome en devinrent bientôt l'hor-
reur : *Hactenus quasi de principe ; reliqua ut de
monstro narranda sunt.*

Et Néron?...

Est-il bien sûr que Titus lui-même eût résisté à
l'enivrement de la toute puissance et n'eût pas fini,
s'il eût vécu plus longtemps, comme finit son frère
Domitien, qui avait commencé comme lui?

Donc Juvénal avait raison, ou, du moins, avait des

raisons sérieuses, après avoir accidentellement loué
Domitien, de ne plus louer personne. Il en est de la
vertu comme du bonheur ; pour savoir si un prince
est vertueux et mérite qu'on le loue pour sa vertu,
il faut attendre sa fin et laisser à ses flatteurs le soin
de lui ériger, de son vivant, des statues qu'ils se-
ront les premiers à jeter bas le lendemain de sa
mort.

Mais ce n'est là, pour ainsi dire, qu'un reproche
accessoire. Le reproche principal, la critique majeure
que La Harpe adresse à Juvénal, c'est que ses satires
ne sont qu'une « invective continuelle » et qu'il ne
« sort pas de la fureur ».

Cette accusation, il importe de la relever sérieuse-
ment ; car elle pèse sur Juvénal comme une condam-
nation passée en force de chose jugée.

Certes, si l'invective avait dû se donner carrière,
n'est-ce pas, surtout, contre cette série d'empereurs
qui, de Tibère à Domitien, ont été, presque sans inter-
ruption, de véritables monstres? Eh bien! quand on
cherche dans les satires de Juvénal ce qu'il a dit de
chacun d'eux, on est étonné du peu de place qu'ils y
tiennent et de la modération relative avec laquelle ils
y sont traités. Pour qu'on en puisse juger sûrement,
voici les pièces :

Voyons d'abord Tibère.

La seule fois qu'il en parle, si j'ai bonne mémoire,
c'est dans la dixième satire, dans le superbe tableau
de la chute de Séjan. Qu'en dit-il?

.... Verbosa et grandis epistola venit
A Capreis. — Bene habet ; nil plus interrogo.

Une lettre verbeuse arriva de Capris....
— Je n'interroge plus ; c'est assez ; j'ai compris.
(V. 71.)

.... Si oppressa foret secura senectus
Principis...

Le vieux prince accablé dans sa sécurité....
(V. 75.)

Quam timeo victus ne pœnas exigat Ajax
Ut male defensus !...

Ajax vaincu, dit-il, je tremble quand j'y pense,
Va nous punir d'avoir trop mal pris sa défense...
(V. 84.)

. . . . . *Tutor haberi*
Principis angusta Caprearum in rupe sedentis
Cum grege Chaldœo....

De gouverner, aux yeux de l'Univers surpris,
Son maître confiné sur le roc de Capris
Au milieu d'un troupeau de prêtres de Chaldée.
(V. 92.)

C'est tout. Où est l'invective ?

Nous trouvons à peine une allusion à Caligula dans
la Satire VI, et c'est une excuse de ses fureurs attri-
buées par Juvénal à un philtre qui lui aurait été donné
par sa femme Césonie.

.... Tamen hoc tolerabile, si non
Et furere incipias ut avunculus ille Neronis

Cui totam tremuli frontem Cesonia pulli
Infudit....

Mais ce ne serait là qu'un accident vulgaire
Si tu n'extravaguais jusques à la fureur,
Comme le fit jadis ce Caïus empereur,
Cet oncle de Néron, à qui sa Césonie
Avec l'hippomanès versa la tyrannie,...

(Sat. VI, vers 614).

De Claude, Juvénal parle plusieurs fois, mais en pas-
sant et, pourrait-on dire, avec une dédaigneuse sym-
pathie ; c'est une victime.

Victime de Messaline :

         . . . . . *Claudius audi*
Quæ tulerit....

(Sat. VI, vers 115 et suivants).

Dedecus ille domus sciet ultimus....

(Sat. X, vers 342).

Victime d'Agrippine :

.... *Minus ergo nocens erit Agrippinæ*
Boletus, siquidem unius præcordia pressit
Ille senis tremulumque caput descendere jussit
In cælum, et longam manantia labra salivam.

Le bolet d'Agrippine eut des effets plus doux,
Car il ne suffoqua qu'un vieillard, son époux,
Qui, la tête branlante et la lèvre imbécile,
Déjà penchait au ciel, son digne domicile....

(Sat. VI, vers 620).

Vilibus ancipites fungi ponentur amicis,
Boletus domino : sed qualem Claudius edit
Ante illum uxoris, post quem nil amplius edit.

A l'ami pauvre on sert le mousseron douteux ;
On réserve au patron ces champignons coûteux
Qui de Claude César embaumaient la cuisine
Avant qu'il eut goûté le bolet d'Agrippine,
Car, après lui, plus rien jamais il ne goûta.

(Sat. v, vers 146).

Victime de Narcisse :

. . . . *Nec divitiæ Narcissi,*
Indulsit Cæsar cui Claudius omnia, cujus
Paruit imperiis, uxorem occidere jussus.

. . . . Ni ce qu'en sa faiblesse
César Claude à Narcisse octroya de trésors ;
Narcisse dont, pourtant, sans honte et sans remords,
L'Empereur à ce point subit la discipline
Qu'à son ordre il signa la mort de Messaline.

(Sat. xiv, vers 329).

Dans tout cela nous voyons bien une sorte de pitié,
ou plutôt, comme nous le disions tout à l'heure, de
sympathie dédaigneuse ; mais, encore une fois, où est
l'invective ? Où est la colère ?

Néron est pris directement à partie dans la sa-
tire viii, sur la noblesse, et là le ton s'élève, nous en
convenons, jusqu'à l'invective la plus éloquente. Mais
qui oserait dire qu'elle dépasse la mesure ? Pour nous,
nous le confessons volontiers, un de nos étonnements,
c'est qu'un peuple qui avait connu la liberté, le peuple
des Brutus et des Caton, en soit jamais venu à un tel
degré d'abaissement qu'il ait pu supporter pendant
quatorze années un pareil monstre. Juvénal n'a fait

qu'exprimer en grand poëte les sentiments qui nais-
sent, dans toute âme élevée, à la lecture de Suétone ou
de Tacite. Qu'on en juge :

Libera si dentur populo suffragia, quis tam
Perditus ut dubitet Senecam præferre Neroni,
Cujus supplicio non debuit una parari
Simia, nec serpens unus, nec culeus unus ?
Par Agamemnonidæ crimen, sed causa facit rem
Dissimilem ; quippe ille, diis auctoribus, ultor
Patris erat cæsi media inter pocula ; sed nec
Electræ jugulo se polluit, aut Spartani
Sanguine conjugii ; nullis aconita propinquis
Miscuit ; in scena nunquam cantavit Orestes ;
Troïca non scripsit. Quid enim Verginius armis
Debuit ulcisci magis, aut cum Vindice Galba ?
Quid Nero tam sæva crudaque tyrannide fecit ?
Hæc opera atque hæc sunt generosi principis artes
Gaudentis fædo peregrina ad pulpita saltu
Prostitui, Graïæque apium meruisse coronæ.
Majorum effigies habeant insignia vocis ;
Ante pedes Domiti longum, tu, pone Thyestæ
Syrma, vel Antigones, seu personam Menalippes,
Et de marmoreo citharam suspende colosso.

Rétablissez le peuple en son libre suffrage ;
Est-il un citoyen qui soit assez peu sage
Pour estimer Sénèque au-dessous de Néron,
Ce monstre, de tout vice éhonté fanfaron,
Parricide odieux, digne qu'on le flétrisse
D'une triple infâmie et d'un triple supplice ?
Du fils d'Agamemnon pareil est le forfait ;
Mais combien différent l'intention le fait !
Quand de son père mort il poursuit la vengeance,
Aux oracles des Dieux il rend obéissance,
Mais du pur sang d'Electre il ne se souille pas ;
De la fille d'Hélène il maudit les appas,

Il ne lui verse point l'aconit des marâtres ;
Sa voix ne retentit jamais dans les théâtres ;
De Troie il ne chanta jamais l'embrasement...
Verginius, Vindex, Galba, c'est le moment ;
Qu'attend donc pour frapper votre arme vengeresse ?
De l'absolu pouvoir dont le poids vous oppress ;
Qu'a fait Néron ?... Voici les travaux glorieux
Du tyran baladin qui compte tant d'aïeux :
Du trône des Césars, sur la scène écœurée,
Il a prostitué la majesté sacrée,
Pour arracher aux Grecs des couronnes... Suspends
Aux portraits des aïeux, suspends ces monuments ;
Aux pieds de ces Nérons, dont le nom seul te reste,
Dépose, artiste-roi, la robe de Thyeste,
Le masque qui couvrit ton front impérial,
Et, poussant jusqu'au bout le respect filial,
Appends ta noble lyre au colosse d'Auguste.

                                   (Sat. VIII, v. 210.)

Nous négligeons quelques autres passages où il est
fait allusion à Néron ; celui-ci est le plus considérable
et le plus accentué. — De bonne foi, y a-t-il là rien
d'excessif ? Qu'on veuille bien comparer les invectives
de l'auteur des *Châtiments* contre un autre César
exécrablement funeste, mais qui, pourtant, n'était
pas un Néron, et qu'on nous dise de quel côté se
trouve le plus de passion et de colère ?

Passons Galba, dont le nom est à peine prononcé
dans le fragment qui précède et dans celui qui suit.

Othon est traité, sans doute, avec un parfait mépris ;
mais ce mignon de Néron méritait-il un meilleur trai-
tement ?

Ille tenet speculum pathici gestamen Othonis,

Actoris Aurunci spolium, quo se ille videbat
Armatum, quum jam tolli vexilla juberet.
Res memoranda novis annalibus atque recenti
Historia; speculum civilis sarcina belli !
Nimirum summi ducis est oecidere Galbam
Et curare cutem : summi constantia civis
Bebriaci in campo spolium affectare palati
Et pressum in faciem digitis extendere panem.

L'autre tient un miroir, comme l'infâme Othon ;
C'etait là pour Turnus les dépouilles opimes
D'Actor ; il y mirait ses armes clarissimes
Le jour où, par son ordre, on leva l'étendard.
Que l'histoire à ce trait donne une place à part ;
Parmi les faits récents il mérite une page.
Pour la guerre civile admirable équipage !
O le grand général ! Est-il exploit plus beau ?
Il égorge Galba, mais il soigne sa peau ;
Le ferme citoyen et le mâle courage !
Le mignon, de sa main, empâte son visage
Tandis qu'à Bédriac l'empire est au destin.

                                    (Sat. II, v. 99.)

Suétone, qui est loin de lui être défavorable, n'est-il
pas encore plus explicite?

Munditiarum pœne muliebrium, vulso corpore,
galericulo capiti propter raritatem capillorum adap-
tato et annexo ut nemo dignosceret; quin et faciem
quotidie rasitare ac pane madido linire consue-
tum etc...

De Vitellius et de Titus, pas un mot. Une simple
allusion à Vespasien dont il rappelle la parole bien
connue :

            Lucri bonus est odor ex re
Qualibet....

D'où qu'il vienne, crois-moi, l'argent sent toujours bon.
                                        (Sat. xiv, v. 204.)

Domitien est, sans doute, celui de tous les empereurs
qu'il a le plus énergiquement flétri. Peut-être ne lui
pardonnait-il pas de l'avoir assez trompé pour lui
arracher des éloges qu'il regrettait. Aussi le place-t-il
parmi les hypocrites de la deuxième Satire (v. 29) :

> *Qualis erat nuper tragico pollutus adulter*
> *Concubitu, qui tunc leges revocabat amaras*
> *Omnibus, atque ipsis Veneri Martique timendas,*
> *Quum tot abortivis fecundam Julia vulvam*
> *Solveret et patruo similes effunderet offas.*

Tel nous vîmes naguère un de nos Empereurs,
Incestueux, souillé d'un tragique adultère,
Ressusciter lui-même une loi si sévère
Qu'elle eût fait trembler Mars et Venus, cependant
Que sa nièce Julie, à la honte cédant,
Tirait, avec le fer, de sa vulve féconde,
Des traits accusateurs pour le Maître du monde.

Le fait n'est-il pas historique? Ou est-il exagéré?
Juvénal consacre même à Domitien une satire tout
entière, la ive, le Turbot, d'un sentiment profond,
assurément, mais fort contenue dans le ton et d'autant
plus pénétrante.

En voici les traits les plus directs :

> *Quum jam semianimum laceraret Flavius orbem*
> *Ultimus et calvo serviret Roma Neroni.*

Le dernier des Flaviens désolait l'Univers ;
Rome de ce Néron chauve execrait les fers...
                                        (V. 37.)

> . . . . *Vocantur*
> *Ergo in concilium proceres, quos oderat ille,*
> *In quorum facie miseræ magnæque sedebat*
> *Pallor amicitiæ. . . .*

Le Sénat par César convoqué sans façon,
Ce Senat qu'il déteste, accourt pâle de crainte,
D'une amitié sinistre inéluctable empreinte...

(V. 72.)

Nous passons ici quelques traits que nous citerons
un peu plus bas et nous arrivons à la fin :

> *Atque utinam his potius nugis tota illa dedisset*
> *Tempora sævitiæ, claras quibus abstulit Urbi*
> *Illustresque animas, impune et vindice nullo !*
> *Sed periit, postquam cerdonibus esse timendus*
> *Cæperat; hoc nocuit Lamiarum cæde madenti.*

Ah ! que n'employa-t-il en telles vanités
Tout le temps qu'il donnait à ses férocités !
Rome n'eût pas pleuré tant d'illustres victimes
Sans qu'un vengeur osât le punir de ses crimes.
Il périt à la fin, mais lorsque sa fureur
Jusqu'au cœur de la plèbe eut porté la terreur;
Voilà ce qui perdit cette bête inclemente
Du sang des Lamias encor toute fumante.

(V. 150.)

Peut-être nous trompons-nous ; mais nous n'apercevons dans ces vers qu'un sentiment de tristesse et
d'humiliation patriotique ; nous ne pouvons y voir
« cette invective continuelle » dont parle La Harpe et
qui, aux yeux de nombre d'esprits prévenus, forme le
trait dominant de Juvénal, bien plus, son principal
mérite. Dans tout ce que nous avons cité, notre poète
est-il « toujours en colère » ? Nous voulons bien ad-

mettre qu'il y soit quelquefois, mais à condition qu'en
échange de cette concession, très généreuse de notre
part, on admettra que sa colère, si elle existe, n'est
pas sans quelque raison.

Nous reconnaissons que, à part Galba qu'il cite deux
fois accidentellement, il n'a jamais écrit le nom de
ceux qu'on appelle « les bons Empereurs » : Vespa-
sien, Titus, Nerva, Trajan, Adrien ; ce dernier, pas
même pour s'en plaindre, pas même pour le fléchir.
Que conclure de ce silence ? — Rien, à notre avis, que
de favorable au caractère de Juvénal. C'est qu'il
n'était ni un courtisan d'Auguste, ni un pensionnaire
de Louis XIV, mais une âme indépendante et fière, un
Républicain dont l'idéal politique, et surtout moral,
était situé non dans le présent, ni même dans l'avenir,
mais dans le passé. Qui oserait lui en faire un re-
proche ?

Mais, insinue-t-on, toutes ces satires, il ne les a
écrites que sous Trajan et sous Adrien. — En suppo-
sant que cette assertion soit indiscutable, qu'est-ce
à dire ? S'imagine-t-on qu'on jouit alors de la liberté
de la presse ? Et ne voit-on pas que publier les satires
sous un Néron ou sous un Domitien c'eût été tout
simplement, et *sans aucun fruit d'ailleurs*, tendre la
gorge au couteau ? Il ne serait que juste d'accorder à
Juvénal qui, lui, du moins, paya de l'exil et, peut-être,
de la vie, une critique, pourtant assez anodine, un
peu de cette indulgence qu'il n'a pas refusée aux con-
seillers *nécessaires* des empereurs :

. . . . *Venit et Crispi jucunda senectus,*
Cujus erant mores, qualis facundia, mite
Ingenium. Maria ac terras populo,que regenti
Quis comes utilior, si clade et peste sub illa
Sævitiam damnare et honestum afferre liceret
Consilium ? Sed quid violentius aure tyranni,
Cum quo de pluviis aut æstibus, aut nimboso, ,
Vere locuturi fatum pendebat amici ?
Ille igitur nunquam direxit brachia contra
Torrentem ; nec civis erat qui libera posset
Verba animi proferre et vitam impendere vero.
Sic multas hiemes atque octogesima vidit
Solstitia. . . .

Sur ses pas, de Crispus vient l'aimable vieillesse.
En lui, tout est douceur, et sa voix qui caresse,
Et, non moins que sa voix, son esprit et son cœur ;
Compagnon précieux pour qui règne en vainqueur
Sur la mer et la terre et des peuples sans nombre,
S'il eût été permis, sous ce tigre à l'œil sombre,
De condamner jamais ses ordres rigoureux
Et de lui faire entendre un conseil généreux.
Nul plus que le tyran n'eut l'oreille irascible ;
Un vain mot devenait un crime irrémissible :
La « pluie » et le « beau-temps », le « brouillard du matin »
D'un ami maladroit avançaient le destin.
Crispus n'essaya pas d'apprivoiser la brute
Et contre le torrent il n'entra point en lutte ;
Il ne connaissait pas la mâle liberté
Qui fait que l'on s'immole à l'âpre vérité :
Quatre fois vingt hivers il prolongea sa vie...
                              (Sat. IV, v. 81.)

Quand Victor Hugo, à qui, certes, on ne refusera pas le courage, quand Victor Hugo écrivait ses immortels *Châtiments*, il était à Jersey, sur une terre libre. Pense-t-on qu'il eût pu les publier en France sous l'Empire ?

IV

Nous croyons avoir surabondamment établi, et sur
pièces, que Juvénal n'est point un « déclamateur furi-
bond » tel que se le représentait La Harpe et que, sur
la foi de Boileau peut-être, se le représentent encore
tant de gens qui n'en ont fait qu'une étude trop super-
ficielle :

> Juvénal, élevé dans les cris de l'école,
> Poussa jusqu'à l'excès sa mordante hyperbole.

On sait, heureusement, le cas qu'il faisait des décla-
mations, soit par le début de la première satire, soit
par le passage important de la septième (v. 150) :

> *Declamare doces, o ferrea pectora Vecti....*

soit enfin par ces vers de la dixième (v. 166) :

> *.... I, demens, et sævas curre per Alpes*
> *Ut pueris placeas et declamatio fias.*

Ce qui est vrai, si, du moins, nous en croyons son
biographe, c'est que Juvénal semble avoir longtemps
suivi les leçons des rhéteurs, mais sans autre but que
« la culture de son esprit » : *ad mediam fere ætatem
declamavit, animi magis causa quam quod scholæ
se aut foro præpararet.* L'indépendance de sa fortune

le dispensait de prendre une carrière et lui permettait
de cultiver les lettres pour elles-mêmes. Il est vrai-
semblable, toutefois, si l'on s'en rapporte à ses propres
déclarations, et si l'on considère qu'il ne commença
pas à écrire avant l'âge de quarante ans, il est vrai-
semblable, disons-nous, qu'il répugnait à se faire écri-
vain de profession. Mais, après Tibère et Caligula,
dont le souvenir pesait encore sur les âmes, trente ans
de vie sous un Claude et sous un Néron, puis (après un
court répit), sous un Domitien ; le spectacle de tous
les vices, de toutes les dégradations, de toutes les ab-
jections, de toutes les turpitudes ; le sentiment de la
décadence irrémédiable de cette patrie jadis si glorieu-
sement austère, de la forte race qui avait produit
les Décius. les Fabius, les Fabricius, les Brutus, les
Catons et tant d'autres grands et vertueux citoyens, il
y avait bien là de quoi remplir d'amertume une âme
formée sur le patron des Helvidius, des Thraséa, des
Lucain et des Tacite. Le flot monta peu à peu, et le
moment vint où, dans l'impuissance de le contenir
et malgré la défiance que Juvénal semble avoir eue de
son génie, il fallut bien le laisser déborder :

Si natura negat, facit indignatio versum.

Si ma verve native à mes vœux se refuse,
Muse Indignation, toi, tu seras ma muse.

(Sat. I, v. 79.)

Mais de cette indignation quelle est la vraie source ?
Est-ce la haine contre les personnes ? — Non. — C'est,

comme nous le disions tout à l'heure, le spectacle de
la perversité, de la corruption du siècle. Sans doute,
la corruption et la perversité ne sont pas des choses
abstraites ; elles s'incarnent nécessairement dans le
pervers et le corrompu ; il est difficile de parler du vice
sans parler du vicieux. Mais il est aisé de reconnaître
que, dans Juvénal, le vicieux n'est nommé que pour
souligner le vice. Quand il nomme un Gracchus, un Fa-
bius, un Mamercus, on sent fort bien que de Gracchus
lui-même, ou de Fabius, ou de Mamercus, il se soucie
peu, en réalité ; ce qui le choque en eux, c'est la dégra-
dation même de Rome, tombée à un tel degré d'abais-
sement que les héritiers légitimes des noms les plus
illustres puissent monter sur la scène ou descendre
dans le cirque, pour y jouer le rôle de bouffons et de
gladiateurs, aux applaudissements d'une foule abjecte
qui ne sait plus demander que du pain et des jeux
« *panem et circenses* ». Et c'est pour cela, précisé-
ment, que les satires de Juvénal sont restées, à peu de
chose près, aussi intéressantes pour nous que pour ses
contemporains. Les personnages qu'il y fustige ne sont
pas des individus, ce sont des types ; ce qu'il flagelle
sur leur dos, ce n'est pas leur vice particulier, c'est la
corruption commune, corruption rendue plus mani-
feste par le contraste de la vertu des aïeux qui avait
fait Rome si grande. C'est ce contraste, dont il s'af-
flige plus encore qu'il ne s'en indigne, qui est au fond
des satires de Juvénal et qui en fait le principal inté-
rêt. Si bien qu'on a peine à s'expliquer cette observa-

tion de La Harpe : « Je viens, dit-il, de relire toutes
» les satires ; j'avoue que je n'ai vu nulle part qu'il
» réclamât contre le pouvoir arbitraire, ni qu'il reven-
» diquât les droits de la liberté républicaine. »

Outre que La Harpe avait mal lu, car, entr'autres
passages, nous pouvons rappeler ces vers déjà cités :

> Libera *si dentur populo* suffragia, *quis tam*
> *Perditus ut dubitet Senecam præferre Neroni ?*
>
> . . . .
>
> *Quid Nero tam* sæva crudaquc tyrannide fecit ?

il avait certainement mal compris. Juvénal, en effet,
ne se contente pas de refuser tout éloge aux tyrans,
aux « bons tyrans », au point de ne pas même les
nommer ; il glisse les noms des champions et des mar-
tyrs de la liberté jusque dans des endroits où l'on pour-
rait s'étonner de les voir. Ainsi, dans la satire v, sur
les Parasites, voulant donner la plus haute idée du vin
que boit Virron : « C'est, dit-il, de tels vins que
» buvaient Helvidius et Thraséa, lorsque, couronnés
» de fleurs, ils célébraient la fête des Brutus et de
» Cassius » :

> *Quale coronati Thrasea Helvidiusque bibebant*
> *Brutorum et Cassi natalibus.*
>   (Sat. v, vers 36.)

Ce qui a causé l'erreur de La Harpe, c'est que nulle
part Juvénal ne dogmatise sur la tyrannie ou sur
la liberté, par cette excellente raison qu'il n'est pas
un publiciste traitant didactiquement de la meilleure

des républiques, mais un poète écrivant, au gré de son inspiration, sous l'empire d'un sentiment irrésistible. Qu'on lise les *Châtiments* qui sont, à notre avis, la plus éloquente satire que le génie d'un poète ait jamais enfantée ; si l'on ne regarde qu'au titre des morceaux dont elle se compose, la variété en est grande ; le sentiment qui en est la source est unique. Il met partout son empreinte, jusque sur la Nature elle-même :

> O soleil, ô face divine,
> . . . .
> . . . .
> O vierge forêt, source pure,
> Lac limpide que l'ombre azure,
> Eau chaste où le ciel resplendit,
> Conscience de la Nature,
> *Que dites-vous de ce bandit ?*

> J'avais le front brûlant, je sortis de la ville,
> . . . .
> Je m'enfuis dans les champs paisibles et dorés.
> O contre-coup du crime au fond de l'âme humaine,
> La Nature ne put me calmer. L'air, la plaine,
> Les fleurs, tout m'irritait ; *je frémissais devant*
> *Ce monde où je sentais ce scélérat vivant.*
> Sans pouvoir m'apaiser je fis plus d'une lieue.
> Le soir triste monta sous la coupole bleue ;
> Linceul frissonnant, l'ombre autour de moi s'accrut ;
> Tout-à-coup la nuit vint et la lune apparut
> Sanglante, et, dans les cieux, de deuil enveloppée,
> Je regardai rouler cette tête coupée.

Et vingt autres passages.

Ce sentiment unique qui poursuit Victor Hugo jus-

qu'au sein de la nature ; qui s'élève du fond de son
âme de poète sublime et de grand citoyen au spectacle
des blessures et des souillures infligées à la Patrie, à
l'honneur, au droit, à l'humanité, par l'iniquité triom-
phante, c'est le même qui remplissait l'âme de Juvénal
au spectacle de la corruption et de l'abaissement des
mœurs romaines ; c'est à lui qu'il faut ramener ses
compositions les plus diverses ; c'est lui qui en fait
le lien.

V

Essayons de reconstituer un tableau d'ensemble de
la décadence romaine telle qu'elle apparaissait à Ju-
vénal ; il suffit pour cela d'en rapprocher les différents
traits épars dans l'ensemble des satires.

En devenant les maîtres du monde, les Romains
avaient perdu la possession d'eux-mêmes ; leur fa-
rouche vertu s'amollit vite au contact de la Grèce et
de l'Asie :

> *Græcia capta ferum victorem cepit....*
> (Horace.)

Le tableau de ce changement est tracé de main de
maître dans la satire XIᵉ, sur le luxe de la table :

Quum tremerent autem Fabios durumque Catonem
. . . . Rigidique severus
Censoris mores etiam collega timeret,
Nemo inter curas et seria duxit habendum
Qualis in Oceani fluctu testudo nataret
Clarum Trojugenis factura et nobile fulcrum.

. . . .

Tales ergo cibi qualis domus atque supellex.
Tunc rudis et Graïas mirari nescius artes

. . . .

Magnorum artificum frangebat pocula miles
Ut phaleris gauderet equus....

. . . .

. . . .

At nunc divitibus cœnandi nulla voluptas,
Nil rhumbus, nil dama sapit ; putere videntur
Unguenta atque rosæ, latos nisi sustinet orbes
Grande ebur et magno sublimis pardus hiatu.

. . . .

. . . . . . Nam pes argenteus illis
Annulus in digito quod ferreus....

(Sat. XI, v. 90.)

Mais en ces temps lointains où toute la cité
Revérait d'un Caton la rude austérité,
Temps où, même un censeur, d'un collègue insensible
Avait à redouter la rigueur inflexible,
Nul ne s'inquiétait de savoir en quels lieux
La mer vaste nourrit ces monstres curieux
Dont aujourd'hui l'écaille avec art façonnée
Orne le noble lit des descendants d'Énée.

. . . .

Car, dans nos mœurs alors si simples, la maison,
Les meubles et la table étaient à l'unisson.
Alors de nos soldats telle était la rudesse,
Tel l'ignorant dedain des splendeurs de la Grèce,
Que si, dans le butin, ils trouvaient, par hasard,
Une coupe divine, un chef d'œuvre de l'art,

Ils brisaient, sans remords, ces merveilles si rares
Pour faire à leurs chevaux des parures bizarres.
. . . .
. . . .
L'Eurus abattait-il un noyer séculaire,
D'une table modeste il fournissait le bois.
Maintenant, un festin fût-il digne des rois,
Les turbots et les daims, les parfums et les roses
Au front d'Apicius laissent des plis moroses,
A moins que de sa table un léopard béant
Ne soutienne le poids et le disque géant.
. . . .
. . . .
Un meuble aux pieds d'argent chez lui n'est plus souffert ;
Il est ce qu'est au doigt une bague de fer.

La cupidité caractéristique du patriciat romain dont
on connait les lois féroces contre les débiteurs, ruinés
par l'usure, non moins que les usurpations sur le do-
maine public, grâce auxquelles se constituèrent ces
grandes propriétés, ces *latifundia* qui perdirent l'Ita-
lie ; cette cupidité ne pouvait résister à la tentation
de mettre la main sur les richesses accumulées par de
longs siècles d'une civilisation qui avait rempli le
monde ancien de ses merveilles :

Plena domus tunc omnis et ingens stabat acervus
Nummorum, Spartana chlamys, conchilia coa,
Et cum Parrhasii tabulis signisque Myronis
Phidiacum vivebat ebur, necnon Polycleti ;
Multus ubique labor ; raræ sine Mentore mensæ.
Inde Dolabella est atque hinc Antonius, inde
Sacrilegus Verres. Referebant navibus altis
Occulta spolia et plures de pace triomphos.

(Sat. VIII, v. 99.)

Alors, toute maison regorgeait de richesses ;
L'or, l'argent, en monceaux, s'entassaient dans les caisses ;
Partout, émerveillé, l'œil voyait resplendir
La chlamyde de Sparte et la pourpre de Tyr ;
Ces grands amants du beau que la forme reflète,
Myron, Parrhasius, Phidias, Polyclète
L'incarnaient dans le marbre et l'ivoire et l'airain ;
Le pinceau rayonnait d'un éclat souverain ;
Des chefs-d'œuvre partout ; bien rare était la table
Où Mentor n'étalât son art inimitable.
De là naquit la soif de Verrès ; c'est de là
Que vint celle d'Antoine et de Dolabella.
Leurs vaisseaux ne quittaient les provinces captives
Que remplis jusqu'au bord de dépouilles furtives,
Plus chargés de butin que des victorieux.

Tout devint la proie des proconsuls. Les os des Rois furent sucés jusqu'à la moelle :

Ossa vides regum vacuis exsucta medullis.
                                        (Sat. viii, v. 89.)

Ces richesses extorquées aux vaincus servirent à deux choses : on les employa, les ambitieux à payer les suffrages du peuple qui conférait encore les magistratures, à gagner les armées, devenues permanentes et composées pour partie d'éléments étrangers ; les voluptueux, à pousser aux dernières limites, au milieu d'un luxe effréné, l'abus des jouissances sensuelles, la gourmandise jusqu'à la goinfrerie, la luxure jusqu'à la crapule. Bien différents en cela des Grecs qui, même dans les raffinements du plaisir, avaient conservé l'élégance et la finesse d'une race d'artistes. En réalité, à partir de Sylla, la République romaine n'exista

plus que de nom. On peut dire que, dès lors, l'empire
était fait. Il ne s'agissait plus que de savoir qui en
serait le maître. Les légions le donnèrent à César, puis
à Octave. Désormais les armées disposèrent de l'empire.
Le peuple souverain, ayant perdu jusqu'à l'apparence
de ses droits, nourri et amusé par le despotisme, aux
dépens des provinces, se dégrada de plus en plus dans
l'inaction et la paresse où il croupissait :

> .... *Iampridem ex quo suffragia nulli*
> *Vendimus, effudit curas ; nam qui dabat olim*
> *Imperium, fasces, legiones, omnia, nunc se*
> *Continet atque duas tantum res anxius optat :*
> *Panem et Circenses.*
>
> (Sat. x, v. 77.)

Depuis qu'il ne vend plus son suffrage à vil prix,
Le peuple, jadis roi, s'endort dans le mépris ;
Rien ne le touche plus. Lui qui donnait naguères
Provinces, légions et faisceaux consulaires,
Il croupit inquiet et, dans ses lâches vœux,
Il ne demande plus que du pain et des jeux.

En bas, l'abjection dans la misère croissante ; en
haut, l'avarice et la cupidité sans frein, causes et ef-
fets, en même temps, de la dissolution des mœurs. Ce
double fait n'échappe pas à Juvénal. « D'où viennent,
» se demande-t-il dans la satire sur les femmes, d'où
» viennent ces monstrueux désordres ? » Et voici ce
qu'il se répond :

> *Præstabat castas humilis fortuna Latinas*
> *Quondam, nec vitiis contingi parva sinebant*
> *Tecta labor, somnique breves et vellere Tusco*

Vexatæ duræque manus, ac proximus Urbi
Annibal et stantes Collina in turre mariti.
Nunc patimur longæ pacis mala ; sævior armis
Luxuria incubuit victumque ulciscitur orbem.
Nullum crimen abest facinusque libidinis ex quo
Paupertas Romana perit. Hinc fluxit ad istas
Et Sybaris colles ; hinc Rhodos et Miletos
Atque coronatum et petulans madidumque Tarentum.
Prima peregrinas obscæna pecunia mores
Intulit et turpi fregerunt sæcula luxu
Divitiæ molles.

(Sat. VI, v. 287.)

Jadis d'un humble toit l'austère discipline
Gardait la chasteté de la femme Latine ;
Ce toit contre le vice était bien défendu .
Le sommeil était court, le labeur assidu ;
Les mains s'endurcissaient au travail de la laine ;
Annibal était là qui campait dans la plaine
Et les maris veillaient aux portes, sur les murs.
D'une trop longue paix nous cueillons les fruits mûrs :
Plus mortel que le fer, le luxe qui nous tue
Venge sur nous la terre à nos pieds abattue ;
Car le vice et le crime ont tout précipité
Depuis que Rome a vu périr sa pauvreté.
Sybaris a conquis la ville aux sept collines ;
Tout le mol Orient respire en nos poitrines ;
Tarente, au front toujours de roses couronné,
A versé dans notre air son air empoisonné.
Oui. le premier, chez nous, l'argent, l'argent funeste,
Des étrangères mœurs introduisit la peste ;
La richesse énerva de son luxe honteux
Les antiques vertus de nos mâles aïeux.

La cupidité, les rapines, les proscriptions avaient
concentré dans un petit nombre de mains de grosses
fortunes ; les grosses fortunes avaient engendré un

luxe effréné ; le luxe sans frein, par une réaction na-
turelle, accrut l'avarice et la cupidité. Pour suffire
à leurs profusions, les grands de Rome durent épar-
gner sur les dépenses nécessaires ; la sportule fut de
plus en plus maigre ; la magnificence devint sordide ;
on rogna sur le client pour accorder à ses propres
excès :

Vestibulis abeunt veteres lassique clientes
Votaque deponunt, quamquam longissima, cœnæ.
Spes hominum ! caules miseris atque ignis emendus.
Optima sylvarum interea pelagique vorabit
Rex horum, vacuisque toris tantum ipse jacebit ;
Nam de tot pulchris et latis orbibus et tam
Antiquis una comedunt patrimonia mensa.
Nullus jam parasitus erit ? — Sed quis feret istas
Luxuriæ sordes ? Quanta est gula quæ sibi totos
Ponit apros, animal propter convivia natum !

(Sat. i, v. 132.)

Enfin, lassé, vaincu, le client capitule ;
Il s'éloigne à regret du riche vestibule,
Renonçant à l'espoir, si longtemps caressé,
D'un repas, digne prix d'un zèle intéressé ;
Et, s'il ne veut jeûner, pour comble d'amertume,
Il lui faut acheter son feu, plus son légume.
Le patron, cependant, se repait, à la fois,
De ce qu'ont de meilleur et la mer et les bois.
Solitaire au milieu de ses lits magnifiques,
De cent tables qu'il a, belles, larges, antiques,
Une seule suffit à manger tout son bien...
— Quoi ! plus de parasite ? Eh bien ! n'est-ce donc rien ? —
Eh ! peut-on supporter un luxe si sordide ?
Une bouche, une seule, à ce point est avide
Qu'un animal énorme, aux banquets destiné,
Un sanglier entier, figure à son dîné !

Conséquence inévitable, l'esprit s'abaisse en même temps que les mœurs se corrompent. Le temps des Mécène est passé :

Frange, miser, calamos, vigilataque prœlia dele
Qui facis in parva sublimia carmina cella
Ut dignus venias hederis et imagine macra.
Spes nulla ulterior : didicit jam dives avarus
Tantum admirari, tantum laudare disertos.

(Sat. VII, v. 26.)

O poète, ô rêveur qui pâlis sur la lime.
Dans ton étroit réduit forgeant un chant sublime,
Pour que de lierre un jour ton front soit couronné,
Pour obtenir un buste étique, infortuné,
Crois-moi, brise ta plume, efface ces merveilles,
Ces glorieux combats, chefs-d'œuvre de tes veilles ;
N'espère rien de plus : le riche désormais
Sait admirer toujours, sans débourser jamais

Et ce n'est pas seulement la poésie qui est ainsi dédaignée ; toutes les carrières libérales sont tombées dans le même discrédit. On a de l'argent pour toutes les superfluités du luxe ; on n'en a pas pour l'éducation de ses enfants :

Hos inter sumptus sestertia Quintiliano
Ut multum, duo sufficient ; res nulla minoris
Constabit patri quam filius.

(Sat. VII, v. 186.)

Et, parmi tant de frais pour des voluptés fausses,
Il se croit libéral, s'il distrait de son bien
Cinq cents pauvres deniers pour un Quintilien.
L'instruction d'un fils est sa moindre dépense.

Rara tamen merces quæ cognitione tribuni
Non egeat.

(Sat. VII, v. 228.)

Encore, quel qu'il soit, ce maigre émolument,
Sans l'aide du tribun l'obtient-on rarement.

En revanche, les cochers et les histrions pros-
pèrent :

. . . . *Tenta*
Chrysogonus quanti doceat, vel Pollio quanti
Lautorum pueros....

(Sat. VII, v. 176.)

Ah ! qu'un Chrysogonus, ou bien un Pollion
Enseigne à ces beaux fils son métier d'histrion,
On ne lésine point. Sans regret, à mains pleines,
On lui prodigue l'or qui doit payer ses peines.

Le cocher Lacerna, de la faction rouge, gagne plus,
à lui seul, que cent avocats :

. . . . *Veram deprendere messem*
Si libet, hinc centum patrimonia causidicorum,
Parte alia solum russati pone Lacernæ.

(Sat. VII, v. 112.)

Mais le luxe est cher ; il ne suffit pas d'épargner sur
le devoir pour donner à la vanité ou au plaisir ; il faut
se procurer de l'argent à tout prix et par toutes les
voies :

Unde habeas quærit nemo, sed oportet habere.

Aussi ne recule-t-on devant rien ; la captation, les
empoisonnements, la prostitution de l'un et de l'autre

sexe sont les moyens les plus simples et les plus
prompts d'arriver à la fortune :

Aude aliquid brevibus Giaris et carcere dignum
Si vis esse aliquis ; probitas laudatur et alget.
Criminibus debent hortos, prætoria, mensas,
Argentum vetus et stantem extra pocula caprum.

                             (Sat. i, v. 73.)

Voulez-vous pour la foule être un objet d'envie ?
Osez de ces forfaits dont l'audace confond ;
On vante la Vertu, mais elle se morfond.
C'est au crime qu'on doit ces jardins, ces portiques,
Ces meubles précieux, ces chefs-d'œuvre antiques,
Cet argent ciselé, ces coupes d'or massif
Où se joue en relief quelque chevreau lascif.

L'argent, qui donne tout cela, donne même la consi-
dération, et le plus vil parvenu peut, grâce à lui, s'éle-
ver jusqu'à la confidence d'un empereur :

Quum pars Niliacæ plebis, quum verna Canopi,
Crispinus, Tyrias humero revocante lacernas,
Ventilet æstivum digitis sudantibus aurum
Nec sufferre queat majoris pondera gemmæ.
. . . . (Sat. i, v. 26)
Jam princeps equitum....
                    (Sat. iv, v. 31.)

Un homme, le rebut de la tourbe du Nil,
Esclave dans Canope, un Crispin lâche et vil,
Tout fier de son crédit, sur son épaule obscène
Ramène insolemment la pourpre Tyrienne,
Et, les mains en sueur, dans sa frivolité,
Il ventile ses doigts chargés d'anneaux d'été,
Car des anneaux plus lourds lui seraient un martyre...

. . . .
Prince des chevaliers .

Un affranchi, devenu riche par l'agiotage, prend le pas sur les tribuns :

> . . . . *Laurenti custodit in agro*
> *Conductas Corvinus oves ; ego possideo plus*
> *Pallante et Licinis ; exspectent ergo tribuni.*
>
> (Sat. I, v. 107.)

Tandis que Corvinus dans les champs de Laurente,
Mercenaire pasteur, paît la brebis errante,
Moi, je possède plus que vous ne possédez,
Licinus et Pallas : donc, tribuns, attendez.

Il y a là, certes, de quoi échauffer la bile d'un Romain de la vieille école, et La Harpe, lui-même, excuserait, je pense, cette invective de Juvénal :

> *Vincant divitiæ, sacro nec cedat honori*
> *Nuper in hanc urbem pedibus qui venerat albis ;*
> *Quandoquidem inter nos sanctissima divitiarum*
> *Majestas ; etsi, funesta pecunia, templo*
> *Nondum habitas, nullas nummorum ereximus aras.*
>
> (Sat. I, v. 110.)

O Richesse, triomphe ! et qu'un gueux, qui naguère
A Rome fut conduit, des confins de la terre,
Marqué comme un bétail qu'on destine au trépas,
Même sur nos tribuns ose prendre le pas,
Puisqu'il n'est plus chez nous de majesté si sainte
Que la tienne, ô Richesse... Et pourtant nulle enceinte,
Nul temple ne t'abrite, ô métal enragé,
Nul autel aux écus n'est encor érigé...

Mais s'il y a, d'un côté, les parvenus nés sur le Nil ou sur l'Euphrate, il y a, de l'autre, les décavés nés sur le Tibre. Les héritiers des plus grands noms de Rome en sont réduits, par la perte de leurs patrimoines en-

gloutis en débauches, à monter sur les planches, comme
un Lentulus, ou à descendre dans l'arène, comme un
Gracchus. Les exemples abondent :

Quid, si nunquam adeo fœdis, adeoque pudendis
Utimur exemplis, ut non pejora supersint ?
Consumptis opibus, vocem, Damasippe, locasti
Sipario, clamosum ageres ut Phasma Catulli.
Laureolum velox etiam bene Lentulus egit,
Judice me, dignus vera cruce...

(Sat. VIII, v. 182.)

Hélas ! quelque dégoût que ce spectacle inspire,
Quelque honteux qu'il soit, c'est un spectacle pire
Que de voir Damasippe, ayant tout dévoré,
Sur la scène, à vil prix, par la faim égaré,
Prêter sa voix sonore au spectre de Catulle.
Lauréolus a plu sous les traits de Lentule,
Bien digne, à mon avis, d'être crucifié...

Res haud mira tamen, citharœdo principe, mimus
Nobilis...

(Sat. VIII, v. 197.)

. . . . . Qu'étant noble on se fasse histrion,
Quand, lyre en main, naguere, émule d'Arion,
On vit un empereur sur la scène descendre
Est-il rien en cela qui nous puisse surprendre ? —

Non, certes ! on ne peut s'étonner de la ruine des
Lentulus et des Damasippe, quand on sait — sans par-
ler des autres profusions d'un luxe effréné — jusqu'à
quel excès ils portaient les dépenses de la table. Cris-
pinus paie un surmulet six mille sesterces. Il est vrai
qu'il pesait six livres, ce qui le met, au plus, à deux
cents francs la livre :

> . . . . *Mullum sex millibus emit*
> *Æquantem sane paribus sestertia libris.* . . .
>
> (Sat. IV, v. 15.)

Et c'est pour lui seul :

> *Emit sibi.*
>
> (Sat. IV, v. 22.)

Encore n'est-ce là qu'un mets à peine digne de figurer sur la table d'un empereur ! Qu'on se souvienne de ce glouton de Vitellius :

> *Quales tunc epulas ipsum glutisse putemus*
> *Endoperatorem, quum tot sestertia, partem*
> *Exiguam et modicæ sumptam de margine cœnæ,*
> *Purpureus magni ructarit scurra palati,*
> *Jam princeps equitum, magna qui voce solebat*
> *Vendere municipes pacta mercede siluros.*
>
> (Sat. IV, v. 28.)

De l'empereur, alors, quels sont donc les repas,
Puisque son vil bouffon que la pourpre décore,
Prince des chevaliers, mais que, naguère encore,
On voyait, à grands cris, Égyptien subtil,
Offrir à tout venant ses silures du Nil,
Acquiert, au poids de l'or, un mets qui sur sa table,
Parmi cent autres mets, est à peine notable ?

> . . . . *Potuit fortasse minoris*
> *Piscator quàm piscis emi. Provincia tanti*
> *Vendit agros et majores Apulia vendit.*
>
> (Sat. IV, v. 25.)

Il eût eu le pêcheur, peut-être, à meilleur compte ;
En Province, une ferme à peine à ce prix monte
Et l'Apulie en vend qui ne le coûtent pas.

. . . . . . *Multa videmus*
Quæ miser et frugi *non fecit Apicius.*

(Sat. IV, v. 22.)

dit ironiquement Juvénal.

A quels débordements on assiste aujourd'hui !
D'Apicius auprès la table était frugale...

Vraiment on peut dire des Romains de la Rome im-
périale, qu'ils ont, à la lettre, *dévoré* le monde. Les
facultés ordinaires de la nature ne suffisant pas à leur
voracité, c'était devenu chose commune chez les
riches, *même chez les femmes*, de se faire vomir
avant, pendant et après le repas :

. . . . . . *De quo sextarius alter*
Ducitur ante cibum, rabidam facturus orexim,
Dum redit et loto terram ferit intestino.
Marmoribus rivi properant aut lata Falernum
Pelvis olet : nam sic, tanquam alta in dolia longus
Deciderit serpens, bibit et vomit. Ergo maritus
Nauseat, atque oculis bilem substringit opertis.

(Sat. VI, v. 427.)

En se mettant à table elle en prend deux setiers
Qu'aussitôt l'estomac rejette tout entiers.
C'est ainsi que sa faim s'aiguise ; devant elle
Le Falerne, à longs flots, sur le pavé ruisselle
Ou, d'un large bassin qui parfois le reçoit,
Exhale une âcre odeur qui monte jusqu'au toit ;
Car, — tel un long serpent s'élançant d'une tonne, —
Elle boit et vomit. Son époux en frissonne
Et, sentant de dégoût sa bile remonter,
Il doit fermer les yeux pour ne pas l'imiter.

Rien de plus corrupteur que l'exemple. La contagion

s'étendit insensiblement à toutes les classes, à toutes
les conditions :

> . . . . *Sicut grex totus in agris*
> *Unius scabie calit et porrigine porci,*
> *Uvaque conspecta livorem ducit ab uva.*
>
> (Sat. II, v. 79.)

C'est ainsi qu'en nos champs pour qu'un troupeau périsse
Il suffit d'un seul porc que la lèpre envahisse ;
Pour corrompre une grappe il suffit d'un seul grain.

Rome devint une ville de débauche et de plaisir où
se donnèrent rendez-vous, de tous les coins de la Grèce
et de l'Asie, ceux qui peuvent l'acheter et ceux qui
font métier de le vendre :

> *Jampridem Syrus in Tiberim defluxit Orontes*
> *Et linguam et mores et cum tibicine chordas*
> *Obliquas, nec non gentilia tympana secum*
> *Vexit et ad Circum jussas prostare puellas.*
>
> (Sat. III, v. 62.)

L'Oronte, dès longtemps, se jetant dans le Tibre,
De notre onde salubre a troublé l'equilibre ;
Car il roule avec lui le langage et les mœurs
Du peuple de Syrie et ses molles humeurs,
Ses flûtes, ses tambours et ses harpes obliques,
Jusqu'au lubrique essaim de prêtresses publiques
Qu'aux environs du Cirque on voit pontifier.

Va, dit Juvénal à l'infâme Névolus :

> *Ne trepida : nunquam pathicus tibi deerit amicus*
> *Stantibus et salvis his collibus ; undique ad illos*
> *Convenient et carpentis et navibus omnes*
> *Qui digito scalpunt uno caput....*
>
> (Sat. IX, v. 130.`

Ne crains rien, Névolus ; grâces à Colytto,
Tant que Rome debout couvrira ces collines
Tu ne manqueras pas d'amantes masculines.
Ici, de tous côtés, les chars et les vaisseaux
Sans cesse apporteront ces pâles jouvenceaux
Qui grattent d'un seul doigt leur tête efféminée.

Conséquence naturelle : les quatorze gradins sont
envahis par les beaux fils de gladiateurs, de maîtres
d'escrime et de quelque chose de pis, tandis que les
descendants de chevaliers qui ont perdu le cens
équestre, en sont chassés ignominieusement :

. . . . *Exeat, inquit,*
Si pudor est, et de pulvino surgat equestri
Cujus res legi non sufficit, et sedeant hic
Lenonum pueri, quocumque in fornice nati ;
Hic plaudat nitidi præconis filius, inter
Pinnirapi cultos juvenes, juvenesque lanistæ.
Sic libitum vano qui nos distinxit Othoni.

(Sat. III, v. 153.)

« Hors d'ici, nous dit-on, si la pudeur vous reste ;
» Du rang des chevaliers sortez, vite, allons, preste,
» Vous dont le patrimoine est au-dessous du cens
» Exigé par la loi pour s'asseoir sur ces bancs. »
Place à des fils de gueux dont le nom seul diffame,
Nés on ne sait trop où, dans quelque bouge infâme ;
Place au fils du crieur, aux atours triomphants ;
C'est à lui d'applaudir parmi les beaux enfants
Et des gladiateurs et des maîtres d'escrime ;
Tel fut le bon plaisir d'Othon le bellissime.

La spéculation y fleurit ; c'est l'ère des affaires. On
se croirait... à une autre époque :

Cedamus patria ; vivant Artorius istic

Et Catulus : maneant qui nigra in candida vertunt,
Queis facile est ædem conducere, flumina, portus,
Siccandam eluviem, portandum ad busta cadaver,
Et præbere caput domina venale sub hasta.
Quondam hi cornicines et municipalis arenæ
Perpetui comites, notæque per oppida buccæ,
Munera nunc edunt et verso pollice vulgi
Quemlibet occidunt populariter; inde reversi
Conducunt foricas. Et cur non omnia, quum sint
Quales ex humili magna ad fastigia rerum
Extollit, quoties voluit Fortuna jocari ?

(Sat. III, v. 29.)

Adieu! Patrie, Adieu! Va, garde en ton giron
Catule, Artorius, autre impudent larron ;
Tous ceux en qui la fourbe unie à l'artifice
Des traits de la candeur sait revêtir le vice ;
Quiconque n'a de loi que sa cupidité
Et pour mieux l'assouvir foule aux pieds l'équité ;
Tous ces hommes d'argent, à l'âme mercenaire,
Prêts à tout entreprendre et propres à tout faire :
Édifice à bâtir, cloaque à dessécher,
Cadavres, s'il le faut, à porter au bûcher ;
Qui, de toute pudeur ignorant les entraves,
En public, à l'enchère, exposent des esclaves.
Gens de rien qu'on a vus, on s'en souvient encor,
Errer de ville en ville humbles joueurs de cor,
Assidus compagnons de la plus vile arène [1],
Ils donnent maintenant à la plèbe Romaine
Des jeux où pour lui plaire, ils font nonchalamment
Arracher au vaincu son dernier râlement ;
Et puis, quittant le Cirque aux clameurs assassines,
Ils s'en vont de la Ville affermer les latrines.
Pourquoi non ? Est-il rien qui soit au-dessous d'eux,
Étant de ces faquins aux destins hasardeux
Que l'aveugle Fortune, alors qu'elle se joue,
Pour les plus hauts sommets ramasse dans la boue

[1] Voir Sat. III, note 3 *bis.*

Et, tandis que les agioteurs, les charlatans, les his-
trions, les entremetteurs et les prostitueurs pros-
pèrent, la vie devient de plus en plus difficile pour les
honnêtes gens, dont la fortune décroît tous les jours :

> . . . . . . *Artibus... honestis*
> *Nullus in Urbe locus, nulla emolumenta laborum ;*
> *Res hodie minor est heri quàm fuit, atque eadem cras*
> *Deteret exiguis aliquid....*
>
> (Sat. III, v. 21.)

Puisqu'il n'est plus, dit-il, dans cette Rome infâme,
Pour l'homme vertueux, d'autre espoir que la faim,
Que tout labeur honnête est stérile, qu'enfin
Je vois de jour en jour décroître ma fortune,
Je pars...

> *Haud facile emergunt quorum virtutibus obstat*
> *Res angusta domi ; sed Romæ durior illis*
> *Conatus. Magno hospitium miserabile ; magno*
> *Servorum ventres et frugi cœnula magno.*
>
> (Sat. III, v. 164.)

Certes, en tout pays, le mérite indigent
A peine à triompher de l'obstacle outrageant
Qu'appose à sa valeur une gêne assidue ;
Mais nulle part la route, hélas ! n'est plus ardue.
Tout est si cher ! les plus misérables abris,
Le repas le plus maigre... Il en coûte un tel prix
Pour remplir seulement un estomac servile...
C'est qu'on y rougirait de manger dans l'argile...
> *Fictilibus cœnare pudet.*

Luxe et misère.

Aussi, la mendicité est générale ; une foule de clients,
de toute condition, se presse pour recevoir la sportule,

à la porte du riche avare qui préside, en personne, à
la distribution et la surveille :

> . . . . *Nunc sportula primo*
> *Limine parva sedet, turbæ rapienda togatæ.*
> *Ille tamen faciem prius inspicit, et trepidat ne*
> *Suppositus venias ac falso nomine poscas ;*
> *Agnitus accipies. Jubet à præcone vocari*
> *Ipsos Trojugenas ; nam vexant limen et ipsi*
> *Nobiscum ; « da prætori, da deinde tribuno.... »*
>
> (Sat. i, v. 95)

A peine, maintenant, une maigre sportule
Attend la foule avide au seuil du vestibule,
Tandis que le patron, d'un œil inquisiteur,
Dévisage chacun, craignant qu'un imposteur
Parmi les vrais clients sous un faux nom se glisse
Et prenne de ses dons une part subreptice :
Il faut, pour recevoir, qu'on soit vérifié.
C'est alors qu'au crieur l'ordre est signifié
D'appeler par leur nom les descendants d'Énée,
Dont notre foule, à nous humble plèbe, est ornée.
« Donne au préteur, d'abord ; donne ensuite au tribun »

> . . . . *Densissima centum*
> *Quadrantes lectica petit, sequiturque maritum*
> *Languida vel prægnans et circumducitur uxor.*
>
> (Sat. i, v. 120.)

Voyez de tous côtés courir à la curée
Cent litières... La rue en est tout encombrée.
On y traîne sa femme enceinte...

Heureux le client assez favorisé pour s'asseoir en
parasite à la table d'un patron insolent qui l'abreuve
de dégoûts et d'humiliations bien méritées :

Forsan impensæ Virronem parcere credas ?
Hoc agit ut doleas. Nam quæ comedia ! Mimus
Quis melior plorante gula ? Ergo, omnia fiunt,
Si nescis, ut per lacrymas effundere bilem
Cogaris, pressoque diu stridere molari.
Tu tibi liber homo et regis conviva videris ;
Captum te nidore suæ putat ille culinæ.
Nec male conjectat. Quis enim tam nudus ut illum
Bis ferat ? . . . .
Spes bene cœnandi vos decipit : ecce dabit jam
Semesum leporem atque aliquid de clunibus apri ;
Ad nos veniet minor altilis. Inde parato
Intactoque omnes et stricto pane tacetis.

(Sat. 7, v. 156.)

Vous croyez que Virron ne veut que ménager ?
Nullement. Ce qu'il veut, c'est vous faire enrager.
C'est une comédie à nulle autre pareille
Pour Virron (faut-il donc vous le dire à l'oreille ?)
Lorsque d'un parasite il voit couler les pleurs.
C'est son seul but : il veut jouir de vos douleurs,
Voir jaillir votre bile en larmes impuissantes
Et gronder le dépit sous vos dents frémissantes.
    Tu te crois homme libre et convive d'un roi ?
Ce Roi, veux-tu savoir ce qu'il pense de toi ?
Il pense, — et sa pensée, en somme, est naturelle, —
Qu'en sa cuisine seule est l'attrait qui t'appelle.
Peut-on être, en effet, dans un tel dénûment
Qu'on supporte deux fois un pareil traitement ?
    L'espoir d'un bon dîner vous déçoit ; vous vous dites,
Dans votre cœur naïf d'innocents parasites :
« Ce lièvre dont il a dévoré la moitié
» Il va nous en donner le reste, par pitié ;
» De ce dos de sanglier il nous fera la grâce ;
» Ou bien de ce chapon réduit à la carcasse. »
Et, gardant votre pain pour ces mets précieux,
Vous attendez, contrits, humbles, silencieux.

Faut-il s'étonner, qu'après un pareil tableau, Juvénal s'écrie, indigné de tant de bassesse :

Ille sapit qui te sic utitur. Omnia ferre
Si potes, et debes. Pulsandum vertice raso
Præbebis quandoque caput, nec dura timebis
Flagra pati, his epulis et tali dignus amico.

(Sat. v, v. 170.)

Ah ! j'admire Virron d'en user de la sorte.
Qui peut tout supporter, il faut qu'il le supporte.
Prêts à courber le dos, esclaves à demi,
Dignes d'un tel festin et d'un pareil ami,
Il ne vous reste plus qu'à vous raser la tête
Et qu'à l'offrir aux coups que sa main vous apprête.

Mais il manquerait quelque chose à ce tableau de la décadence romaine si nous n'y ajoutions un dernier trait que Juvénal a marqué surtout avec une extrême énergie : les débordements de la luxure : C'est un sujet sur lequel il serait dangereux d'appuyer ; on le comprend de reste. Qu'il nous soit permis de renvoyer le lecteur au texte même ou à notre traduction qui, tout en adoucissant, parfois, la crudité de l'expression latine, n'a point reculé devant une difficulté, selon nous, exagérée.

Nous disons : « la crudité de l'expression », car c'est en cela surtout que consiste le mal ; mal tout relatif d'ailleurs, il faut bien en convenir. Les Romains ne connaissaient guère notre pudibonderie qu'il ne faut pas confondre avec la pudeur.

— Elle fait des tableaux couvrir les nudités
Mais elle a de l'amour pour les réalités. —

Ils appelaient généralement les choses par leur nom.
Ce qui prouve que la « crudité » de Juvénal ne pro-
duisait pas sur eux la même impression que sur nous,
c'est que ses satires, au témoignage de Suétone, sup-
portèrent plusieurs fois l'épreuve des « lectures pu-
bliques » devant une grande affluence d'auditeurs et
avec un grand succès.

Si nous remontons, chez nous, seulement jusqu'à
Molière, ne trouvons-nous pas, dans le titre même de
ses pièces, de ces mots que nous n'écrivons plus au-
jourd'hui, que nous ne prononçons jamais en « bonne
compagnie » et qui faisaient pâmer la cour « la plus
polie de l'univers » ? Et si nous allions jusqu'à Rabe-
lais ! Convenons donc qu'il y a là une question de
mode autant que de goût et de décence. Il y a loin,
qu'on le sache bien, pour la moralité, des satires de
Juvénal aux contes de Lafontaine, par exemple, que
Mme de Sévigné envoyait à sa fille, et même à certaines
pièces d'Horace qui n'est pas moins « cru » que notre
poète et qui se vante, sans vergogne, des vices si vi-
goureusement flagellés par son honnête rival.

Sans doute, le poète romain a retracé, avec une
énergie qui lui était propre et une liberté de langage
qui était de son pays et de son temps, des mœurs im-
mondes ; mais on ne saurait affirmer, sans injustice,
qu'il y ait jamais chez lui trace de libertinage. Il ne
cherche point à chatouiller les sens par des images
lubriques artificieusement voilées, mais bien plutôt à
inspirer le dégoût qu'il éprouve pour ces « immon-

dices » en les montrant toutes nues. Fallait-il donc
que le poète moraliste s'abstînt de toucher à cette
plaie? Et pour y toucher ne fallait-il pas la découvrir?

Omne in præcipiti vitium stetit : Utere velis ;
Totos pande sinus.....

(Sat. ı, v. 149.)

Le Vice est à son comble ; il faut qu'on le dévoile ;
Souffle, Indignation, je te livre ma voile.

Ce n'était pas sa faute, assurément, si la lubricité ro-
maine en était venue à ce point de confusion des sexes
que non seulement un eunuque pouvait se marier :

Quum tener uxorem ducat spado,

(Sat. ı, v. 22.)

mais qu'un Gracchus pouvait épouser, avec le céré-
monial ordinaire des justes noces, un *cor*, ou, peut-
être, un *trompette :*

Quadringenta dedit Gracchus sestertia dotem
Cornicini, sive hic recto cantaverat ære.
Signatæ tabulæ ; dictum feliciter ; ingens
Cœna sedet ; gremio jacuit nova nupta mariti.

(Sat. ıı, v. 117.)

Gracchus épouse un cor, ou, peut-être, un trompette ;
Il porte à son époux une dot fort honnête
De cent mille deniers. On signe le contrat,
On fait des vœux, on dîne en très grand apparat ;
Et la nouvelle épouse, en sa métamorphose,
Sur le sein de l'époux pudiquement repose.

Cela dépasse la vraisemblance? — Peut-être ; mais
la réalité, non. Néron avait fait pis : tout le monde

connaît l'histoire de Sporus, « sa bizarre maîtresse » :

Puerum Sporum, exsectis testibus, etiam in muliebrem natu-
ram transfigurare conatus, cum dote et flammeo, per solemnia
nuptiarum, celeberrimo officio deductum ad se, pro uxore ha-
buit.

(Suétone, *Néron*, ch. xxviii.)

et celle de Doryphore, « son mari » :

Cui etiam, sicut ipsi Sporus, ita ipse denupsit, voces quoque et
ejulatus vim patientium virginum imitatus.

(Suétone, *Néron*, ch. xxix.)

Une des satires où la corruption romaine est le plus
admirablement stigmatisée, c'est la neuvième, celle où
Juvénal met en scène l'infâme Névolus. C'est, en
même temps, à notre avis, une des mieux composées
et qui montre chez notre poète une flexibilité de talent
qu'on lui a trop déniée. La Harpe, lui-même, ne pour-
rait y trouver ni emportement, ni invective. Avec une
ironie d'autant plus piquante qu'elle se déguise sous
les apparences de la sympathie, Juvénal y montre
l'extrême corruption arrivée, pour ainsi dire, à l'état
d'inconscience. Le misérable Névolus s'y plaint de la
fortune, de la chance ; de ses travaux qui ne lui ont
pas rapporté ce qu'il en attendait. Il y parle de la mo-
destie de ses vœux qui ne vont pas au-delà de ce qu'il
faudrait pour lui assurer une tranquille vieillesse.
Otez de cette satire tant décriée, deux ou trois vers
que notre goût a peine à supporter, elle reste un pur
chef-d'œuvre. On y trouve des vers charmants et, pris

en eux-mêmes, d'une élégance et d'une mélancolie
toute virgilienne :

Utile consilium modo sed commune dedisti.
Nunc mihi quid suades post damnum temporis et spes
Deceptas ? Festinat enim decurrere velox
Flosculus angustæ, miseræque brevissima vitæ
Portio : dum bibimus, dum serta, unguenta, puellas
Poscimus, obrepit non intellecta senectus.

(Sat. IX, v. 124.)

Qu'à leur malignité j'oppose ma vertu,
C'est un conseil fort bon quoique un peu rebattu.
Mais que faire aujourd'hui, dis, après tant de peines,
Tant de beaux jours perdus, tant d'espérances vaines ?
La jeunesse en sa fleur passe rapidement ;
De notre courte vie elle est un court moment.
Tandis que nous buvons parmi ces douces choses,
Les femmes, les parfums, les chansons et les roses,
La vieillesse chez nous se glisse incognito.

Nous n'avons parlé jusqu'ici de la corruption ro-
maine que chez l'homme. Il nous reste à dire un mot
de la satire contre les femmes, que La Harpe appelle
« un lieu commun ». Un lieu commun ! Nous vou-
drions bien savoir comment il est possible de faire
une peinture exacte des mœurs, bonnes ou mauvaises,
d'une époque, sans parler de celles des femmes. Or, il
faut bien le dire, les mœurs des femmes, sous les pre-
miers Césars, ne valaient pas mieux que celles des
hommes, si elles ne valaient pas pis.

Que Juvénal n'ait pas quelquefois forcé la note, nous
n'oserions l'affirmer. Et cependant, ses tableaux les

plus hardis ont-ils rien qui excède les assertions de l'histoire? A-t-il calomnié Messaline? A-t-il calomnié Agrippine? Sans doute, il y a là quelque chose « d'épouvantable »; mais ce n'est pas la satire elle-même, ce sont les mœurs qu'elle expose pour les marquer d'une éternelle infamie. Nous croyons, nous, qu'il n'y en a pas de plus intéressante, ni de plus instructive. C'est une page qu'on remplacerait difficilement. Mais parmi ce grand nombre de portraits qui nous représentent la femme romaine sous tant de tristes aspects, il en est un qui nous offre un intérêt particulièrement actuel; c'est celui qui nous montre que, dans cette société corrompue, l'extrême corruption n'était pas incompatible avec l'extrême religiosité, et jusqu'à quel point l'imposture pouvait abuser de la crédulité féminine.

Nous savions, par d'autres passages des satires, que les temples, surtout ceux des divinités étrangères importées à Rome après la conquête, étaient des foyers de prostitution :

Quo non prostat femina templo ?

(Sat. IX, v. 24.)

Nous voyons, dans celle-ci, à côté des Maura et des Tullia, qui se font un jeu d'insulter la Pudeur jusque sur son autel, en aspergeant son effigie d'une eau lustrale que la nature n'avait certainement pas destinée à cet usage; nous voyons, disons-nous, la femme absolument courbée sous le joug du prêtre; et quel prêtre ! Le passage vaut la peine d'être cité en entier :

. . . . *Ecce furentis*
Bellonæ matrisque Deum chorus intrat et ingens
Semivir, obscæno facies reverenda minori,
Mollia qui rupta secuit genitalia testa
Iampridem, cui rauca cohors, cui tympana cedunt
Plebeïa et Phrygia vestitur bucca tiara.
Grande sonat, metuique jubet Septembris et Austri
Adventum, nisi se centum lustraverit ovis
Et xerampelinas veteres donaverit ipsi
Ut quidquid subiti et magni discriminis instat
In tunicas eat et totum semel expiet annum.
Hibernum, fracta glacie, descendet in amnem ;
Ter matutino Tiberi mergetur, et ipsis
Vorticibus timidum caput abluet ; inde superbi
Totum regis agrum nuda ac tremebunda cruentis
Erepet genibus. Si candida jusserit Io,
Ibit ad Ægypti finem, calidaque petitas
A Meroe portabit aquas, ut spargat in ædem
Isidis, antiquo quæ proxima surgit ovili ;
Credit enim ipsius dominæ se voce moneri.
En animam et mentem cum qua Di nocte loquantur !
Ergo hic præcipuum summumque meretur honorem
Qui grege linigero circumdatus et grege calvo
Plangentis populi currit derisor Anubis.
Ille petit veniam quoties non abstinet uxor
Concubitu, sacris observandisque diebus ;
Magnaque debetur violato pœna cadurco,
Et movisse caput visa est argentea serpens.
Illius lacrimæ meditataque murmura præstant
Ut veniam culpæ non abnuat, ansere magno
Scilicet et tenui popano corruptus Osiris.

                                        (Sat. vi, v. 511.)

Voici venir chez toi le chœur mélodieux
Des prêtres mutilés de la Mère des Dieux
Et de ceux que nourrit la sanglante Bellone.

A leur tête, vois-tu, haut comme une colonne,
Cet eunuque adoré de l'obscène troupeau?
Il trancha dès longtemps avec le têt d'un pot
De sa virilité le précieux organe,
Et des rauques chanteurs la troupe mélomane,
Et la plèbe qui fait résonner les tambours
L'ont reconnu pontife et le suivent toujours ;
Du culte Phrygien il porte la tiare.
Il entre et, d'une voix solennelle, il déclare
Que du mois de septembre et du fiévreux Auster
Le retour, pour ta femme, est fort à redouter,
A moins que de cent œufs l'offrande expiatoire
N'efface ses péchés par ce don méritoire.
Ses robes feuille-morte, il faut les lui donner,
Que sur ses vieux habits il puisse détourner,
Expiant en un jour les crimes d'une année,
Tous les maux suspendus sur sa tête damnée.
De grand matin, aux jours les plus froids de l'hiver,
Brisant l'épais cristal dont le Tibre est couvert,
Elle descend trois fois dans son onde glacée,
Et le gouffre trois fois submerge l'insensée.
Puis, tout autour du champ de l'orgueilleux Tarquin,
Toute nue, ô Pudeur! (c'est l'ordre du faquin),
Sur ses genoux saignants tremblante elle se traîne.
Elle est prête à partir pour la rive lointaine
Où le Nil, en son cours, enserre Méroé,
— Si de la blanche Io tel est l'ordre avoué, —
Pour y puiser les eaux que sa main doit répandre
Dans le temple d'Isis, au lieu même où d'Évandre,
Roi pasteur, le bercail s'élevait autrefois.
De la Déesse même elle entendit la voix ;
Elle n'en doute point et sa foi le proclame.
Voici, pourtant, l'esprit, ô Dieux, et voici l'âme
Que vous daignez, la nuit, dans l'ombre entrenir!
De sa crédulité l'honneur doit revenir,
Entre tous, au pontife, au maître en imposture,
Anubis vagabond, à la haute stature,

＊

Qu'on rencontre en tous lieux et toujours entouré
De son troupeau vêtu de lin et tonsuré.
Il exploite le peuple et rit de sa sottise.

    Qu'une femme se soit à ce point compromise
De céder aux désirs d'un époux réprouvé
En un jour solennel aux dieux seuls réservé,
A punir son forfait leur vengeance s'apprête,
Et « le serpent d'argent a remué la tête ».
Mais le fourbe veut bien pour elle intervenir ;
Ses larmes d'Osiris lui feront obtenir
Qu'il pardonne à sa faute... Il n'en coûte à sa table
Qu'une tarte et qu'une oie ; Osiris est traitable.

Toute réflexion serait superflue.

Je ne veux ajouter qu'un mot pour répondre à une
critique directe de La Harpe, laquelle, à première vue,
ne paraît pas trop mal fondée. Voici le passage visé :

Nullane de tantis gregibus tibi digna videtur ?
— Sit formosa, decens, dives, fecunda, vetustos
Porticibus disponat avos ; sit castior omni
Crinibus effusis bellum dirimente Sabina,
(Rara avis in terris, nigroque simillima cygno,)
Quis ferat uxorem cui constant omnia ? Malo,
Malo Venusinam quam te, Cornelia, mater
Gracchorum, si cum magnis virtutibus affers
Grande supercilium et numeras in dote triumphos.

                        (Sat. vi, v. 162.)

Donc, nulle de mon choix n'est digne en ce bas monde ? —
— Qu'elle soit belle et riche et décente et féconde ;
Qu'elle étale aux regards ébahis cent aïeux ;
Qu'elle soit chaste et pure à faire envie aux dieux,
Plus que ne fut jadis notre aïeule sabine,
Qui, les cheveux pars, dans la lutte intestine,

De son sein découvert qu'elle offrait à leurs coups
Protégeait à la fois son père et son époux,
(Autant qu'un cygne noir oiseau rare sur terre)
Qui pourrait supporter une femme si fière
De réunir en soi toutes les qualités ?
    Pour moi, j'aimerais mieux, dans ses rusticités,
La femme de Venouse, aux confins d'Apulie,
Que des Gracques la mère illustre, ô Cornélie,
Si sur ton front se mêle à tes grandes vertus
L'orgueil des grands combats par les tiens combattus ;
    Si je dois, dans ta dot, énumérer leur gloire.

Après avoir dit que Juvénal « enveloppe le sexe entier dans la même condamnation », « quoi donc ! s'écrie La Harpe, est-ce ainsi que l'on instruit, que l'on reprend, que l'on corrige ? Est-ce là la « gravité » de la satire, dont le but doit être si moral ? Et doit-elle n'être qu'un jeu d'esprit, *une déclamation de rhéteur ?* »

Voilà bien le parti pris ! Pour nous, nous n'hésiterions guère à soutenir qu'il y a moins de déclamation dans les seize satires de Juvénal que dans les quelques pages que son critique a bien voulu lui consacrer. — Quoi qu'il en soit, n'est-ce pas se montrer bien rigoureux envers notre poète ? Qu'a-t-il voulu dire, en somme ? Que de grands avantages, tels que la beauté, la fortune, la naissance, la vertu même, surtout quand ils sont réunis, ont généralement pour corollaire, dans une femme, l'orgueil, ce *grande supercilium,* le pire des fléaux pour un mari. L'expérience ne confirme-t-elle pas la vérité de cette observation ? Est-il rien de plus dangereux que d'épouser une femme pour qui toute alliance serait une mésalliance? Molière, qui n'était pas un sot, a consacré au développement de cette idée, ou d'une idée analogue, au moins une de ses comédies. L'infidélité patente de Mme Dandin est la moindre des misères de son mari ; ce qu'il y a de vraiment lamentable dans son cas, ce sont les humiliations infligées à l'infortuné bourgeois par l'orgueil grotesque de cette famille de hobereaux.

La vertu même ne doit pas être payée trop cher ; et, sur ce point encore, Molière se rencontre avec Juvénal :

> Quæ tanti gravitas ? *quæ forma, ut se tibi semper*
> Imputet ? *Hujus enim rari summique voluptas*
> *Nulla boni, quoties animo corrupta superbo*
> *Plus aloes quam mellis habet.*
>
> (Sat. vi, v. 178.)

> La beauté, la sagesse ont-elles tant de prix
> Qu'il en faille sans cesse assommer les maris ?
> De ces biens excellents la douceur devient nulle
> Dès l'instant que les gâte un orgueil ridicule,
> Car ils ont plus, alors, d'aloès que de miel.

N'est-ce pas exactement ce que dit Chrysalde dans l'*École des femmes ?*

> Pensez-vous qu'à choisir de deux choses prescrites,
> Je n'aimasse pas mieux être ce que vous dites,
> Que de me voir mari de ces femmes de bien
> Dont la mauvaise humeur fait un procès sur rien,
> Ces *dragons de vertu*, ces honnêtes diablesses,
> Se retranchant toujours sur leurs sages prouesses,
> Qui, pour un petit tort qu'elles ne nous font pas,
> *Prennent droit de traiter les gens de haut en bas,*

Et veulent, sur le pied de nous être fidèles,
Que nous soyons tenus à tout endurer d'elles ?

(*École des femmes,* acte IV, sc. VIII.)

« Il faudrait songer, dit notre critique, quelques lignes plus haut, combien la récrimination serait facile, et si une femme qui aurait le talent des vers ne ferait pas tout aussi aisément une satire..... »

Il nous semble, d'abord, que cette satire n'est pas à faire, Juvénal et les autres satiriques ayant toujours pris pour principal, sinon pour unique objectif, le sexe mâle. Mais il y a ceci de particulier dans l'espèce : c'est que notre poète a mis précisément (Sat. II, v. 35-65) cette satire des hommes dans la bouche d'une femme, de Lauronia, et d'une manière très piquante. Or, voilà ce que La Harpe qui « venait de relire toutes les satires de Juvénal » et y avait vu tant de choses qui n'y sont pas, n'y a pas vu.

Non tulit ex illis torvum Lauronia quemdam
Clamantem toties : Ubi nunc, lex Julia ? Dormis ?
Ad quem subridens : Felicia tempora quæ te
Moribus opponunt ! Habeat jam Roma pudorem !
Tertius e cœlo cecidit Cato. Sed tamen unde
Hæc emis, hirsuto spirant opobalsama collo
Quæ tibi ? Ne pudeat dominum monstrare tabernæ.
Quod si vexantur leges et jura, citari
Ante omnes debet Scantinia. Respice primum
Et scrutare viros : faciunt hi plura, sed illos
Defendit numerus, junctæque umbone phalanges.
Magna inter molles concordia ; non erit ullum
Exemplum in nostro tam detestabile sexu.
Tædia non lambit Cluviam, nec Flora Catullam.
Hispo subit iuvenes et morbo pallet utroque.

Numquid nos agimus causas ? Civilia jura
Novimus ? aut ullo strepitu fora vestra movemur ?
Luctantur paucæ ; comedunt coliphia paucæ.
Vos lanam trahitis, calathisque peracta refertis
Vellera ; vos tenui prægnantem stamine fusum
Penelope melius, levius torquetis Arachne :
Horrida quale facit residens in codice pellex.
Notum est cur solo tabulas impleverit Hister
Liberto, dederit vivus cur multa puellæ.
Dives erit magno quæ dormit tertia lecto.
Tu nube atque tace : donant arcana cylindros.
De nobis post hæc tristis sententia fertur :
Dat veniam corvis, vexat censura columbas.

                              (Sat. II, v. 35.)

Aussi, Lauronia, de la belle façon,
A l'un de ces docteurs renvoya sa leçon.
C'était un grand prêcheur, moraliste farouche,
Et qui n'avait jamais que ces mots à la bouche :
Loi Julia, rempart des sévères amours,
Où donc te caches-tu ? Dormiras-tu toujours ?
— Mais elle, souriant : Heureux temps que les nôtres,
De pouvoir t'opposer comme un exemple aux autres !
Rome de la Pudeur va relever l'autel ;
Un troisième Caton nous est tombé du Ciel.
Mais, cependant, dis-moi, l'essence orientale,
Dont le rare parfum de ta barbe s'exhale,
Où donc l'achètes-tu ? Donne-moi, sans jaunir,
L'adresse du marchand où tu peux t'en fournir...
    S'il nous faut exhumer les lois de leur poussière,
La loi Scantinia doit surgir la première.
Regardez-vous d'abord vous-mêmes ; scrutez-vous ;
Car, les hommes, hélas ! en font bien plus que nous ;
Mais, serrés coude-à-coude en épaisse phalange,
Leur nombre les défend. Une concorde étrange
Règne d'ailleurs entr'eux ; car leur lubricité
A mis dans le plaisir la réciprocité.
    On ne voit point chez nous ces immondes ivresses ;

A Cluvia Tædie, épargne ses caresses ;
Tandis qu'Hispo reçoit et donne tour-à-tour
Et garde la pâleur de l'un et l'autre amour...
    Plaidons-nous ? lisons-nous vos lois et vos grimoires?
Faisons-nous de nos cris retentir vos prétoires ?
A peine un petit nombre apprennent à lutter,
Et du pain des lutteurs savent se contenter.
Vous, vous filez la laine, et, la besogne faite,
Vous livrez, chaque soir, votre tâche parfaite.
Sous vos doigts le fuseau tourne plus obstiné
Qu'aux mains de Pénélope, ou qu'aux doigts d'Arachné.
Vous faites ce que fait une fille de joie
Dans son bouge accroupie en attendant sa proie.
    Hister d'un affranchi fait son seul héritier :
Le motif est connu de l'univers entier,
Lui qui, vivant, comblait son innocente épouse !
Vous serez riche un jour, si vous n'êtes jalouse,
Si vous dormez en tiers dans le lit d'un époux :
Epousez, épousez, enfant, et taisez-vous ;
Un secret bien gardé porte des pierreries. —
    Et c'est nous qu'on reprend de nos galanteries !
Le dicton est bien juste, hélas ! s'il n'est pas beau :
Sévère à la colombe, indulgent au corbeau.

« L'une ne prouverait pas plus que l'autre », dit La Harpe. Pardon ; à notre humble avis, l'une prouve autant que l'autre. C'est le procès du Loup et du Renard par devant le Singe :

> Je vous connais dès longtemps, mes amis,
> Et tous deux vous paîrez l'amende.

La Harpe ne nous paraît ni plus heureux, ni moins superficiel dans le jugement qu'il porte sur la satire des « Vœux ». « C'est, dit-il, un lieu commun appuyé sur un sophisme. » — Nous lui passons volontiers

« le lieu commun »; car, qu'est-ce qui n'est pas un lieu commun? Otez les lieux communs de la poésie, de l'éloquence, de la morale, et vous verrez ce qui restera. Quant au « sophisme », il n'existe que dans l'esprit de La Harpe. Juvénal ne dit pas, comme on le lui fait dire, « qu'on ne doit désirer ni une longue vie, » ni de grands talents, ni de grandes places, parce » que toutes ces choses ont fini quelquefois par être » funestes à ceux qui les ont obtenues ». Voici sa thèse :

Aveuglés par les préjugés, peu d'hommes sont capables de distinguer les vrais biens *de choses qui en sont très différentes :*

> . . . . . . *Pauci dignoscere possunt*
> *Vera bona atque illis multum diversa, remota*
> *Erroris nebula....*

Le bonheur (que les philosophes faisaient consister dans la tranquillité de l'âme), nous le cherchons dans les choses extérieures, dans ce qui brille, tandis que la vertu seule y conduit :

> . . . . *Semita certe*
> *Tranquillæ per virtutem patet unica vitæ;*

et, dans cette erreur, nous demandons aux dieux la richesse, la puissance, la gloire, la beauté, une longue vie. Mais les dieux n'exaucent souvent nos vœux que pour notre perte :

> *Magnaque numinibus vota exaudita malignis.*

Et il le prouve par les plus illustres exemples. C'est
là toute la satire, dont voici la conclusion :

> *Nil ergo optabunt homines? — Si consilium vis,*
> *Permittes ipsis expendere numinibus quid*
> *Conveniat nobis, rebusque sit utile nostris.*
> *Nam pro jucundis aptissima quæque dabunt di :*
> *Carior est illis homo quam sibi. Nos animorum*
> *Impulsu et cæca magnaque cupidine ducti,*
> *Conjugium petimus, partumque uxoris, at illis*
> *Notum qui pueri qualisque futura sit uxor.*

(Sat. x, v. 346.)

Donc, l'homme, à votre avis, ne fera pas de vœux ? —
— Sans doute... Avec respect abandonnons aux Dieux
Le soin d'examiner ce qui nous intéresse ;
Car les Dieux ont pour nous plus que nous de tendresse.
Ils savent nous donner, alors que l'heure en vient,
Non pas ce qui nous plaît, mais ce qui nous convient.
Dans nos ardents désirs, où l'ignorance abonde,
Nous voulons une femme et la voulons féconde ;
Mais ils connaissent, eux, de l'ombre triomphant,
Ce que seront un jour et la mère et l'enfant.

Et Juvénal ajoute, non sans ironie :

> *Ut tamen poscas aliquid, voveasque sacellis*
> *Exta et candiduli divina tomacula porci,*
> *Orandum est ut sit mens sana in corpore sano.*
> *Fortem posce animum, mortis terrore carentem,*
> *Qui spatium vitæ extremum inter munera ponat*
> *Naturæ, qui ferre queat quoscumque labores,*
> *Nesciat irasci, cupiat nihil, et potiores*
> *Herculis ærumnas credat sævosque labores*
> *Et Venere, et cœnis, et pluma Sardanapali.*
> *Monstro quod ipse tibi possis dare. Semita certe*
> *Tranquillæ per virtutem patet unica vitæ.*

Nullum numen habes, si sit prudentia: nos te,
Nos facimus, Fortuna, deam, cœloque locamus.

                                    (Sat. x, v. 354.)

Si pourtant il vous faut un motif légitime
D'offrir sur les autels quelque noble victime,
Les intestins sacrés d'un tendre marcassin,
Demandez un esprit sage dans un corps sain,
Un cœur ferme et sans peur, une âme inaccessible
Aux terreurs de la mort aux mortels si terrible,
Qui la mette, ô Nature, au rang de tes bienfaits,
Qui, quels que soient les maux, en soutienne le faix,
Égale et sans désirs et qui toujours préfère
Les épreuves d'Hercule et son labeur sévère
Aux indignes plaisirs d'un prince efféminé
De sa molle existence esclave couronné.
    Tous ces biens, vous pouvez vous les donner vous-même,
Car la seule vertu mène au calme suprême.
Fortune, tu n'es rien ; c'est notre insanité
Qui te fait ton prestige et ta divinité.

Si ce sont là des « sophismes », on avouera qu'ils
ne sont guère dangereux, et si ce sont des « lieux
communs », on nous permettra de les trouver, tout
simplement, admirables.

                            VI

Par tout ce que nous avons dit, ou plutôt, par tout
ce que nous avons cité, nous croyons avoir suffisam-
ment établi que, contrairement aux assertions d'une
critique trop prévenue ou trop superficielle, Juvénal

n'est point « *un rhéteur furibond, un déclamateur
toujours en colère, ne sortant pas de l'invective,
d'une monotonie qui fatigue et qui révolte, d'une dic-
tion dure et pénible, au langage étrange, aux méta-
phores accumulées et bizarres, aux vers gonflés
d'épithètes scientifiques, hérissés de mots grecs,*
etc... » Il nous reste à prouver qu'il ne fut point
« un méchant homme » ; car, chose étrange, il s'est
trouvé des critiques pour identifier les mœurs de Juvé-
nal avec celles qu'il ne dévoile que pour les noter d'in-
famie ; semblables, en ceci, à ces spectateurs honnêtes
mais naïfs qui, confondant l'acteur avec le traître qu'il
représente, l'injurient et lui montrent le poing.

Bien que Juvénal ait peu parlé de lui-même, son
portrait se dégage de son œuvre d'une manière assez
nette et suffisamment accentuée. C'était, nous l'avons
déjà dit, un républicain de la vieille école ; son idéal
était dans l'ancienne Rome. Nous dirons davantage :
C'était ce qu'on appellerait, dans le langage de nos
jours, « un démocrate ». En effet, s'il loue, à l'occa-
sion, tous les grands hommes de la République, on
trouve chez lui une préférence marquée pour ceux qui
avaient une origine plébéienne.

« A qui s'adressent ces leçons? » s'écrie-t-il dans
la satire VIII, sur la Noblesse. « A toi, Rubellius
Blandus :

*Tumes alto Drusorum stemmate, tanquam
Feceris ipse aliquid propter quod nobilis esses,
Ut te conciperet quæ sanguine fulget Iuli,*

Non quæ ventoso conducta sub aggere texit.
« *Vos humiles, inquis, vulgi pars ultima nostri,*
» *Quorum nemo queat patriam monstrare parentis ;*
» *Ast ego, Cecropides.* » *Vivas et originis hujus*
Gaudia longa feras; tamen ima plebe Quiritem
Facundum invenies ; solet hic defendere causas
Nobilis indocti ; veniet de plebe togata
Qui juris nodos et legum ænigmata solvat.
Hic petit Euphratem juvenis, *domitique Batavi*
Custodes aquilas, armis industrius; at tu
Nil nisi Cecropides....

(Sat. VIII, v. 39.)

. . . . Ton orgueil est extrême
De compter les Drusus au rang de tes aïeux ;
Mais as-tu jamais fait rien qui fût digne d'eux,
Digne de la noblesse à ton âme si chère,
Et qui te méritât d'avoir plutôt pour mère
Une fille d'Iule, illustre sang des rois,
Que la femme sans nom dont les serviles doigts
Tissent sous le rempart une toile grossière ?
   « Vous n'êtes qu'un vil peuple, une ignoble poussière ;
» Pas un de vous ne sait d'où viennent ses parents.
» Moi, dis-tu, je descends de Cécrops. » — Vis longtemps ;
Jouis, à ton loisir, de ta noble origine.
Pourtant c'est cette plèbe ignoble, j'imagine,
Qui produit aujourd'hui l'éloquent orateur
De l'ignare noblesse ordinaire tuteur ;
C'est cette plebe, encor, c'est cette plèbe vile
Qui produit le juriste à l'esprit grave, habile
A résoudre les nœuds du droit et de la loi.
Le jeune plébéien, usurpant ton emploi,
Va cueillir des lauriers sur le Rhin et l'Euphrate ;
Et toi, malgré l'orgueil insensé qui te flatte,
Tu n'es qu'un descendant de Cécrops.....

C'est avec un accent de triomphe qu'il oppose aux
noms patriciens les noms des plébéiens illustres qui ont

rendu de mémorables services à la patrie ; depuis le vieux roi Servius Tullius, fils d'une esclave ; depuis l'esclave qui dévoila le complot des fils de Brutus conspirant le retour de Tarquin, jusqu'aux Décius, si célèbres par leur dévouement :

> Plebeiæ *Deciorum animæ,* plebeia *fuerunt*
> *Nomina....*
>
> (Sat. VIII, v. 253.)

jusqu'à Cicéron, qui sauva Rome des fureurs de Calina :

> *Hic* novus *Arpinas,* ignobilis *et modo Romæ*
> *Municipalis eques....*
>
> (Sat. VIII, v. 236.)

après que Marius, un autre plébéien d'Arpinum, l'eût sauvée des Cimbres :

> *Arpinas alius Volscorum in monte solebat*
> *Poscere mercedes, alieno lassus aratro.*
>
> . . . .
>
> *Hic tamen et Cimbros et summa pericula rerum*
> *Excipit et solus trepidantem protegit urbem.*
> *Atque ideo postquam ad Cimbros stragemque volabant,*
> *Qui nunquam attigerant majora cadavera, corvi,*
> *Nobilis ornatur lauro collega secundo.*
>
> (Sat. VIII, v. 244.)

> Un autre plébéien, d'Arpinum comme lui,
> Avant que de l'État il ne devint l'appui,
> Marius, par les monts, pour un maigre salaire,
> Haletait tout le jour sur un soc mercenaire.
>
> . . . .
>
> Et pourtant ce fut lui qui fit face au danger,
> Quand le Cimbre parut, et sut nous protéger ;

Lui seul put rassurer la Patrie alarmée.
Aussi, quand des corbeaux l'avide et sombre armée
S'abattit sur ces corps par le fer déchirés,
Les plus grands jusqu'alors qu'ils eussent dévorés,
De son noble collègue il éclipsa la gloire ;
Ce fut lui qui donna son nom à la victoire.

Les noms de Cicéron et de Marius reviennent encore, avec une prédilection marquée, dans la satire des Vœux, et nul doute que le poète ne s'associe du fond de l'âme aux infortunes de ces gloires plébéiennes.

Mais il n'apportait, ni dans la politique, ni dans la morale, une rigueur outrée; ce n'était pas, comme on le croit vulgairement, un stoïcien inflexible :

Et qui nec cynicos, nec stoïca dogmata legit....
(Sat. XIII, v. 121.)

C'était une *âme modérée*.

Dans cette même satire XIII, où il s'efforce de consoler Calvinus de la perte d'un dépôt et surtout de ramener au calme ce cœur exaspéré pour qui la vengeance est préférable à la vie même :

At vindicta bonum est vita jucundius ipsa,

Juvénal écrit ces vers admirables qui ne sont évidemment pas une déclamation :

Nempe hoc indocti, quorum præcordia nullis
Interdum aut levibus videas flagrantia causis ;
Quantulacumque adeo est occasio sufficit iræ.
Chrysippus non dicit idem, nec mite Thaletis

Ingenium, dulcique senex vicinus Hymetto,
Qui partem acceptæ sæva inter vincla cicutæ
Accusatori nollet dare. Plurima felix
Paulatim vitia, atque errores exuit omnes
Prima docens rectum sapientia : quippe minuti
Semper et infirmi est animi exiguique voluptas
Ultio. Continuo sic collige, quod vindicta
Nemo magis gaudet quam femina....

(Sat. XIII, v. 180.)

Sans doute, c'est ainsi qu'aveugle en son désir,
S'exprime cette foule ignorante et morose
Qui s'irrite au hasard et s'enflamme sans cause ;
Un rien à sa fureur suffit pour éclater.
    C'est par d'autres leçons qu'ont su nous enchanter
Et Chrysippe et Thalès, vieillard au doux génie,
Et cet autre vieillard, autre sang d'Ionie,
Dont l'Hymette odorant abrita le berceau.
Certe, il eût refusé, quand la main du bourreau
Lui tendait, en pleurant, ce poison qu'on redoute,
A son accusateur d'en céder une goutte.
    La science du bien rend les hommes meilleurs.
En guérissant l'esprit de toutes ses erreurs
Peu à peu de nos cœurs elle extirpe le vice ;
Elle est de la vertu la première nourrice.
La vengeance est toujours, si grand que soit le droit,
Le plaisir d'un cœur faible et d'un esprit étroit.
Réfléchis à ce fait, que l'histoire proclame :
Qui, pour elle, a le goût le plus ardent ? — La femme.

Et il ajoute, à l'appui de son raisonnement, ces vers
si connus et si dignes de l'être :

. . . . *Cur tamen hos tu*
Evasisse putas quos diri conscia facti
Mens habet attonitos et surdo verbere cædit
Occultum quatiente animo tortore flagellum ?
Pæna autem vehemens, ac multo sævior illis

Quas aut Cœditius gravis invenit aut Rhadamanthus,
Nocte dieque suum gestare in pectore testem.

(Sat. XIII, v. 192)

Ne va pas, cependant, croire à l'impunité
D'un esprit conscient de son indignité ;
Car, sur lui le remords exerce un dur empire
Et de son fouet vengeur sourdement le déchire.
Crois-moi, c'est un supplice affreux, plus qu'infernal,
Tel que Céditius n'en trouva point d'égal,
Tel que n'en trouva point le sombre Rhadamanthe,
Que cet œil qui partout suit cette âme tremblante.

Cette modération se manifeste encore, sous un autre
aspect, dans l'indulgence qu'il montre pour les fai-
blesses d'une race amollie et bien dégénérée des rudes
mœurs des aïeux :

. . . . *Mensura tamen quæ*
Sufficiat census, si quis me consulat, edam.

(Sat. XIV, v. 316.)

Mais d'un bien suffisant quelle est donc la mesure ?

dit-il ; et il répond :

In quantum sitis atque fames et frigora poscunt.

Ce qu'exigent la faim, la soif et la froidure.

C'est là ce qui suffisait à Socrate ; c'est là ce qui suffi-
sait à Épicure lui-même :

Car toujours la raison concorde à la nature ;

Nunquam aliud natura, aliud sapientia dicit.

Un esprit rigide s'en tiendrait à la règle qu'il vient
d'établir et de confirmer par de si puissantes au-

torités ; Juvénal se hâte de faire des concessions :

Acribus exemplis videor te claudere : misce
Ergo aliquid nostris de moribus ; effice summam
Bis septem ordinibus quam lex dignatur Othonis.
Hæc quoque si rugam trahit extenditque labellum,
Sume duos equites, fac tertia quadringenta....

(Sat. xiv, v. 322.)

Ces exemples, peut-être ont trop d'austérité ;
Mêlons-y quelque peu de notre infirmité ;
J'y consens. Eh bien ! soit ; réalisez la somme
Qu'exige le décret d'Othon pour que dans Rome
Aux quatorze gradins quelqu'un puisse s'asseoir...
Vous froncez le sourcil et vous faites bien voir,
En allongeant la lèvre, un déplaisir extrême...
Prenez deux chevaliers, prenez-en un troisième.....

Si cela ne vous suffit pas, dit Juvénal, c'est que rien ne peut suffire à votre insatiable cupidité.

Et qu'on ne croie pas que ces concessions soient un pur artifice de rhéteur. Cette indulgence il la pratique envers lui-même ; cette âme si énergique contre les débordements du vice sait s'accommoder aux mœurs d'une époque relâchée dans la mesure qu'autorise une sage modération.

Une seule fois Juvénal parle de lui-même avec quelque étendue ; c'est dans la satire xi. Après avoir sévèrement critiqué le luxe de la table chez les Apicius de son temps, il invite à la sienne son ami Ponticus :

Experiere hodie numquid pulcherrima dictu,
Pontice, non præstem vita vel moribus et re.

Tu verras, ce jour même, ami, si mes paroles
Ne sont que jeux d'esprit, déclamations folles ;

Si ma vie et mes mœurs, dans la réalité,
Confirment mes discours par leur simplicité.

(Sat. xi, v. 56.)

Et pour qu'il puisse, à l'avance, s'en faire une juste idée, il lui envoie son menu que nous transcrivons tout entier. Rien, selon nous, n'est plus propre que ces détails à faire connaître le caractère, les goûts et les habitudes de Juvénal.

Fercula nunc audi nullis ornata macellis ;

Je t'apprête des mets dont voici le tableau ;
Ils n'ont d'aucun marché subi la perfidie.

(Sat. xi, v. 64.)

De Tiburtino veniet pinguissimus agro
Hædulus, et toto grege mollior, inscius herbæ,
Necdum ausus virgas humilis mordere salicti,
Qui plus lactis habet quam sanguinis, et montani
Asparagi, posito quos legit villica fuso.
Grandia præterea torto calentia fœno
Ova adsunt ipsis cum matribus, et servatæ
Parte anni, quales fuerant in vitibus, uvæ ;
Signinum Syriumque pirum ; de corbibus isdem
Æmula Picenis et odoris mala recentis ;
Nec metuenda tibi, siccatum frigore postquam
Autumnum et crudi posuere pericula succi.

(Sat. xi, v. 65.)

Ma terre de Tibur, où j'ai mon Arcadie,
A ma table fournit un tout jeune chevreau,
Le plus tendre de tous, le plus gras du troupeau ;
Du saule il n'a jamais goûté la feuille amère,
Ni le gazon des prés ; il tette encor sa mère ;
Sa chair rose contient moins de sang que de lait.
Puis après nous aurons l'asperge qui se plaît

A croître sur les monts et que, sur ma prière,
Laissant là son fuseau, va cueillir ma fermière ;
En outre, de gros œufs, encor tout chauds du nid,
Qu'à la mère pondeuse un même plat unit ;
Des raisins conservés dans leur fraîcheur première :
Un panier que revêt la mousse coutumière
Dans un heureux mélange ensemble t'offrira
La poire de Signie et celle de Syra,
Des pommes, au parfum encore entier, rivales
De celles du Picène, à mon gré, sans égales.
Leur suc, âpre en automne, est pour toi sans danger,
Car le froid de l'hiver a su le corriger.

Ce n'est pas là sans doute un repas de Curius, dont
le plus vil esclave ne se contenterait pas aujourd'hui ;
c'est un confortable qui confine au luxe mais qui en
ignore encore les excès :

Telle fut du Sénat la table moins austère
Quand du luxe naissant il devint tributaire.

Hæc olim nostri jam luxuriosa senatus
Cœna fuit....
                                        (Sat. xi, v. 77.)

Le service est en harmonie avec le menu : chez
lui pas un atôme d'ivoire ; tout est en os, jusqu'au
manche de ses couteaux :

. . . . . . *Quin ipsa manubria cultellorum*
Ossea....
                                    (Sat. xi, v. 133.)

et il remarque plaisamment que la poule n'en est pas
pire pour cela :

. . . . *Non tamen ...*
. . . . *ideo pejor gallina secatur.*

Point d'esclaves achetés à grand prix ; il a pour tout domestique le fils de son pâtre et celui de son bouvier, gens simples à peine dégrossis, et pour lesquels on le soupçonnerait d'éprouver un sentiment qui ressemble à de la tendresse paternelle. « Celui qui remplira ta coupe, dit-il, est un enfant ingénu de mœurs et de visage » :

Ingenui vultus puer, ingenuique pudoris.

Depuis un fort long temps qu'il n'a pas vu sa mère,
Il soupire en songeant à son humble chaumière,
Il est triste en pensant au troupeau bien connu.

(Sat. XI, v. 152.)

Suspirat longo non visam tempore matrem
Et casulam et notos tristis desiderat hædos.

Il te versera d'un vin vendangé sur les monts qui virent les jeux de son enfance :

Namque una atque eadem vini patria atque ministri ;

Le vin et l'échanson ont la même patrie.

Et quels sont les plaisirs qui relèveront ce festin ? Des filles de Gadès, aux danses lascives, aux chants lubriques, qu'elles accompagnent du crépitement de leurs castagnettes, viendront-elles émoustiller leurs sens ? — Non : il faut laisser ces divertissements impurs aux riches, à qui tous les excès sont permis. Ils auront, eux, des plaisirs proportionnés à sa modeste fortune : ils se feront lire les vers d'Homère et de l'harmonieux Virgile, son digne rival :

Conditor Iliados cantabitur, atque Maronis
Altisoni dubiam facientia carmina palmam.

(Sat. xi, v. 178.)

Enfin, pendant que la foule court au Cirque où elle
achève de se dépraver, ils mettront bas leur toge
et, comme il convient à leur âge :

Ils iront s'imbiber du soleil du printemps ;

Nostra bibat vernum contracta cuticula solem
Effugiatque togam.

(Sat. xi, v. 203.)

Certes tous ces plaisirs sont modérés ; encore faut-il
en user avec modération ; car, c'est la modération
qui donne du prix aux plaisirs :

. . . *Voluptates commendat rarior usus.*

(Sat. xi, v. 208.)

Avions-nous tort de dire que Juvénal était *une âme*
modérée ?

C'était aussi *une âme sensible et tendre* ; nous
l'avons vu tout-à-l'heure dans les vers si touchants où
il parle des chagrins de son jeune esclave ; c'était une
âme ouverte à l'amitié, comme nous le voyons par
cette satire même, et mieux encore par la sat. xii,
sur le retour de Catulle.

Après avoir annoncé en vers charmants qu'il se pré-
pare à immoler à Junon et à Minerve des brebis à
la blanche toison ; à Jupiter un jeune taureau à la
corne naissante, ah ! s'écrie-t-il,

Si res ampla domi, similisque affectibus esset,
Pinguior Hispulla traheretur taurus, et ipsa
Mole piger, nec finitima nutritus in herba,
Læta sed ostendens Clitumni pascua sanguis
Iret et a grandi cervix ferienda ministro,
Ob reditum trepidantis adhuc, horrendaque passi
Nuper et incolumem sese mirantis amici.

(Sat. xii, v. 10)

Si j'étais riche et si, sagement opportune,
A mon affection répondait ma fortune,
Ce n'est pas un taureau semblable à celui-là,
C'est un taureau superbe et plus gras qu'Hispulla,
Nourri loin de ces lieux, dans les verts pâturages
Où le Clitumne frais erre sous les ombrages ;
C'est un noble animal au front large et puissant
Dont un robuste bras ferait jaillir le sang,
Que mon cœur offrirait aux Dieux en sacrifice
Pour les remercier que leur main protectrice
Des plus affreux périls ait sauvé mon ami
A son salut encor ne croyant qu'à demi.

Et ses vœux sont bien désintéressés, car cet ami,

Pour le retour duquel il offre ces victimes,
Catulle, a trois enfants, héritiers légitimes.

. . . . *Catullus,*
Pro cujus reditu tot pono altaria, parvos
Tres habet hæredes.

(Sat. xii, v. 93.)

Bon pour un Pacuvius de grossir sa fortune par les
plus basses captations ; mais que son châtiment soit
« de n'aimer personne et de n'être aimé de personne » :

. . . . *Montibus aurum*
Exæquet, nec amet quemquam, nec ametur ab ullo.

(Sat. xii, v. 130.)

Ce n'est pas seulement envers ses amis personnels que se manifestaient les tendances affectueuses de sa nature ; c'est, chose plus rare ! envers ses confrères, *les gens de lettres*. Avec quel accent de sincérité, dans la sat. VII, il compatit à leur misère !

Gloria quantalibet quid erit si gloria tantum est ?

Si grande qu'elle soit, que t'importe ta gloire,
Indigent Saléius ?... C'est un bien dérisoire...

(Sat. VII, v. 81.)

Et ces vers si pénétrants sur Stace :

Curritur ad vocem jucundam et carmen amicæ
Thebaïdos, lætam facit quum Statius Urbem
Promisitque diem ; tanta dulcedine captos
Afficit ille animos, tantaque libidine vulgi
Auditur ! Sed, cum fregit subsellia versu,
Esurit, intactam Paridi nisi vendat Agaven.

(Sat. VII, v. 82)

Stace d'une lecture a-t-il fixé le jour,
Joyeuse, autour de lui, toute la ville accourt ;
Chacun veut s'enivrer de cette voix touchante,
Ouir ces nobles vers dont la douceur enchante.
Tant il a le secret de captiver les cœurs !
D'asservir le public à ses accents vainqueurs !
Mais, quand sa Thébaïde, à grand bruit applaudie,
Est lue, il meurt de faim et sa muse mendie
S'il ne peut, quelqu'ennui dont son cœur soit grevé,
Vierge encore, à Paris, vendre son Agavé.

Sans doute, il a raillé Codrus, qui semble avoir prêté à la raillerie :

Vexatus quoties rauci Theseïde Codri....

(Sat. I, v. 2.)

mais sans fiel. Et quelle touchante sympathie[1] pour
ses malheurs ! (Le pauvre poète avait tout perdu dans
un incendie.)

> *Nil habuit Codrus, quis enim negat ? Et tamen illud*
> *Perdidit infelix totum nihil. Ultimus autem*
> *Ærumnæ cumulus, quod nudum et frusta rogantem*
> *Nemo cibo, nemo hospitio tectoque juvabit.*
>
> (Sat. III, v. 208.)

Donc Codrus n'avait rien ; personne ne le nie.
Mais ce rien, il le perd tout entier. L'ironie
Du sort qui le poursuit le réduit à ce point
Que, tout nu, sans asyle et mourant de besoin,
Nul ne jette à sa faim les miettes de sa table,
Nul n'ouvre devant lui sa porte charitable....

Mais c'est surtout envers ces malheureux que la loi
barbare de l'antiquité livrait sans défense au caprice
arbitraire du maître, c'est surtout envers les esclaves
qu'éclate partout sa pitié :

> *Mitem animum et mores modicis erroribus æquos*
> *Præcipit atque animas servorum et corpora nostra*
> *Materia constare putat et paribus elementis,*
> *An sævire docet Rutilus qui gaudet acerbo*
> *Plagarum strepitu et nullam Sirena flagellis*
> *Comparat, Antiphates trepidi Laris et Polyphemus ;*
> *Tum felix quoties aliquis, tortore vocato,*
> *Uritur ardenti propter duo lintea ferro ?*

---

[1] Cette sympathie pour ses confrères lui a même coûté assez cher.
Martial l'ayant, paraît-il, appelé, quelque part, « son cher Juvénal »,
il n'en a pas fallu davantage pour compromettre notre poète aux yeux
de certains critiques ; comme si l'amitié de La Fontaine avait jamais
fait tache à l'honneur de Racine. — Il n'est nullement prouvé d'ail-
leurs qu'en l'appelant « son ami » le besoigneux Martial ne lui payât
pas un tribut de reconnaissance.

Quid suadet juveni lætus stridore catenæ,
Quem mire afficiunt inscripta ergastula, carcer
Rusticus ?

(Sat. xiv, v. 15.)

Rutilus prêche-t-il la douceur, la sagesse
Qui comprend et pardonne à l'humaine faiblesse,
Estimant qu'un esclave est homme comme nous,
Que du même limon nous sommes formés tous,
Ou bien la cruauté ? Lui pour qui les supplices,
Pour qui le bruit des coups sont si pleins de délices
Que du fouet, à son gré, les hideux sifflements
Plus qu'un chant de Sirène ont de ravissements ;
Odieux Antiphate, atroce Polyphême
Qui chez lui fait trembler jusqu'à son Lare même,
Et qui n'a de bonheur que lorsque le bourreau
Marque de son fer rouge un pauvre volereau
Pour un torchon soustrait, pour une bagatelle.
Et son fils ? que ne peut sur sa jeune cervelle
L'exemple d'un tel père, à qui rien n'est si doux
Que les chaînes, les cris, les pleurs et les verrous.

Cette revendication énergique des droits de l'huma-
nité pour l'esclave n'est pas la seule :

Pone crucem servo. — Meruit quo crimine servus
Supplicium ? Quis testis adest ? Quis detulit ? Audi ;
Nunquam autem de morte hominis cunctatio longa est.
— O demens ! Ita servus homo est ?... *Nil fecerit, esto ;*
Hoc volo, sic jubeo, sit pro ratione voluntas.

(Sat. vi, v. 219.)

Cet esclave au gibet, dit ta femme avec rage.
— Pour un tel châtiment quel est donc son forfait ?
Les témoins où sont-ils ? Qui dénonça le fait ?
Prenez-y garde ! Il faut y réfléchir, en somme,
Avant que d'ordonner le supplice d'un homme.

— Un homme, dites-vous? Un esclave?... Insensé !
J'admets qu'il n'ait rien fait, soit ; mais j'ai prononcé ;
Je le veux, je l'ordonne, et ma raison suprême
C'est que je l'ai voulu... Qu'il meure à l'instant même.

Il n'est pas jusqu'à la malheureuse servante qu'il ne
défende contre la cruauté de sa maîtresse :

Disponit crinem laceratis ipsa capillis
Nuda humeros Psecas infelix, nudisque mamillis.
— Altior hic quare concinnus ? Taurea punit
Continuo flexi crimen facinusque capilli.
Quid Psecas admisit ? Quænam est hic culpa puellæ
Si tibi displicuit nasus tuus ?...

(Sat. VI, v. 490.)

Son désir souverain est à peine connu
Qu'une Psécas, l'épaule, hélas ! et le sein nu,
Les cheveux arrachés, pauvre fille, s'empresse
A friser les cheveux de sa douce maîtresse.
« Cette boucle dépasse, ô sotte ; qu'as-tu fait ?... »
Soudain un nerf de bœuf a puni ce forfait.
   Quel crime a donc commis la malheureuse ilote ?
Si ton nez te déplaît, voyons, est-ce sa faute ?

Les alliés eux-mêmes ont leur part de cette géné-
reuse pitié :

Exspectata diu tandem provincia quum te
Rectorem accipiet, pone iræ frena modumque,
Pone et avaritiæ ; miserere inopum sociorum.
Ossa vides regum vacuis exsucta medullis.

(Sat. VIII, v. 86.)

Si, dit-il à son ami Ponticus,

. . . . Si le Prince
A tes désirs enfin accorde une province,

Sois-lui doux : mets un frein à ta cupidité,
Traite son indigence avec bénignité ;
Tu vois les os des rois sucés jusqu'à la moelle.

Mais ce ne sont pas seulement les maux particuliers à certains individus ou à certaines classes qui le touchent ; c'est l'humanité tout entière qu'il embrasse dans sa large sympathie. Il aurait pu s'appliquer justement le vers de Térence :

Homo sum ; humani nihil a me alienum puto.

Juvénal était parvenu à un âge très avancé ; il avait atteint sa quatre-vingtième année, comme son Crispus, l'aimable vieillard de la satire IV ; il aurait pu légitimement s'attendre à finir ses jours en paix, dans sa patrie, au milieu des siens. Il en fut autrement : Hadrien crut reconnaître son propre favori, sous les traits de l'histrion Paris, favori de Néron, qui, dans la satire VII, dispense les honneurs militaires et met au doigt des poètes l'anneau d'or du tribun. Le tout puissant Empereur crut faire une bonne plaisanterie en « accordant la même faveur » au poète octogénaire, et il l'envoya commander une cohorte au fond de l'Egypte où il mourut bientôt, de chagrin et d'ennui, disent les uns, — des fatigues du voyage, disent les autres, — de vieillesse, à notre avis. Cette raison nous paraît plus que suffisante et, dans ce qui nous reste de lui, nous ne trouvons aucune trace des autres. C'est, en effet, pendant sa relégation en Egypte qu'il écrivit sa dernière satire, sur la Superstition, où rien ne tra-

hit ni l'ébranlement de l'âme, ni l'affaissement du
génie. C'est dans cette satire, une des mieux com-
posées, peut-être, que Juvénal a placé ce bel éloge
de la Sensibilité qui n'a trouvé que des admirateurs
(Voir Sat. xv, note).

. . . . . . *Mollissima corda*
Humano generi dare se natura fatetur
Quæ lacrimas dedit....

(Sat. xv, v. 131.)

La nature confesse, en nous donnant les pleurs,
Que d'une tendre argile elle a formé nos cœurs...

. . . . . . *Separat hoc nos*
A grege mutorum; atque ideo venerabile soli
Sortiti ingenium, divinorumque capaces
Atque exercendis capiendisque artibus apti,
Sensum a cœlesti demissum traximus arce,
Cujus egent prona et terram spectantia. Mundi
Principio, indulsit communis conditor illis
Tantum animas, nobis animum quoque ; mutuus ut nos
Affectus petere auxilium et præstare juberet,
Dispersos trahere in populum, migrare vetusto
De nemore et proavis habitatas linquere sylvas ;
Ædificare domos, laribus conjungere nostris
Tectum aliud, tutos vicino limine somnos
Ut collata daret fiducia ; protegere armis
Lapsum aut ingenti nutantem vulnere civem,
Communi dare signa tuba, defendier isdem
Turribus atque una portarum clave teneri.

(Sat. xv, v. 142.)

Entre tout ce qui vit, c'est la marque certaine,
Le signe distinctif de la nature humaine;
C'est pourquoi, nous qui seuls apportons en naissant,
Un esprit vénérable, ingénieux, puissant,

Capable de s'unir à la divine essence,
D'embrasser, à la fois, et l'art et la science,
Nous reçûmes du ciel un instinct précieux
Et que ne connaît pas la brute, dont les yeux
A la terre attachés, de la voûte azurée
N'ont jamais contemplé la majesté sacrée.
Quand, au commencement, l'auteur de l'Univers
Donna l'âme vivante aux animaux divers,
Il nous donna de plus, à nous, l'âme sensible,
Afin qu'un doux attrait, qu'un penchant invincible
Nous fit et demander et prêter tour à tour
Le mutuel appui d'un fraternel amour ;
Qu'il unit en un corps la race dispersée ;
Que, l'antique forêt des humains délaissée,
On bâtit des maisons, foyers contre foyers,
Toits contre toits, voisins aux voisins appuyés,
Et qu'ainsi, l'union faisant la confiance,
Chacun put désormais dormir en assurance ;
Qu'on couvrit de son corps un frère terrassé
Ou d'un coup redoutable horriblement blessé ;
Que le même clairon menât à la bataille ;
Qu'on luttât à l'abri de la même muraille
Et dans la même tour et sous la même clé.

Mais ce lien de bienveillance mutuelle, que la Nature avait voulu établir entre tous les hommes et qui existe, dans une certaine mesure, entre les animaux d'une même espèce, la perversité humaine l'a depuis longtemps brisé :

> *Sed jam serpentum major concordia. Parcit*
> *Cognatis maculis similis fera. Quando leoni*
> *Fortior eripuit vitam leo ? Quo nemore unquam*
> *Exspiravit aper majoris dentibus apri ?*
> *Indica tigris agit rabida cum tigride pacem*
> *Perpetuam ; sævis inter se convenit ursis.*

Ast homini ferrum letale incude nefanda
Procudisse parum est, quum rastra et sarcula tantum
Assueti coquere et marris ac vomere lassi
Nescierint primi gladios excudere fabri ;
Adspicimus populos quorum non sufficit iræ
Occidisse aliquem ; sed pectora, brachia, vultum
Crediderint genus esse cibi.

(Sat. xv, v. 159.)

Mais dans ce triste siècle hélas ! si déréglé,
De serpent à serpent plus grande est la concorde.
Ce qu'à l'espèce il doit, tout animal l'accorde :
Vit-on jamais lion, de sa force abusant,
Déchirer un lion sous sa griffe gisant ?
Dans quel bois le ragot, tout fier de sa défense,
Du tendre marcassin égorge-t-il l'enfance ?
Dans les jungles de l'Inde et ses halliers épais
Avec le tigre affreux le tigre vit en paix ;
L'ours féroce de l'ours ne redoute aucun piège,
Pour l'homme, l'homme seul forge un fer sacrilège.
Nos pères innocents ignoraient ces travaux ;
Ils n'avaient que leurs socs, leurs sarcloirs, leurs hoyaux ;
Leurs mains ne forgeaient point de glaives homicides.
Mais c'est peu : nous voyons des peuples fratricides
A qui de leurs égaux la mort ne suffit pas
S'ils ne font de leur chair un immonde repas.

Tout ceci n'est, peut-être, pas d'une vérité scienti-
fique suffisamment exacte pour des lecteurs contem-
porains ; mais la poésie n'est pas tenue à une exacti-
tude si rigoureuse. Ce sont là certainement de beaux
vers, d'un sentiment moral très élevé, et qui con-
firment ce que nous avons avancé plus haut : que
Juvénal ne bornait pas sa sympathie à quelques
classes de malheureux, mais qu'il l'étendait à l'huma-
nité tout entière.

Ce serait, peut-être, ici le lieu de se demander qu'elles étaient les idées religieuses de Juvénal, *ce qu'il croyait*.

La réponse nous semble facile et peut se tirer, pensons-nous, des vers que nous venons de citer. Bien qu'usant ordinairement de la rhétorique païenne ; bien qu'il parle souvent des Dieux, soit ensemble, soit individuellement, il est aisé de voir, par la manière dont il les traite et dont il traite leurs prétendus interprètes, qu'il est absolument affranchi des superstitions du palythéisme :

Esse aliquos manes et subterranea regna
Et contum et stygio ranas in gurgite nigras,
Atque una transire vadum tot millia cymba
Nec pueri credunt, nisi qui nondum aere lavantur.
                         (Sat. ii, v. 149.)

Qu'il existe sous terre un royaume des ombres,
Un Styx, gouffre hideux, plein de reptiles sombres,
Un vieillard toujours vert, passant, non sans efforts,
Sur son unique esquif tant de milliers de morts,
Un enfant n'y croit plus qu'en sa première enfance.

Et, ailleurs, avec quelle irrespectueuse ironie ne parle-t-il pas du « père des Romains », du dieu Mars en personne !

. . . . *Ad vigilem ponendi Castora nummi,*
Ex quo Mars ultor galeam quoque perdidit et res
Non potuit servare suas....
                         (Sat. xiv, v. 260.)

. . . . son coffre-fort,
Qu'au vigilant Castor, non sans crainte, il confie ;
Car à Mars désormais personne ne se fie,

.Depuis que ce vengeur pleure, tout morfondu,
Sa lance dérobée et son casque perdu.

Ainsi que la plupart des esprits émancipés de son
temps, il était « déiste » ; il admettait quelque chose
comme un « démiurge », un Dieu créateur :

> . . . . *Mundi*
> *Principio, indulsit* communis conditor *illis*
> *Tantum animas, nobis animum quoque....*

Mais il s'en tenait là ; il n'allait pas jusqu'au Dieu
Providence. Son Dieu était aussi oisif que les Dieux de
Lucrèce ; il n'agissait que par les lois générales qu'il
avait données à la Nature, au commencement.

O Fortune, s'écrie-t-il (et la Fortune n'est que le
nom de la Providence, chez les anciens),

> O Fortune, tu n'as qu'un pouvoir illusoire.
> Déesse, c'est à nous, à notre insanité
> Que tu dois ton prestige et ta divinité !

> *Nullum numen habes, si sit prudentia ; nos te*
> *Nos facimus, Fortuna, Deam cæloque locamus.*

Nous devons être, à nous-mêmes, notre propre Pro-
vidence par la vertu qui, seule, mène à la paix de
l'âme, en quoi consiste le vrai bonheur :

> *Monstro quæ tibi possis dare. Semita certe*
> *Tranquillæ per virtutem patet unica vitæ.*

VII

En résumé, nous croyons avoir démontré d'une manière solide, appuyant chacune de nos affirmations sur des textes, que, contrairement à l'opinion commune, Juvénal fut *une âme modérée* : modérée dans ses principes, modérée dans ses mœurs, modérée dans ses goûts; qu'il fut *une âme sensible*, aimant ses amis et digne d'en être aimée; *une âme généreuse et compatissante*, pleine de pitié pour les pauvres et les malheureux quels qu'ils fussent, toujours prête à revendiquer en leur faveur les droits méconnus de l'égalité naturelle; qu'il ne se bornait point à s'apitoyer sur quelques infortunes spéciales, mais qu'il embrassait dans sa large sympathie l'humanité tout entière; qu'il fut un Républicain de la vieille école, « un démocrate » et que le spectacle de la dépravation croissante des mœurs de son temps, la conscience de la décadence irrémédiable de sa patrie firent enfin déborder son indignation et lui mirent, malgré lui, la plume à la main, sinon dans l'espoir de corriger le vice, du moins, avec le désir d'être le vengeur de la vertu. Il l'a été et le restera dans tous les siècles.

Nous croyons avoir démontré, d'ailleurs, que, considéré au point de vue littéraire, Juvénal est loin

d'être, comme on l'a prétendu, *un écrivain furibond,
ne sortant jamais de l'invective* ; qu'il est, sans doute,
un écrivain énergique, mais d'une énergie qui se pos-
sède et qui se contient ; que, s'il n'a ni la légèreté,
ni la variété d'Horace, il n'est pas vrai pour cela qu'il
soit *d'une monotonie qui fatigue et qui révolte* ; qu'il
manie, quand il veut, l'ironie de main de maître, et
que, à côté des vers les plus mâles et les plus forts, on
trouve des vers pleins de grâce et qui sentent tout à
fait leur vrai poète ; que sa diction n'est ni *dure*, ni
pénible, ni *étrange*... ; qu'elle est en harmonie avec
les sujets qu'il traite, et que, s'il n'écrit point comme
Virgile, ce qui n'est pas admissible, étant donnée la
différence des hommes et des genres, il est, cependant,
en fait de style, de l'école de ce poète, pour lequel il
professait la plus grande admiration :

> *Conditor Iliados cantabitur, atque Maronis
> Altisoni dubiam facientia carmina palmam ;*
> Quid refert tales versus qua voce legantur ?
>
> (Sat. xi, v. 178.)

> Du chantre d'Ilion on nous dira les vers ;
> On nous lira Maron, dont la haute harmonie
> Peut disputer la palme au Cygne d'Ionie.
> En oyant de tels vers, faits pour nous enchanter,
> De la voix du lecteur doit-on s'inquiéter ?

Enfin, est-il beaucoup de poètes qui aient frappé
leurs idées avec plus de force et qui les aient revêtues
d'une forme plus capable de leur assurer l'immor-
talité ? — Nous n'ignorons pas qu'il est d'usage de

placer Juvénal parmi les écrivains *de la décadence Latine*, comme tous ceux qui n'ont pas eu l'honneur grand d'être les contemporains d'Auguste. Nous nous résignerons même aisément à cette qualification ; mais à la condition expresse qu'on nous permettra de l'appliquer, au même titre et pour la même raison, à des poètes comme Lamartine, Musset et Victor Hugo qui ont eu le tort, eux aussi, de venir un siècle ou deux après Louis XIV.

VIII

Voilà bien, dira-t-on, peut-être, l'engouement ridicule d'un traducteur qui ne voit, dans l'écrivain qu'il traduit, que des perfections ! — Nous n'en sommes pas là, tant s'en faut. Juvénal n'est point parfait à nos yeux ; il lui manque une qualité de premier ordre : le goût.

Mais entendons-nous bien sur ce que c'est que le « goût ». Il y a le goût dans le style, c'est-à-dire dans la pensée et dans l'expression ; il y a le goût dans la composition. Nous ne croyons pas que le premier lui ait manqué. Sa pensée est juste, énergique, originale, quelquefois ironique, souvent même d'une poésie pleine de grâce, et l'expression est, chez lui, le parfait vêtement de la pensée. Son style est, surtout, sobre et concis. Mais cette concision du style, il ne la porte pas toujours dans « la composition ». C'est là, précisément, que le goût manque, à notre avis, quelquefois.

Le goût dans la composition consiste, sans doute, surtout dans *l'ordre* et dans *la mesure.* Pour qu'il y ait « ordre », il faut qu'il y ait plan préalablement arrêté ; il faut, en outre, que l'écrivain ait assez d'empire sur lui-même pour s'enfermer dans ce plan, pour ne pas se laisser entraîner à des développements inutiles ou parasites, qui, en excédant la juste mesure à faire à chaque partie, rompraient l'harmonie du tout. Il faut, enfin, qu'il ait l'art de ménager les « transitions » de manière à ce que les différentes parties, au lieu d'être seulement juxtaposées, se fondent, pour ainsi dire, l'une dans l'autre, sans laisser entre elles aucune solution trop apparente de continuité.

Juvénal nous semble avoir péché quelquefois contre ces trois conditions d'une bonne composition littéraire. — Qu'avant d'écrire il se soit fait un plan, il n'y a guère moyen d'en douter, car, dans chacune de ses satires, il s'est évidemment proposé de traiter une question déterminée. Que ce plan fut suffisamment arrêté dans les détails et parfaitement circonscrit dans sa pensée, la chose est moins certaine. Quoi qu'il en soit, quand il a livré sa voile à l'inspiration, il ne tient pas le gouvernail d'une main assez ferme ; il se laisse dériver souvent aux courants qu'il rencontre sur sa route et, s'il arrive au port, ce n'est point par le chemin le plus direct. Encore, n'y arrive-t-il, peut-être, pas toujours : témoin la satire deuxième qui, commencée contre les hypocrites, finit par être dirigée contre les effrontés.

Sans dévier aussi ouvertement, il lui arrive quelquefois de donner à la partie des développements tellement démesurés qu'elle finit par l'emporter sur le tout. C'est ainsi que, dans la satire XIV, intitulée l'Exemple, et qui compte 331 vers, 225 sont consacrés à l'Avarice. Encore ne serait-il, peut-être, pas très difficile de trouver dans ces 225 vers, deux satires juxtaposées sur le même sujet. Il est vrai que, prise en elle-même, chacune de ces parties renferme de grandes beautés.

Un autre défaut de Juvénal, et qui tient à la même cause, ce sont ces nombreuses parenthèses qui refroidissent le lecteur, en retardant, si nous pouvons ainsi parler, l'allure du poème. Juvénal ne sait pas assez « se borner ». Une idée accessoire se présente, il l'arrête au passage, il la développe, et, une fois développée, il n'a pas le courage de la sacrifier ; il ne sait rien perdre. Veut-il caractériser l'amour de la patrie par un exemple ? Le nom de Ménécée s'offre à son souvenir :

$$\dots\dots\dots\dots\dots Quantum$$
$$Dilexit\ Thebas\dots\dots Menœceus\dots.$$

(Sat. XIV, v. 240.)

Cela suffisait. Mais ce mot de « Thèbes » lui rappelle une légende mythologique sur l'origine de cette ville et il écrit les trois vers suivants, absolument inutiles, parce qu'ils n'ont aucun rapport au sujet, et bons, tout au plus, à être mis en note :

In quarum sulcis legiones dentibus anguis
Cum clypeis nascuntur et horrida bella capessunt
Continuo, tanquam et tubicen surrexerit una.

Cette Thèbes des dents d'une hydre ensemencée,
Où jadis, ô prodige ! on vit, dans les sillons,
De guerriers tout armés pousser des bataillons
Qui soudain, comme au son des clairons homicides,
Engagèrent enlr'eux des luttes fratricides.

Dans la satire XII, voulant flétrir les captateurs et leurs vils manèges, « il y en a, dit-il, qui vont jusqu'à promettre une hécatombe, *faute d'éléphants ;* car on n'en vend point à Rome ni dans le Latium ». C'était assez. Juvénal se laisse aller à écrire les dix vers qui suivent :

...... *Existunt qui promittunt hecatomben,*
Quatenus hic non sunt venales elephanti
Nec Latio, aut usquam sub nostro sidere talis
Bellua concipitur, sed furva gente petita,
Arboribus Rutulis et Turni pascitur agro,
Cæsaris armentum, nulli servire paratum
Privato, siquidem Tyrio parere solebant
Annibali et nostris ducibus regique Molosso
Horum majores ac dorso ferre cohortes
Partem aliquam belli et euntem in prælia turrim.

(Sat. XII, v. 101.)

Il en est que l'on voit promettre des cent bœufs.
Ah ! pourquoi l'éléphant est-il chose si rare
Qu'il faille le tirer d'une terre barbare ?
Pourquoi sous notre ciel n'en est-il jamais né ?
Tout au plus un troupeau pait-il abandonné, —
Le troupeau de César, — dans les bois des Rutules ;
Mais tout sujet est vil pour ces bêtes Gétules,

Car leurs nobles aïeux jadis obéissaient
Aux ordres d'Annibal, aux consuls; ils laissaient,
A la voix de Pyrrhus, les belliqueux Molosses
En cohortes s'asscoir sur leurs dos de colosses :
Aux jeux sanglants de Mars ils prenaient leur ébat,
Comme une tour vivante ils marchaient au combat.

Malgré cet « *euntem in proelia turrim* » dont on regretterait l'absence, il est évident que les six derniers vers, au moins, sont une parenthèse encombrante et, comme tels, devraient être retranchés.

Ces exemples, entr'autres, suffisent pour appuyer notre opinion qui, en fait, ne nous paraît pas contestable. Mais nous serions peut-être injuste envers Juvénal si nous prétendions donner à notre critique une valeur absolue. En effet, il est difficile de soutenir que ce vigoureux génie ait ignoré l'art de composer, c'est-à-dire d'embrasser, d'ordonner et de discipliner, les idées de son sujet. La plupart de ses satires protesteraient contre nous. Il en est plusieurs qui présentent un plan très net, quoique très ingénieux, et qui sont d'un tissu très serré. Ce sont surtout celles qui reposent sur un fait particulier ou s'adressent à un personnage unique et qui, en raison même de leur simplicité, ne se prêtaient point, comme des compositions plus complexes, à de faciles intercalations : par exemple, le Turbot, satire IV ; la IXᵉ, Névolus ; la XIIᵉ, le retour de Catulle ; la XVᵉ, la Superstition, etc. Quant aux autres, les défauts qui s'y rencontrent quelquefois ne sont dus, nous serions tentés de le croire, qu'à des remaniements, à des additions plus ou moins bien déguisées, qui ont gâté, dans une certaine mesure, la composition primitive en lui ôtant quelque chose de sa rapide allure ou de sa puissante unité. — Et ce n'est pas là une hypothèse sans fondement.

Si nous en croyons son biographe, Juvénal débuta, dès le temps de Néron, par une courte satire contre l'histrion Paris, et, à partir de ce moment, il cultiva soigneusement ce genre de littérature : « *genus scripturæ industriose excoluit* »... Mais, pendant longtemps, il ne publia rien. Ce ne fut que plus tard, qu'il fit, avec un grand succès, « *magna frequentia, magnoque successu* », des lectures répétées de ses œuvres, « *bis ac ter auditus est* ». Et c'est alors, si je comprends bien Suétone, qu'il aurait fait entrer dans ses compositions nouvelles des fragments de ses premiers écrits : « *ut ea quoque, quæ prima fecerat, inferciret novis scriptis* ». Malheureusement pour son œuvre et malheureusement pour lui-même ! Car c'est l'intercalation dans la septième satire, de quelques vers dirigés contre l'histrion Paris, qui fit naître, dans l'esprit d'Adrien, l'idée, plaisante à son gré, d'envoyer mourir à Syène, dans la Haute Égypte, un poète de quatre-vingts ans en qualité de tribun militaire. Cette intercalation certaine n'est évidemment pas la seule. (Voir : satire VII, note 9). N'en est-ce pas une, entr'autres, que le passage relatif à Héraclite et à Démocrite dans la satire des Vœux ? Satire bien composée d'ailleurs et qui n'a que le défaut, si c'en est un toutefois, de présenter une série de tableaux admirables, mais plutôt juxtaposés que reliés par de suffisantes transitions.

En résumé, pour faire des satires de Juvénal, au point de vue littéraire, des compositions à peu près irréprochables, il suffirait de les ramener à ce qui fut probablement, leur forme primitive, c'est-à-dire d'en retrancher quelques développements excessifs et quelques parenthèses inutiles.

IX

Encore un mot, indulgent lecteur.

Quelle est l'autorité de Juvénal en matière historique ? « Que vaut, pour employer l'expression même de M. Duruy, que vaut son témoignage ? » Il nous importe, à nous aussi, de le marquer. La chose nous sera d'autant plus aisée que nous avons suffisamment dégagé sa personnalité, son caractère, des nuages dont l'avaient assombri des critiques incompétents ou prévenus. Il demeure démontré pour nous que, loin d'être un déclassé, aigri par la misère et les déceptions, un atrabilaire voyant tout en noir, les moindres travers aussi bien que les plus grands crimes, n'écrivant que sous l'impulsion de la colère et de la haine que lui inspirait une société dans laquelle il ne trouvait pas

de place, Juvénal était, au contraire, une âme modé-
rée et dans une condition de fortune qui lui rendait
facile cette modération ; une âme bienveillante, d'une
bienveillance qui s'étendait plus loin que les indivi-
dus, plus loin que les classes, qui embrassait l'hu-
manité tout entière ; surtout une âme honnête qui, à
une époque de dépravation scandaleuse, *dépravation
prouvée par le témoignage de tous les contempo-
rains*, était restée assez vivante pour conserver la
faculté de s'indigner, toute remplie de

> . . . . ces haines vigoureuses
> Que doit donner le vice aux âmes vertueuses.

En un mot, il y avait en lui un poète et un mora-
liste, ou plutôt un poète moraliste ; car c'est précisé-
ment l'union intime de ces deux facultés qui explique,
et ses défauts, et ses mérites. Simple poète, il eut fait
comme tant d'autres, des Théséides ou des Oresties
depuis longtemps tombées dans l'oubli ; simple mora-
liste, il eut soumis à une minutieuse analyse les mœurs
de son temps ; il eut remonté à des principes méta-
physiques ; il eut disserté longuement sur la vertu et
ses différentes formes, sur le devoir et ses différentes
espèces ; il eut ajouté à tant d'autres quelqu'un de ces
traités en même temps secs et indigestes qu'on feuil-
lette quelquefois, qu'on cite même, au besoin, mais
qu'on ne lit guère et dont l'influence sur les âmes est
à peu près nulle. Moraliste et poète, il s'intéressa par-
ticulièrement aux choses morales, il fut particulière-

ment frappé des aspects divers de l'immoralité de son temps ; mais ce que le moraliste se serait contenté d'observer et de juger, le poète le sentit et le peignit avec une énergie intense et un coloris que les siècles n'ont pas effacé. Et, quand il fallut rapporter cette immoralité à sa cause, ce fut encore le poète qui prima le moraliste ; il n'analysa point, il compara l'austérité des mœurs anciennes à la dépravation des mœurs nouvelles, il crut saisir une corrélation entre l'état des mœurs, dans chacune de ces deux époques, et celui de la fortune publique, et il en conclut que l'argent était la cause de tout le mal :

> *Prima peregrinos obscœna pecunia mores*
> *Intulit et turpi fregerunt sœcula luxu*
> *Divitiœ molles.*
>
> (Sat. VI, v. 298.)

Nous nous bornons à cet exemple ; explicite ou latent ce jugement se trouve partout au fond des satires de Juvénal.

Est-ce là une vue aussi étroite que certains se plaisent à l'affirmer? Il n'est pas douteux d'abord, qu'en fait, elle ne soit conforme à la vérité historique : les mœurs corrompues de la Grèce et de l'Orient ont pénétré dans Rome avec les dépouilles des vaincus. (Voir Salluste, *Jugurtha*, chap. XLI.) Le savant historien que nous avons déjà cité, M. Victor Duruy, à la fin de son histoire de la Grèce, se pose cette question : « Mais pourquoi est-elle tombée? » Et il ajoute : « Pour deux causes : La première, c'est que ce peuple

» resta divisé et que ses villes ne voulurent jamais
» s'unir de manière à former un puissant Etat qui eût
» tout bravé. La seconde, c'est que les Grecs, *devenus*
» *puissants et riches,* oublièrent les vertus qui leur
» avaient donné cette grandeur : *l'amour de l'or dé-*
» *prava tout.* Dans la Grèce des derniers temps il
» n'y avait plus de citoyens, à peine des hommes. On
» n'estimait plus qu'un mérite : *celui de s'enrichir*
» *par n'importe quel moyen ; on n'adorait plus*
» *qu'un Dieu : le plaisir.* La patrie! dit un poète de
» cette triste époque, elle est où l'on vit bien. »

« Voilà pourquoi la Macédoine, puis les Romains
» eurent si bon marché de ces Grecs dégénérés. »

On ne saurait mieux dire; et voilà pourquoi, dirons-
nous à notre tour, l'empire Romain qui fut, au con-
traire de la Grèce, la plus grande centralisation des
temps anciens et, peut-être, de tous les temps, s'é-
croula sous l'effort d'une poignée de Barbares qui le
plongèrent, pour plus de dix siècles, dans une nuit
dont nous avons tant de peine à sortir. Voilà ce que
voyait, ou plutôt, ce que sentait Juvénal ; il lisait dans
l'abaissement des âmes par la corruption des mœurs
la cause principale et suffisante de la ruine future de
sa patrie. Comme cette cause a produit jusqu'ici, par-
tout et toujours, les mêmes effets, il est probable
qu'elle les produirait également dans l'avenir. C'est là
précisément que gît, pour le penseur, l'intérêt prin-
cipal d'une œuvre comme celle de Juvénal. C'est le
tableau d'une civilisation arrivée au plus haut degré de

la force et de la richesse, de l'activité intelligente dans toutes les voies, qui se dresse au regard émerveillé comme un colosse, en apparence, indestructible et que l'on sent, pourtant, frappée à mort parce que la force morale s'en retire ; la force morale qui fait les sociétés fortes parce qu'elle fait les individus forts ; car il ne peut y avoir dans l'agrégat que ce qu'il y a dans les éléments qui le composent. Si donc nous laissions naître ou subsister en nous la cause, il faudrait nous attendre inévitablement à l'effet. Nous pourrions nous abuser si nous ne considérions que nous et que le présent ; mais regardons, dans le passé, la Grèce, Rome et tant d'autres puissances déchues, et il n'y aura plus d'erreur possible sur la cause efficiente de leur déchéance. C'est une expérience faite. Et c'est précisément cette expérience faite qui confirme le *témoignage* de Juvénal et lui donne une autorité qu'aucune critique, si savante ou si spécieuse qu'elle soit, ne saurait ébranler.

Donc, tout en nous tenant en garde contre un pessimisme excessif, nous pensons qu'on ne saurait trop lire les satires de Juvénal et, dans notre sentiment, nous ne pouvons mieux terminer cette longue préface qu'en citant ces paroles de l'éditeur des *Châtiments :*

« Les *Châtiments*, comme les *Annales* de Tacite,
» comme les *Satires* de Juvénal, dit M. Hetzel, sont
» un livre d'éducation pour les peuples.... Nul homme
» sérieux, nul homme sincère ne reculera devant cet
» aveu. »

JUVÉNAL

SATIRE PREMIÈRE

POURQUOI JUVÉNAL COMPOSE DES SATIRES

Quoi! toujours écouter et ne jamais répondre,
Par l'enroué Codrus (1) (Puisse un dieu le confondre!)
Et par sa Théséide excédé tant de fois?
C'est donc impunément qu'un poète, à son choix,
Vient m'assommer du faix de sa verve comique
Ou du récit dolent d'un amour chimérique?
Télèphe impunément m'a pris un jour entier?
Ou cet énorme Oreste, encor sur le métier,
Et qui déjà remplit du livre qu'il surcharge
La page et le revers et le dos et la marge?

Non! nul de sa maison ne sait mieux les détours
Que je ne sais de Mars et les bois et les tours,
Et l'antre de Vulcain, près de l'antre d'Eole,
Les assauts furieux du vent qui siffle et vole,
Ceux que torture Eaque, en quels climats Jason
Du bélier légendaire a ravi la toison,

Les ormes monstrueux que lancent les Centaures...
  Tes platanes, Fronton (2), et tes marbres sonores
Ont peine à résister à la voix des auteurs
Qui tous, grands ou petits, ressassent ces fadeurs.

  Et nous, n'avons-nous pas tremblé sous la férule ?
N'avons-nous pas jadis, orateur minuscule,
Au dictateur Sylla donné le fier conseil
D'échanger le pouvoir aux douceurs du sommeil ?
C'est être sot, vraiment, lorsque tant de poètes
Déjà tendent vers lui leurs plumes inquiètes,
D'épargner un papier à périr destiné.

— Mais de l'arène, enfin, quand le choix t'est donné,
Pourquoi plutôt lancer ton char dans la carrière
Que Lucile remplit de son humeur guerrière ?

— Êtes-vous de loisir ? Pouvez-vous écouter
Mes raisons d'un sens froid ?... Je vais vous contenter :

Lorsqu'un timide eunuque à nos yeux se marie,
Que Mévia (3) terrasse un sanglier d'Étrurie,
L'épieu solide en main, la cuisse et le sein nu ;
Qu'à lui seul, de son or, un obscur parvenu,
Qui rasait mon menton aux jours de ma jeunesse,
De nos patriciens balance la richesse ;
Qu'un homme, le rebut de la tourbe du Nil,
Esclave dans Canope, un Crispin (4) lâche et vil,
Tout fier de son crédit, sur son épaule obscène
Ramène insolemment la pourpre tyrienne ;
Que, les mains en sueur, dans sa frivolité,

Il ventile ses doigts chargés d'anneaux d'été,
Car des anneaux plus lourds lui seraient un martyre,
Ma bile, malgré moi, me pousse à la satire.

Est-il un cœur de fer, né pour tout supporter,
Dont l'indignation se puisse surmonter
A l'aspect d'un Mathon vautrant son impudence
Dans cette chaise neuve où s'arrondit sa panse ?
A l'aspect du brigand, qui suit cet ergoteur,
D'un illustre patron effronté délateur,
Qui ravira bientôt aux nobles, qu'il dévore,
De leurs biens écornés ce qu'il leur reste encore ;
Que redoute Massa (5), que Carus, dès longtemps,
S'efforce de gagner par de riches présents ;
A qui, dans sa terreur de son infâme zèle,
Le tremblant Latinus prostitua Thymèle ?...
Quand dans un testament on se voit supplanté,
Par ceux dont la débauche a le mieux mérité,
Et qui, des bras flétris d'une vieille opulente,
S'élèvent, par la route, aujourd'hui la moins lente,
A la fortune altière, au faîte des honneurs ?
— Proculéius, Gillon, concurrents suborneurs,
Tous deux cohéritiers, obtiennent, sans conteste,
Le premier un douzième et l'autre tout le reste ;
Car selon sa valeur chacun d'eux est traité
Et leur part se mesure à leur virilité.
   Eh bien ! que de leur sang ils touchent le salaire,
Et puisse s'étaler sur leur front mercenaire
La mortelle pâleur qui sur le front s'épand
Lorsque de son pied nu l'on presse un froid serpent
Ou celle du rhéteur qui, sur les bords du Rhône,
A l'autel de Lyon (6) va débiter son prône. —

Dirai-je le courroux dont je suis transporté
Quand je vois ce tuteur, dont la rapacité
A se prostituer réduisit son pupille,
D'un cortège insolent embarrasser la ville ?
Ce pillard qui se rit d'un exil indulgent,
(Qu'importe l'infamie à qui garde l'argent ?)
Marius (7), qui, tandis que sa province pleure
Un triomphe bien cher, boit dès la huitième heure
Et jouit, sans souci, de la haine des Dieux ?
Quoi ! je dédaignerais ces excès odieux !
J'allumerai ta lampe, ô sage de Vénouse,
Et je les marquerai d'une clarté jalouse.

D'Hercule je dirais les glorieux travaux ?
Je suivrais Diomède et par monts et par vaux ?
J'écouterais mugir le monstre Bucéphale ?
Gémir les flots battus par le fils de Dédale ?
Je suivrais du regard l'artiste audacieux
Habile à diriger son aile dans les cieux,
Lorsque l'infâme époux d'une femme adultère,
Instruit à ne rien voir, ou s'endort sur son verre,
Ou regarde au plafond et reçoit de l'amant
Le legs qu'à sa maîtresse il ferait vainement ?
Lorsque cet autre fat, pour avoir, en avoine,
De ses nobles aïeux mangé le patrimoine,
Espère une cohorte, y croit avoir des droits ? —
Le jeune Automédon (8), tout fier de ses exploits,
Guidait-il pas lui-même, étalant son adresse,
Le char où s'affichait sa bizarre maîtresse (9) ? —

Quoi ! je n'écrirais pas, même en plein carrefour,
Quand l'honnête homme à pied y croise, chaque jour,
Ecrasant de porteurs une demi-douzaine,
Dans sa litière ouverte et faisant son Mécène,

Ce faussaire avéré qui ne doit ses palais
Qu'à de faux testaments, à des sceaux contrefaits?
Quand, de mes yeux, je vois se draper, dédaigneuse,
Dans son impunité, la noble empoisonneuse
Qui, pour le rafraîchir, offre à son cher époux
La coupe où le venin se marie au vin doux,
Et qui, mieux que Locuste, à ses jeunes parentes,
Dans l'art qu'elle cultive encor trop ignorantes,
Enseigne comme il faut, bravant tous les décris,
Au bûcher, avant l'heure, envoyer leurs maris
Noirs encor du poison qui leur ôta la vie ?

   Voulez-vous pour la foule être un objet d'envie?
Osez de ces forfaits dont l'audace confond ;
On vante la vertu, mais elle se morfond.
C'est au crime qu'on doit ces jardins, ces portiques,
Ces meubles précieux, ces chefs-d'œuvres antiques,
Cet argent ciselé, ces coupes d'or massif
Où se joue en relief quelque chevreau lascif.

   Dormir ! lorsque la bru se vend à son beau-père ?
Quand l'épouse infidèle entraîne à l'adultère
L'enfant de la prétexte encore revêtu ?
Mon génie ulcéré n'a pas tant de vertu.
Si ma verve native à mes yœux se refuse,
Muse Indignation, toi, tu seras ma Muse ;
Je veux faire des vers, quel que soit leur aloi,
Tels, du moins, que les font Cluviénus et... moi :

   Depuis que sur les monts, d'où la mer se retire,
L'heureux Deucalion, échouant son navire,
Interrogea les Dieux sur ses destins futurs
Et qu'insensiblement les cailloux les plus durs
S'amollirent au feu des âmes ingénues ;

Que Pyrrha présenta des vierges toutes nues
Aux yeux émerveillés de mon sexe ébloui ;
Tout ce dont les humains ont souffert ou joui,
La crainte et le désir, le plaisir, la colère,
La joie et la douleur, voilà notre matière.

Eh ! fut-il jamais siècle en vices plus fécond ?
Où le gouffre avarice ait été plus profond ?
Vit-on jamais au jeu les âmes plus ardentes ?
De leurs bourses jadis elles allaient contentes ;
Un joueur aujourd'hui, s'il veut tenter le sort,
Mène son intendant avec son coffre-fort.
Mais aussi quels combats, quelle guerre implacable,
Aussitôt que les dés sont placés sur la table !
        Perdre six mille écus et refuser un sou
Pour vêtir un esclave, est-ce d'un simple fou ?
Combien de nos aïeux l'humeur était plus saine ?
Ils ne bâtissaient pas des villas par douzaine ;
Leurs soupers clandestins étaient moins somptueux ;
C'est envers leurs clients qu'ils étaient fastueux.
A peine maintenant une maigre sportule
Attend la foule avide au seuil du vestibule,
Tandis que le patron, d'un œil inquisiteur,
Dévisage chacun, tremblant qu'un imposteur
Parmi les vrais clients, sous un faux nom, se glisse
Et prenne de ses dons une part subreptice.
Il faut, pour recevoir, qu'il soit vérifié.
C'est alors qu'au crieur l'ordre est signifié
D'appeler par leur nom les descendants (10) d'Énée
Dont notre foule, à nous humble plèbe, est ornée.
    « Donne au préteur, d'abord ; donne ensuite au tribun. »
— « Mais, je suis le premier, » s'écrie alors quelqu'un,

Un affranchi. « Quoi donc ! J'ai mon rang à défendre
» Et je le défendrai. Je ne crains nul esclandre.
» Sur les bords de l'Euphrate, il est vrai, je suis né.
»' Je ne le nirai point ; je serais condamné
» Par le large pertuis qui s'ouvre en mon oreille.
» Mais cent mille deniers (11) !.. Une toge vermeille
» Vous mit-elle jamais en un meilleur arroi ?
» Eh bien ! les cinq comptoirs (12) me les rendent, à moi.
» Tandis que Corvinus, dans les champs de Laurente,
» Mercenaire pasteur, paît la brebis errante,
» Moi, je possède plus que vous ne possédez,
» Licinus et Pallas (13) ; donc, tribuns, attendez. »

O Richesse, triomphe ! et qu'un gueux qui, naguère,
A Rome fut conduit des confins de la terre,
Marqué comme un bétail qu'on destine au trépas,
Même sur nos tribuns ose prendre le pas,
Puisqu'il n'est plus, chez nous, de majesté si sainte
Que la tienne, ô Richesse... Et pourtant, nulle enceinte,
Nul temple ne t'abrite, ô métal enragé ;
Nul autel aux écus n'est encor érigé !
   La Paix, la Bonne foi, la Vertu, la Victoire
Obtiennent cependant un culte dérisoire ;
La Concorde a son toit, des cigognes béni,
Quand, le bec crépitant, elles rentrent au nid.

   Mais, lorsque, chaque année, un sénateur calcule
Ce qu'à ses revenus ajoute la sportule (14),
Que fera l'indigent qui tient tout de ce dieu :
Sa robe, sa chaussure, et son pain et son feu ?
Voyez de tous côtés courir à la curée
Cent litières ; la rue en est tout encombrée.

On y traîne sa femme enceinte ; on a fait pis.
Un mari de génie entre tous ces maris
A trouvé le moyen, (la ruse était plaisante,)
Même de demander pour son épouse absente.
Tournant (le stratagème est aujourd'hui connu)
Vers sa litière vide un regard ingénu :
« C'est ma Galla, dit-il, elle est indisposée ;
» Sans doute, dans sa chaise elle s'est accoisée.
» Prenez part, je vous prie, aux soucis d'un époux ;
» Servez-nous promptement... Eh bien ! que tardez-vous?
» Galla, montre ta tête... Ah ! pour si peu de chose,
» N'allez pas la troubler, de grâce ; elle repose. »

De leurs nobles travaux tel est l'ordre du jour :
La sportule reçue, au Forum vite on court
Et d'Apollon juriste on y voit la statue
Des cris des avocats assidûment battue,
Celles de nos guerriers, monuments triomphaux,
Et, parmi ces vieux noms, qui sait quels noms nouveaux?
Un barbare du Nil, quelque cheick d'Arabie (15)
Ose y montrer sa face à la foule ébaubie.
Il est vrai qu'au contact de ce noble étranger,
Sans vergogne, en passant, on va se soulager.
Enfin, lassé, vaincu, le client capitule;
Il s'éloigne à regret du riche vestibule,
Renonçant à l'espoir si longtemps caressé
D'un repas digne prix d'un zèle intéressé ;
Et s'il ne veut jeûner, pour comble d'amertume,
Il lui faut acheter son feu, plus son légume.
Le maître, cependant, se repaît, à la fois,
De ce qu'ont de meilleur et la mer et les bois.
Solitaire au milieu de ses lits magnifiques,

De cent tables qu'il a, belles, larges, antiques,
Une seule suffit à manger tout son bien.
— Quoi ! plus de parasite ? Eh bien ! n'est-ce donc rien ?
— Eh ! peut-on supporter un luxe si sordide ?
Une bouche, une seule, à ce point est avide
Qu'un animal énorme, aux banquets destiné,
Un sanglier entier, figure à son dîné !
Mais le châtiment veille, il le suit, il l'escorte,
Quand son ventre tendu, quand une ardeur trop forte
Le poussent, dépouillant son habit trop serré,
A plonger dans le bain un paon mal digéré.
C'est pourquoi tant de gens meurent de mort subite
Qui s'en vont intestats pour s'en aller trop vite.
On en rit ; la nouvelle égaye nos repas ;
L'amitié suit le mort, mais ne le pleure pas.

On n'ira pas plus loin ; à nos mœurs effrénées
Qu'ajouteraient nos fils, au long cours des années ?
Dans le vice ils voudraient en vain se signaler,
A peine pourront-ils jamais nous égaler.
Donc, puisqu'il est au comble, il faut qu'on le dévoile ;
Souffle, Indignation ; je te livre ma voile.

« Mais, — direz-vous peut-être —, homme austère et frugal
» Est-ce qu'à ton sujet ton génie est égal ?
» La mâle liberté qui distingua Lucile
» De nommer hautement quiconque émut sa bile,
» Tu l'auras ? » — « Et de qui dois-je taire le nom ?
» Que Mucius pardonne à mes écrits, ou non,
» Que m'importe ? » — « Fort bien ; mais nomme, si tu l'ose
» Tigellinus... (16) Crois-moi, Poète, tu t'exposes
» A ce que ton cadavre, avec art empalé,

» Pour éclairer la nuit en torche soit brûlé

» Et marque un long sillon sur l'arène noircie. »

— « Quoi ! cet empoisonneur, dont la main endurcie

» A ses oncles, trois fois, a versé l'aconit,

» Du haut de la litière où le monstre a son nid

» Osera nous braver de son œil bas et louche? »

— » Quand il viendra vers toi, mets un doigt sur ta bouche.

» C'est déjà l'accuser que dire : « Le voici. »

» Tu peux chanter Énée et Turnus, sans souci ;

» Achille et son trépas n'inspirent nul ombrage,

» Ni l'enfant si longtemps cherché sur le rivage

» Après qu'il eut suivi son urne dans les flots

» Et qui d'un demi-dieu mérita les sanglots.

» Mais que Lucilius, de sa voix frémissante,

» Frappe, comme d'un glaive, une âme croupissante,

» On l'entend, et le front se couvre de rougeur,

» Dans le cœur conscient naît le remords vengeur

» Et les cris de colère et les larmes de rage.

» Avant que sur ses pas ton ardeur ne t'engage,

» Avant que la trompette ait sonné le départ,

» Réfléchis, il est temps encore ; il est trop tard

» Pour regretter la paix, quand la guerre commence. »

— « Eh bien ! soit. J'en ferai, du moins, l'expérience ;

» Je saurai ce qu'à moi, poète, il est permis

» D'écrire, sans tomber sous les coups ennemis

» Des illustres mortels dont la cendre avoisine

» La route Flaminie et la route Latine. »

NOTES SUR LA Iʳᵉ SATIRE

1. Codrus, poète ridicule. Voir Sat. iii, v. 203.

2. Fronton prêtait, sans doute, ses jardins aux poètes qui voulaient y faire des lectures, comme Maculonus, dans la viiᵉ satire, leur prête sa maison.

3. Mœvia. Est-ce un nom de fantaisie ? — Ou bien appartenait-elle à la famille de ce Mœvius Pudens *e proximis Tigellini ?*... (Tac., *Hist.*, liv. I, ch. xxiv).

4. Crispinus, favori de Domitien.

5. Massa Bébius, Metius Carus, célèbres délateurs. (Domitien.) Le personnage dont il s'agit ici est, sans doute, ce Messalinus qui, dans Tacite, complète cet affreux trio. (Agric. 45.)

6. Auguste avait établi à Lyon ces combats d'éloquence et de poésie. Ce fut Caligula qui décréta que les vaincus paieraient eux-mêmes les prix des vainqueurs et que les auteurs de mauvais écrits effaceraient leurs ouvrages avec leur langue, à moins qu'ils ne préférassent être jetés dans le Rhône.

7. Marius Priscus, proconsul d'Afrique, poursuivi pour con-

cussion, fut condamné à la relégation, sous Trajan (an 100). Pline et Tacite avaient été chargés par le Sénat de soutenir l'accusation.

Ceci seul prouverait que cette satire, la première par le titre, ne l'est point par la date de la composition. Il est probable même que ce fut une des dernières, une satire préface.

8. Néron. — Certains traducteurs entendent ce passage autrement que nous :

> *Puer Automedon nam lora tenebat*
> *Ipse, lacernatæ cum se jactaret amicæ.*

« Car, nouvel Automédon, il guidait le char dans lequel Néron... » Il y a là un contre-sens évident. *Puer Automedon*, c'est Néron lui-même ; le personnage dont il s'agit ici ne fait qu'autoriser ses prétentions de ce triste exemple. C'est un trait de satire que MM. Dusaulx et consorts auraient bien compris s'ils s'étaient rappelé ces vers de Racine :

> ...Pour toute ambition, pour vertu singulière
> Il excelle à conduire un char dans la carrière...

9. Sporus.

10. Les Patriciens.

11. 100,000 francs de rente.

12. *Quinque tabernæ*, espèce de Bourse, au Forum, où s'assemblaient les banquiers, les usuriers, les... spéculateurs.

13. Pallas, affranchi de Claude. Licinus, richissime personnage dont il est parlé dans la XIVe Satire, v. 305, *prædives...* *Licinus.*

14. Sportule, distribution de vivres ou d'argent, faite par le patron à ses clients.

15. *Arabarches.* L'Égypte était divisée en trois gouvernements ou épistratégies. L'épistratège de la Thébaïde portait

le titre d'Arabarque (ἀραβάρχης). C'est, sans doute, à quelqu'un de ces Arabarques que Juvénal fait allusion. Nous croyons, cependant, avoir rendu ce passage conformément à l'intention, plus que dédaigneuse, du poète.

16. Sophonius Tigellinus, nommé préfet du prétoire après la mort de Burrhus (62), fut le principal instigateur des crimes de Néron. Épargné par Galba, dont il avait gagné le favori Titius Vinius en lui donnant sa fille, il fut mis à mort par Othon qui ne put refuser sa tête à l'exécration du peuple. Il mourut lâchement.

SATIRE II

DES HYPOCRITES

Par delà le pays qu'habitent les Sarmates
Je suis tenté de fuir, de porter mes pénates
Au bord de l'Océan polaire, chaque fois
Qu'à propos de nos mœurs j'entends tonner la voix
De ces faux Curius dont la grave attitude (1)
De leurs vices secrets masque la turpitude ;
Gens, d'ailleurs, ignorants des lois de la raison,
Quoique Chrysippe — en plâtre — emplisse leur maison ;
Car, d'entr'eux, le plus sage est celui qui se pique
D'héberger d'Aristote un portrait authentique
Et confie à Cléanthe, en buste original,
De ses livres tout neufs le dépôt virginal.
    A la mine, aujourd'hui, bien sot est qui se fie !
Il n'est pas un quartier où la philosophie
Ne compte quantité d'austères vicieux.
    Eh quoi ! tu ne crains pas, censeur fallacieux,

Du bourbier (2) socratique égoût le plus infâme,
Sur les vices d'autrui de répandre le blâme?
Le poil rude qui croît sur ton corps tout velu
Promet un esprit ferme, inflexible, absolu;
Mais le médecin rit, lorsque, d'une main sûre,
Il moissonne les fruits — glabres (3) — de ta luxure.

   Ces gens pour le silence ont un goût merveilleux;
Plus courts que leurs sourcils ils portent leurs cheveux.
Ah! de Scribonius mieux vaut la franche allure;
Sa démarche, ses traits confessent sa souillure.
On pardonne aisément à l'ingénuité,
Et j'impute son mal à la fatalité;
Je plains de ses pareils la coupable innocence;
Leur folie elle-même appelle l'indulgence.

   Mais ces bruyants censeurs des impures amours
Qui tonnent, comme Hercule, en leurs âpres discours,
Et qui, de la vertu la bouche encore pleine,
Impriment à leur croupe un mouvement obscène,
Je n'éprouve pour eux qu'un dégoût infini.
« Moi, du respect! Sextus, quand je te vois.... Nenni! »
Dit Varillus, l'infâme; « en quoi donc suis-je pire
Que tu n'es? » — Du pied-tors, qui pied droit a peut rire,
Le blanc faire du nègre une dérision;
Mais les Gracques crier à la sédition!
Est-il cœur assez froid pour l'entendre et se taire?
Dont l'indignation ne mêlât ciel et terre
S'il voyait un Verrès médire du pillard,
Milon du meurtrier, Clodius du paillard;
Catilina blâmer Céthégus, son complice,
Et les trois proscripteurs, par un rare caprice,
De leur maître Sylla condamner les rigueurs?
   Tel nous vîmes, naguère, un de nos Empereurs (4),

Incestueux, souillé d'un tragique adultère,

Ressusciter lui-même une loi si sévère

Qu'elle eût fait trembler Mars et Vénus, cependant

Que sa nièce Julie, à la honte cédant,

Tirait, avec le fer, de sa vulve féconde,

Des traits accusateurs pour le Maître du monde.

   C'est donc avec raison que les plus corrompus

De ces Scaurus masqués (5) suspectant les vertus,

Justement dédaigneux de leurs aigres censures,

Leur rendent coup pour coup, morsures pour morsures.

   Aussi, Lauronia, de la bonne façon,

A l'un de ces docteurs renvoya sa leçon.

C'était un grand prêcheur, moraliste farouche,

Et qui n'avait jamais que ces mots à la bouche :

« Loi Julia (6), rempart des sévères amours,

» Où donc te caches-tu ? Dormiras-tu toujours ? »

Mais elle, souriant : « Heureux temps que les nôtres

» De pouvoir t'opposer comme un exemple aux autres !

» Rome de la Pudeur va relever l'autel ;

» Un troisième Caton nous est tombé du ciel.

» Et cependant, dis-moi, l'essence orientale,

» Dont le rare parfum de ta barbe s'exhale,

» Où donc l'achètes-tu ? Donne-moi, sans (7) jaunir,

» L'adresse du marchand où tu peux t'en fournir ?

   » S'il nous faut exhumer les lois de leur poussière,

» La loi Scantinia (8) doit surgir la première.

» Regardez-vous, d'abord, vous-mêmes ; scrutez-vous ;

» Car, les hommes, hélas ! en font bien plus que nous ;

» Mais serrés coude à coude en solide phalange,

» Leur nombre les défend. Une concorde étrange

» Règne, d'ailleurs, entr'eux ; car leur lubricité

» A mis, dans le plaisir, la réciprocité.

» On ne voit point, chez nous, ces immondes ivrésses :

» A Cluvia Tœdie épargne ses caresses ;

» Tandis qu'Hispo (9) reçoit et donne tour à tour,

» Et garde la pâleur de l'un et l'autre amour.

  » Plaidons-nous ? Lisons-nous vos lois et vos grimoires ?

» Faisons-nous de nos cris retentir vos prétoires ?

» A peine un petit nombre apprennent à lutter

» Et du pain (10) des lutteurs savent se contenter.

» Vous, vous filez la laine et, la besogne faite,

» Vous livrez, chaque soir, votre tâche complète.

» Sous vos doigts, le fuseau tourne plus obstiné

» Qu'aux mains de Pénélope ou qu'aux doigts d'Arachné.

» Vous faites ce que fait une fille de joie

» Dans son bouge accroupie en attendant sa proie !

  » Hister d'un affranchi fait son seul héritier :

» Le motif est connu de l'Univers entier ;

» Lui qui, vivant, comblait son innocente épouse !

» Vous serez riche, un jour, si vous n'êtes jalouse,

» Si vous dormez en tiers dans le lit d'un époux.

» Epousez, épousez, enfants, et taisez-vous :

» Un secret bien gardé porte des pierreries.

  » Et c'est nous qu'on reprend de nos galanteries !

» Le dicton est bien juste hélas ! s'il n'est pas beau :

» *Sévère à la colombe, indulgent au corbeau.* »

  Troublés par ce propos, vérité manifeste,

Nos Stoïques s'en vont sans demander leur reste.

Que pouvaient-ils répondre à ces réflexions ?

  Mais, dis-moi, Créticus ; à quelles actions

Les autres citoyens craindront-ils de descendre,

Quand le peuple étonné t'a vu, toi-même, prendre

La robe transparente et, d'elle revêtu,

Tonner, en plein Forum, au nom de la vertu,
Contre des Procula, des femmes infidèles,
De leur sexe, sans doute, assez méchants modèles ?
   « D'adultère, dis-tu, j'accuse Labulla. »
Si tu peux l'en convaincre, eh bien ! condamnez-la.
Condamne, si tu veux, encore Corfinie ;
Mais elles rougiraient, dans leur ignominie,
De paraître en public sous un habit pareil.
— « Je redoute en juillet les ardeurs du soleil. » —
Plaide tout nu ; pour toi moindre sera la honte.
Certes, il eût risqué quelque grave mécompte
L'imprudent magistrat qui, les lois dans les mains,
Sous ta robe eût paru devant nos vieux Romains,
Quand, vainqueurs, ils rentraient saignant de leurs blessu
Quand, le soir, ils quittaient les monts pour leurs masures.
Quels cris, si tu voyais un juge ainsi vêtu !
Dans un simple témoin, dis, le souffrirais-tu ?
O de la liberté, toi, l'indomptable apôtre.
Toi-même, Créticus, « transparais » comme un autre ?
   C'est là le triste effet de la contagion ;
Car, insensiblement s'étend l'infection.
C'est ainsi qu'en nos champs, pour qu'un troupeau périss
Il suffit d'un seul porc que la lèpre envahisse ;
Pour corrompre une grappe il suffit d'un seul grain.
Un jour, tu feras pis ; nous aurons ce chagrin.
Nul, d'un coup, ne devient absolument infâme.
De degrés en degrés, d'homme devenu femme,
Les dévots de Cybèle entr'eux te recevront ;
Comme eux, de longs rubans tu pareras ton front ;
Tu chargeras ton cou de colliers ; ton ivresse,
Comme eux, en sacrifice à la Bonne Déesse
D'une truie offrira le ventre tendre encor

Et le vin d'un cratère empli jusques au bord.

Mais les femmes, qu'exclut une loi trop sévère,

Ne franchissent jamais le seuil du sanctuaire ;

Du temple aux mâles seuls les accès sont ouverts.

« Profanes, clament-ils, loin d'ici ! Vos concerts

» Sont bannis de ces lieux... » Telle est leur liturgie ;

Tels les Baptes, jadis, dans une ardente orgie,

Par des transports lascifs, la nuit, incognito,

D'Athènes fatiguaient l'impure Cotytto.

L'un se peint les sourcils du plus noir cosmétique

Et les cils clignotant sous son aiguille oblique ;

L'autre a pour verre à boire un Priape nerveux

Et dans un réseau d'or enclot ses longs cheveux.

Sa robe est un ciel bleu brodé par Uranie

Ou la mer d'un vert pâle et comme un lac unie,

Et son digne valet jure par sa Junon.

L'autre tient un miroir, comme l'infâme Othon :

C'était là pour Turnus les dépouilles opimes

D'Actor ; il y mirait ses armes clarissimes

Le jour où, par son ordre, on leva l'étendard.

Que l'histoire à ce trait donne une place à part ;

Parmi les faits récents il mérite une page.

Pour la guerre civile admirable équipage !

O le grand général ! Est-il exploit plus beau ?

Il égorge Galba, mais il soigne sa peau ;

Le ferme citoyen et le mâle courage !

Le mignon, de sa main, empâte son visage

Tandis qu'à Bédriac l'empire est au Destin.

Jamais Sémiramis, dans l'Orient lointain,

N'imprima cet opprobre à sa face guerrière ;

Non ! pas même du Nil la reine aventurière

Qu'Actium sur sa nef a vu fuir toute en pleurs.

Ici, la table éclate en accents cajoleurs ;
Nul respect, c'est Cybèle et ses honteux mystères;
L'obscénité déborde aux bouches minaudières.
Et celui qui préside à ces pieux élans,
Leur pontife, c'est un vieillard en cheveux blancs,
De la voracité monstrueuse hyperbole,
Digne d'être gagé pour en tenir école.

Que ne vont-ils, enfin, selon le rite élu,
De leur chair (9) au couteau livrer le superflu ?

Gracchus épouse un cor ou, peut-être, un trompette ;
Il porte à son époux une dot fort honnête
De cent mille deniers. On signe le contrat,
On fait des vœux, on dîne en très grand apparat ;
Et la nouvelle épouse, en sa métamorphose,
Sur le sein de l'époux pudiquement repose.

Doit-on vous expier (10) ou doit-on vous flétrir,
Grands de Rome ? A qui donc faudra-t-il recourir,
Dites ; est-ce au Censeur ou bien à l'Aruspice ?
Serions-nous plus choqués si le hasard propice
Nous montrait une femme au jour mettant un veau,
Si la vache, à nos yeux, enfantait un agneau ?

Il prend le flammeum et la robe flottante,
Lui, dont, naguère encor, l'épaule chancelante
Portait les boucliers divins, mystérieux
Que de secrets liens réunissent entr'eux.

O père des Romains, quelle ardeur libertine
Infecta jusqu'aux os la rudesse Latine ?
Quel aiguillon, ô Mars, a touché tes neveux ?
Un riche citoyen, né d'illustres aïeux,
Sous le joug d'un époux passe avec insolence,
Et tu ne frappes pas la terre de ta lance !
Et tu ne bouges pas ! Et, la rougeur au front,

Tu ne cours pas te plaindre au Ciel de cet affront !
Va donc, quitte ce Champ, autrefois si modeste,
Car pour lui ton dédain n'est que trop manifeste.
— « J'ai demain à remplir un devoir matinal ;
» Je dois être dès l'aube au pied du Quirinal. »
— « Vous avez pour le faire une raison pressante ? »
— « Quoi ! Vous l'ignorez donc ? Une raison puissante !
» En secret, mon ami, demain, prend un époux. »
Ces choses se feront bientôt aux yeux de tous.
Pour peu que nous vivions, ces noces innommées,
Nous les verrons, sans doute, un jour légitimées...
Pourtant un dard cruel est fixé dans leurs flancs :
L'épouse à son époux ne peut donner d'enfants
Et par de tels liens enchaîner sa constance.
Qu'à l'esprit la Nature ait nié la puissance
De transformer le corps, cela vaut mieux ainsi ;
Ils meurent tout entiers, du moins, et sans merci.
C'est en vain qu'à leur mal ils cherchent un remède,
Et la grosse Lydé (11) n'a rien qui leur succède.

Gracchus d'un tel excès a comblé la hauteur :
Dans l'arène a paru Gracchus gladiateur !
Là d'un vil rétiaire il accepte le rôle.
Le trident à la main et le rets sur l'épaule,
Devant le mirmillon il fuit indifférent,
Sans respect pour ce nom qu'il a reçu si grand ;
Tel, que des Manlius, sauveurs du Capitole,
Moins brillante et, surtout, moins pure est l'auréole ;
Tel, qu'il domine ceux des Paul, des Catulus,
Des Fabius, le tien, glorieux Marcellus,
Et tous les spectateurs dont la foule se presse
Au premier rang du cirque, étalant sa noblesse.

Je n'en excepte pas le tyran suborneur
Dont l'or, en ce moment payait son déshonneur.

Qu'il existe sous terre un royaume des ombres,
Un Styx, gouffre hideux plein de reptiles sombres,
Un vieillard toujours vert, passant, non sans efforts,
Sur son unique esquif tant de milliers de morts,
Un enfant n'y croit plus qu'en sa première enfance.
Mais, pour l'heure, admettons cette vieille croyance :
Quel sentiment veut-on qu'éprouve un Curius,
Les mânes d'un Camille ou d'un Fabricius,
Ou les deux Scipions ; les soldats de Crémère
Et tant de cœurs vaillants qu'a moissonnés la guerre ;
Ceux qu'en un jour fatal Cannes a vus mourir ;
Alors qu'une telle ombre à leurs yeux vient s'offrir ?
Ils se purifiraient selon l'antique usage,
Si le laurier lustral croissait sur ce rivage.

A cet opprobre, hélas ! nous sommes descendus !
Rien ne résiste plus à nos coups assidus :
Par delà les Bretons, dont les nuits sont si brèves,
Les Orcades naguère ont vu briller nos glaives ;
L'Hibernie, égarée au bout de l'Univers,
A soumis à nos lois ses coteaux toujours verts.
Sans doute ! mais, vaincu, le Barbare aux mœurs rudes,
De ses vainqueurs ignore encor les turpitudes.

Pourtant il en est un, un jeune Arménien,
Zalatès, — si j'en crois un vague historien, —
Qui, de tous nos enfants surpassant la mollesse,
Aux ardeurs d'un tribun asservit sa jeunesse.
Voyez ce que produit un commerce indécent ·

Quand il vint ce n'était qu'un enfant innocent,
Par son peuple, en ces lieux, envoyé comme otage.
Mais, chez nous, on devient homme bien avant l'âge ;
Car, pour peu qu'un enfant vive en notre cité,
Par plus d'un corrupteur il est bientôt tenté
Et, mettant en oubli ses mâles exercices,
Du Tibre sur l'Araxe il rapporte les vices.

NOTES SUR LA II° SATIRE

1. Variante :

> De ces caphards, drapés dans leurs vertus absentes,
> Qui font les Curius et vivent en Bacchantes.

2. Allusion au « vice grec » dont Socrate fut, plus ou moins justement, accusé.

3. Il y a, dans ce passage d'une crudité toute latine, une antithèse que nous devons renoncer à rendre d'une manière plus complète. Pour la bien comprendre, il faudrait appliquer cette épithète « glabre », épilé, non aux « fruits » eux-mêmes, mais à l'endroit qui les porte, *podice levi*.

Variante :

> Il moissonne les fruits secrets de sa luxure.

4. Domitien. — *Quosdam ex utroque ordine lege Scantinia condemnavit.* — Suétone, *Dom.*, chap. VIII.

Fratris filiam..... ardentissime palamque dilexit, ut etiam causa mortis exstiterit, coactæ conceptum a se abigere. — Suétone, *Dom.*, chap. XXII.

5. *Fictos Scauros.* — *Non est tibi frons ficta* ; votre front n'est point dissimulé. — (Sénèque, *Questions naturelles*, pré-

face.) Nous croyons devoir traduire « *fictos Scauros* » par
« Scaurus masqués » et non par « faux Scaurus » comme on
le fait dans les traductions que nous avons consultées. Il y a
là, selon nous, une allusion évidente à ce Scaurus, person-
nage décrié pour ses mœurs infâmes, dont parle Sénèque (*De
Benef.*, 1. IV, chap. XXXI) : « *Tu, quum Mamercum Scaurum
consulem faceres, ignorabas ancillarum suarum menstruum ore
illum hiante exceptare ?* » Mais, lui, du moins, ne mettait pas
de masque : « *Numquid... dissimalabat? Numquid purus videri
volebat ?* » — C'est l'expression même dont se sert Rabelais,
ce grand érudit... « Hypocrites, dit-il, caphards... qui se
sont *déguisés comme masques* pour tromper le monde... et
Curios simulant, *sed Bacchanalia vivunt.* » (*Pantagruel*, liv. II,
chap. XXXIV.)

6. Loi Julia de Adulteriis. — Cette loi, de l'an 7 avant
J.-C., punissait la séduction de peines graves : la relégation
ou la confiscation d'une partie des biens. Elle permettait au
père ou à l'époux outragé de tuer les coupables surpris en
flagrant délit. La femme convaincue d'adultère était déchue
du droit de contracter mariage avec un homme de naissance
libre.

7. Les passions nobles se traduisent, le plus souvent, par
la rougeur du visage ; les passions basses, par sa pâleur et sa
lividité.

8. La loi Scantinia avait en vue un vice honteux où les
femmes n'ont nulle part et dont ne furent pas toujours
exempts les plus illustres empereurs, Trajan, par exemple,
et Adrien. Cette loi fut sévèrement appliquée par Domitien,
même à des chevaliers et à des sénateurs.

9. Hispo. — Peut-être un digne descendant du méprisable
personnage dont parle Tacite. (A., 1. I, chap. LXXIV.)

10. Ce pain des lutteurs, *coliphia,* avait probablement la
forme d'un Priape. Le vers de Juvénal : *Comedunt coliphia*

paucæ, semblerait indiquer qu'il n'y avait chez ces femmes qu'un ridicule et qu'elles s'en tenaient à l'image :

> *Si vis esse satur, nostrum potes esse Priapum ;*
> *Ipse licet rodas inguina, purus eris.*
>
> (Martial.)

11. **Jure par sa Junon.** Il y avait des génies mâles et des génies femelles ; les génies *des dames* s'appelaient « des petites Junons ». (Voltaire.[1]

12. Je ne puis traduire, comme on le fait, *Carnem supervacuam,* par *un membre inutile.* Que l'on se reporte au vers 62 de la Satire IX ou au vers 514 de la Sat. VI et l'on comprendra pourquoi.

13. Purifier quelqu'un au moyen d'une cérémonie expiatoire.

14. La grosse Lydé vendait, sans doute, des topiques qui rendaient les femmes fécondes. Le Luperque (prêtre de Pan) obtenait le même résultat en leur frappant dans la main.
Variante :

> Luperque ni Lydé n'ont rien qui leur succède.

SATIRE III

LES EMBARRAS DE ROME

Quoique très affligé du départ d'un ami,
Je ne saurais pourtant le blâmer qu'à demi
D'aller planter sa tente à Cume, où la Sybille
D'un nouveau citoyen voit s'enrichir sa ville ;
Un désert, mais séjour d'ailleurs plein d'agrément,
Aux portes de Baïe un rivage charmant.
  Pour moi, Prochyta même aurait la préférence
Sur la riche Subure (1) et son exubérance.
Car est-il donc un lieu si seul, si désolé
Qu'on ne préfère au risque affreux d'être brûlé
Ou de voir les maisons s'écrouler sur les têtes ?
Et mille autres dangers, sans compter les poètes
Affligés, au mois d'Août, de l'odieux travers
De nous assassiner en récitant leurs vers.
  Tandis qu'un charriot reçoit tout son bagage,.
Près de l'arc vénéré que consacre un long âge

Umbritius (2) s'arrête, au lieu même où, la nuit,
Egérie et Numa s'entretenaient sans bruit,
Terre jadis sacrée, — à la porte Capène.
Aujourd'hui, les bosquets, le temple, la fontaine
Sont loués à des Juifs dans l'extrême besoin,
Ayant pour mobilier leur corbeille de foin ;
Car chaque arbre au trésor se payant, sans excuses,
Du bois les mendiants ont expulsé les Muses.

    Dans le val d'Egérie, avec lui, je descends
Vers ces grottes, de l'art chefs-d'œuvre grimaçants. —
Que ta divinité serait plus attrayante
Si rien ne te ceignait qu'une herbe verdoyante,
O source ! si jamais le marbre solennel
N'eût pressé de son poids le tuf originel ! —

    C'est là qu'Umbritius m'ouvrant enfin son âme :
Puisqu'il n'est plus, dit-il, dans cette Rome infâme,
Pour l'homme vertueux d'autre espoir que la faim,
Que tout labeur honnête est stérile, qu'enfin
Je vois de jour en jour décroître ma fortune,
Je pars, car tout ici m'irrite et m'importune ;
Je vais bien loin chercher une retraite, — aux lieux (3)
Où jadis, fatigué d'un long vol dans les cieux,
Dédale détacha son aile languissante, —
Tandis que sur ma tête une neige récente
Ne charge point mon front assez pour l'accabler,
Qu'il reste à Lachésis encor de quoi filer,
Que ma main, d'un bâton dédaignant la tutelle,
Mon propre pied me porte où mon désir m'appelle.

    Adieu, patrie, adieu ! Va, garde en ton giron
Catule, Artorius, autre impudent larron ;
Tous ceux en qui la fourbe unie à l'artifice
Des traits de la candeur sait revêtir le vice ;

Quiconque n'a de loi que sa cupidité,
Et pour mieux l'assouvir foule aux pieds l'équité ;
Tous ces hommes d'argent, à l'âme mercenaire,
Prêts à tout entreprendre et propres à tout faire :
Edifice à bâtir, cloaque à dessécher,
Cadavres, s'il le faut, à porter au bûcher,
Qui, de toute pudeur ignorant les entraves,
En public, à l'enchère, exposent des esclaves.
Gens de rien qu'on a vus, on s'en souvient encor,
Errer de ville en ville humbles joueurs de cor
Assidus compagnons de la plus vile arène, (3)
Ils donnent maintenant à la plèbe romaine
Des jeux où, pour lui plaire, ils font nonchalamment
Arracher au vaincu son dernier râlement ;
Et puis, quittant le cirque aux clameurs assassines,
Ils s'en vont de la ville affermer les latrines...
    Pourquoi non ? Est-il rien qui soit au-dessous d'eux,
Etant de ces faquins, aux destins hasardeux,
Que l'aveugle Fortune, alors qu'elle se joue,
Pour les plus hauts sommets ramasse dans la boue ?
    Moi, que ferais-je ici ? Je ne sais pas mentir.
Un livre est-il mauvais, je ne puis consentir,
Quelqu'effort que je fasse, à louer son mérite,
A rendre à son auteur un hommage hypocrite.
Les astres envers moi gardent tous leurs secrets ;
D'un père je ne puis, — quand même je voudrais, —
Garantir à son fils les promptes funérailles ;
On ne me vit jamais consulter des entrailles
De grenouille, y chercher un poison destructeur ;
Qu'un autre, s'il le veut, se fasse entremetteur ;
De la foi conjugale observateur austère,
Je ne saurais prêter la main à l'adultère.

Aussi, qui donc voudrait de moi pour compagnon ?
Suis-je pas un manchot inerte, un vain moignon ?
  Pour se voir caresser de l'avare opulence
D'un crime il faut avoir reçu la confidence
Et sentir dans son sein le secret s'agiter.
Mais celui-là de nous n'a rien à redouter
Qui d'un honnête aveu nous fit dépositaire,
Et ne croit rien devoir à qui n'a rien à taire.
Il est cher à Verrès l'homme qui contre lui
Peut déposer demain, ou, s'il veut, aujourd'hui.
  Ne va pas, cependant, pour tout l'or dont le Tage
Du brumeux Océan inonde le rivage,
Immoler ton repos et tuer ton sommeil,
Achetant à ce prix l'éphémère appareil
D'une faveur qui vaut bien moins qu'elle ne coûte ;
Crains un ami puissant qui toujours te redoute.

  Mais la race la plus en crédit chez les grands,
Ceux que je fuis surtout, Romains, je vous l'apprends,
Quoique d'un tel aveu la honte m'humilie,
C'est ce ramas de Grecs dont la ville est remplie.
Encor, cette canaille est-elle un raccourci
De ce tas d'étrangers qui fourmillent ici.
L'Oronte, dès longtemps se jetant dans le Tibre,
De notre onde salubre a troublé l'équilibre ;
Car il roule avec lui le langage et les mœurs
Du peuple de Syrie et ses molles humeurs,
Ses flûtes, ses tambours et ses harpes obliques,
Jusqu'au lubrique essaim de prêtresses publiques
Qu'aux environs du cirque on voit pontifier.
  Avis aux amateurs, prompts à sacrifier
Et qu'inspire surtout, divinité bizarre,

Sous une mitre peinte une Vénus barbare.

  O Quirinus, tandis que tes rudes enfants,
Rustres en manteau court, montrent, tout triomphants,
Sur leur cou nu frotté de l'huile des athlètes,
Les monuments naïfs de leurs exploits honnêtes,
Des Grecs astucieux le troupeau matinal
Assiège l'Esquilin et le mont Viminal.
Il en vient de partout ; ils arrivent par bandes
D'Andros et de Samos, de Tralles, d'Alabandes,
Dans les maisons des grands tout prêts à pénétrer,
Sûrs de les conquérir, s'ils y peuvent entrer.
Leur audace est sans frein et prompte est leur pensée,
Leur langue impétueuse eût fait pâlir Isée.
En un mot sais-tu bien ce que peut être un Grec ?
C'est un puits de talents qui n'est jamais à sec ;
Grammairien, rhéteur, médecin, géomètre,
Funambule, … il sait tout ; il est ce qu'il veut être.
Dis — au Grec affamé, — lorsqu'il te flattera,
D'escalader le ciel, il l'escaladera.
Bref, il n'était Germain, ni Sarmate, ni Thrace,
Ni Maure, il était Grec, cet homme dont l'audace
Sur une aile fragile osa tenter les cieux.
  Et je ne fuirais pas leur contact odieux !
Un misérable Grec, la pourpre sur l'épaule,
Avant moi signerait ? Un impudent, un drôle,
Naguère parmi nous arrivé sans anneau
Par le vent qui portait la figue et le pruneau,
Sur moi, dans un banquet, aurait la préséance ?
N'est-ce donc rien, enfin, que notre jeune enfance
Du ciel de l'Aventin ait contemplé l'azur,
De l'olivier sabin savouré le fruit mûr ?…
  Et quel art de flatter possède cette engeance !

D'un patron ignorant ils loûront la science ;
D'un visage difforme ils loûront la beauté ;
L'invalide au long cou, dans sa débilité,
— Leur intrépidité devant rien ne recule ! —
Voit égaler sa force à la force d'Hercule
Etouffant un géant dans ses bras vigoureux ;
Ils se pâmeront d'aise aux accents langoureux
D'une voix discordante et plus aigre que celle
D'un vieux coq enroué coquetant sa femelle.

Ces choses, nous pourrions, comme eux, les hasarder ;
Mais le Grec seul a l'art de les persuader.

Qui peut rivaliser avec lui sur la scène,
Soit lorsque de Thaïs il tient le rôle obscène,
Soit qu'il prête à l'épouse une austère fierté.
Qu'il incarne Doris, chaste en sa nudité ?
C'est la femme elle-même ; on entend son langage ;
On ne voit plus l'acteur, on voit le personnage ;
De la virilité tout signe est effacé,
Une fente légère aux yeux l'a remplacé.

Mais ni d'Antiochus, ni d'autres que l'on cite,
Ce talent merveilleux n'est le propre mérite ;
La nation entière à ce penchant inné,
A ces mœurs d'histrion tout Grec est condamné.
Riez-vous ? Aussitôt il éclate de rire ;
Pleurez-vous ? Il sanglote ; on dirait qu'il expire ;
Mais il n'en mourra pas ; ces pleurs lui coûtent peu ;
Le temps s'est rafraîchi, vous demandez du feu ?
Vite, il jette un manteau sur son épaule nue ;
Si vous dites : « J'ai chaud », incontinent il sue.

Reconnaissons, enfin, notre inégalité
Et cédons-lui la palme avant d'avoir lutté ;
Car il doit, sans conteste, obtenir l'avantage

Celui qui, nuit et jour, peut farder son visage,
Envoyer de là main des baisers affectés.
Louer de ses patrons les incongruités,
Que dis-je? sans vergogne en ses lâches offices,
Admirer bassement jusqu'à leurs immondices (4).

    D'ailleurs rien n'est sacré pour sa lubricité,
Ni le lit conjugal, ni la virginité,
Ni l'époux jeune encor, ni le fils encor sage ;
L'aïeule, à défaut d'autre, assouvira sa rage.
Sachant que par la crainte il pourra dominer,
A la chasse aux secrets on le voit s'acharner ;
Enfin, puisque des Grecs nous retraçons les vices,
Passons les écoliers, au crime encore novices ;
Voyons ce que peut faire un maître consommé :
Un vieillard, de Zénon disciple renommé,
Né sur la rive même où le coursier modèle,
Pégase, sur son flanc d'abord ploya son aile,
Le plus vil délateur, que l'enfer ait vomi,
Égorgea Baréa, son élève, un ami !

    Où règne un Protogène, un Hipparque, un Diphile,
Il n'est pour le Romain aucun séjour tranquille,
Car, le Grec, né jaloux, ne sait point partager
La faveur d'un patron qu'il veut seul ménager.
A peine a-t-il glissé dans sa crédule oreille
Un peu de ce poison que, venimeuse abeille,
Dans les champs paternels sa langue a butiné,
Du toit hospitalier je suis éliminé ;
Je vois périr le fruit d'un long et dur servage.

    Perdre un client, à Rome est un mince dommage !
Car, ne nous flattons point, nous autres, pauvres gens ;
Quel mérite avons-nous si nos pas diligents
A la porte des grands nous mènent dès l'Aurore ?

                                 *

Alors que le Préteur, plus matinal encore,
Des veuves sans enfants épiant le réveil,
Gourmande ses licteurs, les arrache au sommeil
De crainte qu'un collègue, en cette comédie,
Ne le prévienne aux pieds d'Albine ou de Modie.
　　Ici d'un ingénu l'héritier avachi
Escorte, au grand soleil, un esclave enrichi.
Pourquoi non ? Puisque l'autre, — hélas ! on le devine, —
Pour se pâmer deux fois sur le sein de Calvine
Ou de Catiéna, donne à sa passion
Ce qu'à peine aux tribuns vaut une légion.
Et toi, sous ses atours, quand une pauvre fille
A tes yeux, par hasard, s'offre et paraît gentille,
Tu n'oses inviter son minois chiffonné
A descendre du siège où trône Chioné.

　　Produisez un témoin, des témoins le modèle,
Un témoin aussi saint que l'hôte de Cybèle,
L'homme qui dans ses bras, Minerve, t'enleva
Et de ton temple en feu tremblante te sauva ;
Qu'on produise Numa lui-même... On n'aura garde
De s'informer des mœurs ; c'est au bien qu'on regarde.
« Ses esclaves sont-ils nombreux ? Combien d'arpents
» Ses bœufs labourent-ils de guérets, tous les ans?
» Ses banquets brillent-ils par leur délicatesse ? »
Le nombre des écus qu'il enclot dans sa caisse
Est pour nous l'étalon de sa sincérité.
Le pauvre jurât-il par la divinité
Qu'adore Samothrace ; aux dieux de la Patrie
Dévouât-il, parjure, une tête flétrie,
Nous croyons qu'à leur foudre il est sûr d'échapper,
Que les Dieux aussi bas dédaignent de frapper.

Puis, c'est pour les railleurs une proie assurée
Que sa robe un peu sale, hélas ! ou déchirée,
Son soulier éculé bâillant par le côté,
Ou, si d'un tel méchef corrigeant la gaieté,
Un fil grossier, laissant sa trace accusatrice,
Du malheureux blessé montre la cicatrice.

   Tu nous fais ridicule, ô triste Pauvreté ;
C'est ta pire amertume et ta pire âcreté.
« Hors d'ici, nous dit-on, si la pudeur vous reste ;
» Du rang des chevaliers sortez vite ; allons, preste,
» Vous, dont le patrimoine est au-dessous du cens
» Exigé par la loi pour s'assoir sur ces bancs. »
Places à des fils de gueux dont le nom seul diffame,
Nés on ne sait trop où, dans quelque bouge infâme ;
Place au fils du crieur, aux atours triomphants ;
C'est à lui d'applaudir, parmi les beaux enfants
Et des gladiateurs et des maîtres d'escrime ;
Tel est le bon plaisir d'Othon le bellissime.

   Vit-on jamais, à Rome, un père généreux,
De sa fille exauçant les désirs amoureux,
Lui donner pour époux l'homme qu'elle préfère ?
Si sa fortune est moindre, il n'est pas son affaire.
Le pauvre ! en sa faveur qui jamais a testé ?
Son avis, pour l'édile, a-t-il jamais compté ?
Ah ! la plèbe, jadis, fuyant, comme un seul homme,
Pour un exil lointain aurait dû quitter Rome !
Certes, en tout pays, le mérite indigent
A peine à triompher de l'obstacle outrageant
Qu'oppose à sa valeur une gêne assidue ;
Mais nulle part la route, hélas ! n'est plus ardue.
Tout est si cher ! Les plus misérables abris,
Le repas le plus maigre ! Il en coûte un tel prix

Pour remplir seulement un estomac servile !

C'est qu'on y rougirait de manger dans l'argile.

Rougirions-nous encor, aurions-nous ce dédain,

Si quelqu'heureux hasard nous transportait soudain

A la table du Marse, en sa chaumine antique ?

Les mets les plus grossiers, une cape rustique

Suffiraient à nos vœux ainsi qu'à nos besoins.

   C'est un fait difficile à nier, tout au moins,

Que parmi les enfants de la brune Ausonie

Bien peu prennent la toge avant leur agonie ;

Quiconque la revêt, c'est pour l'éternité.

Si d'un jour solennel fêtant la majesté

Sur le gazon s'élève un théâtre champêtre

Où quelque vieil exode enfin va reparaître,

Quand l'enfant à l'aspect d'un masque menaçant

Sur le sein maternel se serre en frémissant.

De la robe, entre tous, commune est l'apparence,

Et du peuple au Sénat aucune différence.

Une blanche tunique est le seul ornement

De l'édile qui veille à leur amusement.

   Ici, toute mesure, hélas ! est importune ;

Le faste des habits dépasse la fortune.

Aussi met-on la main dans la caisse d'autrui.

C'est un vice commun à nous tous aujourd'hui,

De vivre, vains jouets d'une âme ambitieuse,

Pauvres jusqu'au milieu d'une cour fastueuse.

Pour tout dire en un mot : à Rome, tout se vend.

Combien payes-tu, dis, le bonheur décevant

De saluer Cossus au lever de l'Aurore ?

Ou pour que Véienton de son regard t'honore,

Sans daigner, toutefois, t'adresser un seul mot ?

Celui-ci fait couper les cheveux d'un marmot,

Celui-là fait raser un mignon, son esclave ;
Vite, il nous faut remplir, pour un acte aussi grave,
Sa maison de présents que l'on vendra demain.
Ecoute, et, si tu peux, sois fier d'être Romain :
Au gré d'un dur patron, toi, Maître de la terre ;
D'un impur favori tu deviens tributaire.

    Sur les monts où Préneste a ses ombrages frais,
A Vulsinie, assise au milieu des forêts,
A Gabie, au cœur simple et bon, loin de la foule,
Aux flancs de la colline où Tibur se déroule
On peut couler ses jours et ses nuits sans souci,
Sans craindre que le toit s'effondre... Mais ici,
La plupart des maisons penchent à leur ruine ;
Sur leurs pans dégradés un faible étai s'incline ;
C'est ainsi qu'on s'oppose à leur effondrement.
Un vieux mur se lézarde et baille affreusement,
On étend sur sa plaie un emplâtre inutile
Et l'on nous dit après : « Dormez, dormez tranquille. »
Moi, je veux vivre enfin, désormais, en un lieu
Où je puisse dormir sans redouter le feu.
D'Ucalégon déjà le toit brûle ; il s'empresse
A sauver tous les riens objet de sa tendresse ;
Déjà le feu rapide a gagné ta maison.
Tu l'ignores encor qu'il prend à ta cloison :
Car, juché sous la tuile où nichent les colombes,
Tu rôtis le dernier, du moins, quand tu succombes.

    Codrus n'avait qu'un lit plus court que Procula,
Six tasses, ornement du buffet ; à cela
S'ajoutait, par dessous, une coupe exiguë
Puis d'un Chiron couché l'image contiguë,
Un coffre déjà vieux où des rats peu lettrés
Des Grecs divins rongeaient les poèmes sacrés.

— Donc, Codrus n'avait rien. — Personne ne le nie ;
Mais ce rien, il le perd tout entier... L'ironie
Du sort qui le poursuit le réduit à ce point
Que, tout nu, sans asile et mourant de besoin,
Nul ne jette à sa faim les miettes de sa table,
Nul n'ouvre devant lui sa porte charitable.
Et si d'Asturius le palais plein d'orgueil
S'écroule, le Sénat aussitôt prend le deuil,
La matrone frémit d'une horreur non factice
Et le Préteur lui-même ajourne la justice.
Des malheurs de la ville alors nous gémissons ;
Ah ! c'est alors, ô feu ! que nous te maudissons.
La maison brûle encor, déjà chacun s'empresse
A qui soulagera l'opulente détresse.
L'un fournit la matière à bâtir le palais,
De la construction l'autre fera les frais ;
Tel offre un marbre pur où le regard s'arrête,
Chef-d'œuvre d'Euphranor ou bien de Polyclète,
Des Dieux Phécasiens (6) antiques ornements ;
Tel des livres ensemble et leurs compartiments,
Un buste de Minerve à couronner leur faîte ;
Tel un boisseau d'argent... Voilà comme on le traite.
Le riche Persicus est traité mieux encor,
Car il n'a pas d'enfants héritiers de son or ;
De sorte qu'on pourrait, sans trop de perfidie,
L'accuser d'avoir mis la main à l'incendie.

Si tu peux t'arracher au Cirque, en cet instant,
A Sore, à Frusinone une maison t'attend,
Une maison charmante, à moindre prix donnée
Que ne te coûte, à Rome, un loyer d'une année
Pour un taudis étroit, un réduit ténébreux.

Un modeste jardin y comblera tes vœux ;
Un puits à fleur de terre, où ta droite prodigue,
Pour arroser tes plants, puisera sans fatigue.
Là tu peux vivre heureux, riant d'un sot dédain,
Toi-même, assidument, cultiver ton jardin
Et nourrir des produits que ta main fait éclore,
Cent disciples, au moins, du frugal Pythagore.
C'est quelque chose, enfin, d'être maître et seigneur,
En quelque lieu qu'il soit et de quelque teneur,
D'un petit coin de terre où, libre, on s'ingénie.
  Plus d'un malade, ici, succombe à l'insomnie.
Sans doute, l'estomac échauffé, sans vigueur,
Cause du moribond l'angoisse et la langueur ;
Mais est-il un logis où trouver un bon somme ?
Il faut être opulent pour bien dormir à Rome.
Voilà le mal ; c'est lui qui raccourcit nos jours.
Le bruit des chars tournant au coin des carrefours,
Les cris des muletiers, leurs jurons, leur colère,
Eveilleraient Drusus de son sommeil de pierre
Et sur la grève humide, au bord des flots sereins,
Pourraient faire en sursaut bondir les veaux marins.
  Le riche, en sa litière, où son désir l'appelle
Peut se hâter ; chacun s'écarte devant elle,
Devant le Liburnien qui la porte et qui court.
Il peut, s'il veut, écrire ou lire tour à tour ;
Il peut même dormir, si telle est son envie ;
Sa litière fermée au sommeil le convie.
  Il nous prévient, pourtant ; en vain nous nous hâtons ;
A notre ardeur s'oppose un torrent de piétons ;
De toute part nous presse une cohue informe :
Un coude au flanc me choque, une solive énorme
Frôle mon front ; je fais effort pour l'éviter,

Ma tête contre un pot va se précipiter ;
Je suis éclaboussé, crotté jusqu'à la cuisse,
De pieds prodigieux j'endure le supplice ;
Un soldat laisse au mien l'empreinte de ses clous.
Là fume la sportule à grands flots ; vois-les tous ;
Cent convives, au moins ; et chacun s'est fait suivre
De tout son attirail, ou de fer, ou de cuivre.
Corbulon même aurait de la peine à porter
Tant d'objets que l'on voit l'un l'autre se heurter
Sur la tête et le cou raidi du jeune esclave,
Pauvre diable en haillons, marmiton maigre et have,
Dont la course rapide avive le fourneau
Et sur l'accroc ancien met un accroc nouveau.
   Voici des charriots ; l'un après l'autre roule
Chargé de troncs géants balancés sur la foule
Et suspendant l'effroi sur le cœur des passants,
Ou de lourds blocs de marbre, encor plus menaçants ;
Car si l'essieu se rompt et si, par aventure,
Le mont vient à crouler, quelle déconfiture !
Car que peut-il rester en cet écrasement ?
Rien ! pas un membre entier, pas un os seulement ;
Le corps s'évanouit comme l'âme elle-même.
Cependant, au logis, d'un maître que l'on aime
On attend le retour sans nulle anxiété ;
Chacun remplit sa tâche avec célérité ;
On lave la vaisselle, on active la flamme,
On apprête le linge et l'huile que réclame
Le service du bain... Mais, ce maître attendu,
Sur la rive infernale il est déjà rendu ;
Il frémit à l'aspect du vieillard à l'œil sombre
Qui, la main sur la rame, interdit à son ombre
De traverser ces flots qu'on ne repasse pas ;

Car à moins d'un denier nul ne franchit le pas.

  Avec moi, si tu peux, maintenant énumère
Les risques variés de la nuit ; considère,
Calcule la hauteur des toits vertigineux ;
Le danger que tu cours si le hasard haineux,
Détachant, tout à coup, quelque tuile du faîte,
Projectile fatal, le fait choir sur ta tête,
Ou si d'une fenêtre un vase de rebut
Tombe à tes pieds, visant, peut-être, un autre but.
Sur la dalle de pierre où sa chute est empreinte
A la marque du coup mesures-en l'atteinte,
Et, si de tout prévoir tu te piques vraiment,
Avant d'aller souper écris ton testament ;
Car, de chaque fenêtre ouverte sur ta trace
Une mort peut tomber sur ta tête qui passe.
Puisse le Ciel, propice à ton vœu saugrenu,
Te ménager les pots sinon leur contenu !

  Un drôle que le vin et la fureur anime
Ne dort point que son bras n'ait fait quelque victime.
Comme Achille pleurant le trépas d'un ami,
Sur sa couche brûlante il ne tient qu'à demi ;
Il change à chaque instant de place et de posture.
— Quoi ! ne peut-il dormir qu'il n'ait son aventure ? —
Non ! pour de telles gens, mieux que le vin vermeil,
Une bonne querelle engendre le sommeil.
Mais, quoique jeune encor, quoique ivre, il n'aura garde
D'attaquer le passant que la foule regarde,
Qu'une escorte accompagne en portant à la main
Ou de nombreux flambeaux ou des lampes d'airain.
Pour moi que guide seul, quand la lune est chargée,
Une obscure chandelle, avec soin ménagée,
Il me méprise fort et me le fait bien voir.

Enfin, entre nous deux, si tu veux le savoir,
Écoute la façon dont la rixe s'engage.
Rixe ! C'est là, peut-être, un abus de langage ;
Car, dans ce grand combat à regret combattu,
Lui seul est le battant et moi seul le battu.
    Se campant fièrement au milieu de la rue :
« Arrête, me dit-il, d'une voix incongrue ».
A cet ordre si net, il faut baisser les yeux ;
Car, que faire ? Il est fort et, de plus, furieux.
    « D'où viens-tu ? clame-t-il, d'un ton encor plus aigre ;
» Où donc t'es-tu rempli de fèves, de vinaigre ?
» Avec quel savetier as-tu mangé, maraud,
» La tête de mouton bouillie et le poireau ?...
» Tu ne répondras point ?... Parle, ou, sinon, attrape... »
— De son pied, ce disant, quelque part il me frappe. —
« Où demeures-tu ? dis ; dans quel bouge, porcher,
» Si l'on veut te revoir, te faudra-t-il chercher ? »
Tenter de répliquer ou de fuir sans mot dire,
C'est tout un ; il vous frappe avec même délire.
Enfin, rossé, meurtri, moulu de coups de poing,
Je le prie à genoux de m'accorder ce point :
Qu'il me laisse emporter deux dents en la mâchoire.
Heureux, si le gredin ne m'ajourne au prétoire !
    Telle est la liberté dont le pauvre jouit,
La belle liberté dont on fait tant de bruit.
    Sont-ce les seuls périls que nous ayons à craindre ?
Tant s'en faut ! De plus grands encor peuvent t'atteindre.
Plus d'un gueux à l'affût songe à te dépouiller
Quand les bourgeois craintifs, prompts à se verrouiller,
Dorment ; quand tout se tait ; quand, dans la ville entière,
Toute taverne close, il n'est plus de lumière ;
Parfois même le fer achève nos destins.

Car lorsque la police erre aux marais Pontins
Et purge de bandits la forêt Gallinaire,
Rome est de ces bandits le refuge ordinaire.

    Pourtant, vit-on jamais enclumes et fourneaux
Occupés à forger plus de fer en anneaux?
C'est à craindre, vraiment, en telle conjoncture,
Que la bêche ou le soc manquent à la culture.

    Ah! que chez nous, jadis, il en allait bien mieux!
Heureux temps que celui de nos premiers aïeux,
Lorsque, rois ou tribuns gérant la République,
Rome se contentait d'une prison unique!

    Je pourrais te donner encor mainte raison;
Mais déjà le soleil s'incline à l'horizon,
D'un retard prolongé l'attelage s'indigne;
Même le muletier, de son fouet, me fait signe.
Il faut partir; adieu! Garde mon souvenir.
Quand Aquinum joyeux te verra revenir
Pour te refaire un peu dans son air diaphane,
Appelle-moi de Cume et j'accours. A Diane,
A Cérès, avec toi, je veux sacrifier.
Guêtre au pied, sur tes monts j'irai versifier,
Apportant tout mon zèle au secours de ta Muse;
A moins que son dédain, hélas! ne me récuse.

———————

NOTES SUR LA III° SATIRE

---

1. Subure : quartier de Rome, populeux et bruyant.

Esquilias a ferventi migrare Subura.

(Sat. xi, v. 51.)

2. Umbritius. Tacite parle d'un personnage de ce nom, Aruspice sous Galba. (*Hist.* l. I, ch. xxvii).

3. Cumes :

Dædalus, ut fama est, fugiens Minoïa regna
Præpetibus pennis ausus est se credere cælo

. . . .

Chalcidicaque levis tandem adstitit arce....

(Virgile, liv. VI, v. 14-20.)

Cumes était une colonie de Chalcis en Eubée :

Et tandem Euboïcis Cumarum allabitur oris.

(Virgile, liv. VI, v. 2.)

3. *Arena,* gladiateurs, auquel *municipalis* ajoute une idée d'infériorité. Des acteurs de province. Mais, comme les gladiateurs, à Rome, étaient tout ce qu'il y avait de plus méprisé, nous avons cru pouvoir traduire par « la plus vile arène. » (Voir Sat. vi, vers 217.)

4.   *Si bene ructavit, si rectum minxit amicus,*
Si trulla inverso crepitum dedit aurea fundo.

5. Le misérable dont parle ici Juvénal s'appelait Publius Egnatius. Client de Baréa, il vendit son témoignage contre son patron qu'il fit condamner ainsi que sa fille Servilia. Il avait, dit Tacite (A. l. XIV, ch. xxxii), l'extérieur austère du Stoïcien, mais, au fond, ce n'était que ruse, perfidie, avarice, corruption.

· A l'avènement de Vespasien, il fut poursuivi par Musonius Rufus, sous le nom de Publius *Celer* (le drôle avait, sans doute, jugé convenable de modifier son nom). « *A quo Baream Soranum falso testimonio circumventum.* » Il n'y a pas à s'y tromper : « *Celer, professus sapientiam, dein testis in Baream, proditor, corruptorque amici et cujus se magistrum ferebat* (Tac., *Hist.*, IV, ch. x). Ce sont les termes mêmes de Juvénal. Il mourut comme un lâche : « *ipsi Publio neque animus in periculis, neque oratio suppeditavit.* » (Tac., *Hist.*, IV. — 40.)

6. Des Dieux Phécasiens... Dieux Grecs, chaussés du Phécase, chaussure de cuir blanc.

SATIRE IV

LE TURBOT

Lecteur, voici Crispin pour la seconde fois,
Et nous le reverrons souvent, je le prévois ;
Car aucune vertu ne rachète ses vices ;
C'est un monstre complet. Epuisé de délices,
Pour l'adultère seul il garde sa verdeur ;
Sauf les veuves, tout doit céder à son ardeur.
    Donc, qu'un cheval se lasse à suivre ses portiques,
Qu'il erre un jour entier sous ses chênes antiques,
Qu'il acquière au Forum des jardins plantureux,
Qu'importe ? Nul méchant ne fut jamais heureux.
Bien moins un corrupteur pourrait-il jamais l'être ;
Que dis-je ? un scélérat que Rome a vu commettre
Un effroyable inceste, alors qu'il acheta,
Sans honte, ni pitié, ta prêtresse, ô Vesta,
Malheureuse qui doit, quand sa pudeur succombe,
Vivante, de son lit descendre dans sa tombe.

Il s'agit aujourd'hui d'un délit plus léger ;
Et pourtant la Censure aurait à le juger
Si tout autre que lui s'en fût rendu coupable.
Ce qui pour ta vertu serait inexcusable,
Titius, à Crispin, convient parfaitement.
Car que faire, en effet ? Est-il un traitement
Qui ne soit au-dessous de ses humeurs perverses ?
Il paye un surmulet six fois mille sesterces ! (1)
Il est vrai qu'il pesait six livres, si j'en crois
Des gens en leurs récits bien généreux parfois.

   D'un habile dessein je loûrais l'artifice,
S'il avait dû gagner, par un tel sacrifice,
Un vieillard sans enfants dont il veut hériter ;
Je le loûrais encor, s'il voulait mériter
L'orgueilleuse faveur de la matrone altière
Qui se montre bien close en sa vaste litière...
N'attendez rien de tel ; il achète pour lui.

   A quels débordements on assiste aujourd'hui !
D'Apicius (2) auprès la table était frugale.
Un Crispin, qui naguère, infime porte-balle,
Vint à Rome, en haillons, objet de nos mépris,
Un Crispin acheter un poisson d'un tel prix !
Il eût eu le pêcheur, peut-être, à meilleur compte ;
En Province, une ferme à peine à ce prix monte,
Et l'Apulie en vend qui ne le coûtent pas.

   De l'Empereur, alors, quels sont donc les repas,
Puisque son vil bouffon, que la pourpre décore,
Prince des chevaliers, mais que, naguère encore,
On voyait, à grands cris, Égyptien subtil,
Offrir à tout venant ses silures du Nil,
Acquiert, au poids de l'or, un mets qui, sur sa table,
Parmi cent autres mets, est à peine notable?

O Muse Calliope, inspire mes accents ;
C'est la réalité qui parle dans mes chants.
Dictez-m'en le récit, ô vierges immortelles ;
Muses, sachez-moi gré de vous nommer « pucelles ».

Le dernier des Flaviens (3) désolait l'univers,
Rome de ce Néron chauve exécrait les fers,
Lorsqu'un jour, dans les flots du golfe Adriatique,
Devant le temple saint que la cité Dorique,
A la blonde Vénus, Ancône, a consacré,
Un turbot monstrueux, par le sort égaré,
Tomba dans des filets et d'une vive joie
Remplit l'heureux pêcheur qu'émerveillait sa proie.
Il ne le cédait point à ces géants des eaux
Que la mer Méotide engraisse en ses roseaux,
Et, — quand le doux printemps fond la glace débile, —
Verse, encore engourdis, dans l'Euxin immobile.
Le monstre au souverain pontife est destiné.
A le vendre qui donc se fût déterminé ?
Les délateurs sont là qui couvrent le rivage ;
Les inspecteurs de l'algue, accourus sur la plage,
Auraient fait un procès à ce rameur tout nu.
Nul doute, sans vergogne ils auraient soutenu
Qu'aux viviers de César cette épave nourrie
S'en était échappée et que, sans volerie,
A son maître et seigneur on ne peut la ravir.
A la loi manifeste il faut nous asservir ;
Palfurius (4) l'a dit, — sans doute, il faut le croire —
« Tout, dans la vaste mer, ce qui porte nageoire,
» S'il est rare, du fisc est la propriété. »
Donc, de peur de le perdre ou d'être inquiété,
On fera du turbot un présent nécessaire.

Déjà le vent d'automne, au souffle délétère,

Faisait place aux frimas ; le fiévreux espérait

Qu'à la quarte, avant peu, la tierce céderait ;

Du pêcheur l'aquilon préservait la capture.

Comme si de l'Auster il redoutait l'injure,

Il se hâte pourtant. Laissant derrière lui

Le lac où jadis reine, où servante aujourd'hui,

Albe garde, ô Vesta, dans son temple modeste,

Les Pénates Troyens et la flamme céleste,

Il entre dans la ville. Un flot admirateur,

Un instant, malgré lui, s'oppose à son ardeur.

La porte du palais s'ouvre enfin toute grande.

— Le Sénat, au dehors, attendait que l'offrande

Eût d'un Maître orgueilleux obtenu l'agrément. —

Notre pêcheur s'approche et lui dit bonnement :

« Hors la tienne, César, nulle table n'est digne

» D'étaler aux regards cette merveille insigne.

» Qu'à ton Génie heureux ce jour soit adjugé ;

» Hâte-toi ; qu'avec soin ton estomac purgé

» Digère ce turbot. Lui-même il s'est fait prendre ;

» Un siècle et plus, peut-être, il a voulu t'attendre. »

   Certes, la flatterie était grosse, et pourtant,

La crête te dressait, ô Maître, en l'écoutant.

Offrez à la puissance un encens dérisoire,

D'elle-même il n'est rien qu'on ne lui fasse accroire.

   Reste à trouver un vase où cuire le poisson.

Le Sénat, par César, convoqué sans façon,

Ce Sénat, qu'il déteste, accourt, pâle de crainte,

D'une amitié sinistre inéluctable empreinte.

Au cri du Liburnien : « Hâtez-vous, il attend, »

Pégasus (5), le premier, s'élance, haletant

Et rajustant sa robe au hasard endossée.

Depuis peu, sous sa main, la Ville était placée;

Il était le *fermier* de Rome. — Un autre nom

Aux préfets de ce temps convenait-il, ou non ? —

Il en fut le meilleur, et jamais la loi sainte

De son intégrité n'eut à souffrir d'atteinte.

Il jugeait, toutefois, qu'en ces jours pleins d'horreur

Il fallait de Thémis adoucir la rigueur.

　　Sur ses pas, de Crispus (6) vient l'aimable vieillesse.

En lui tout est douceur, et sa voix qui caresse,

Et, non moins que sa voix, son esprit et son cœur ;

Compagnon précieux, pour qui règne en vainqueur

Sur la mer et la terre et des peuples sans nombre,

S'il eût été permis, sous ce tigre à l'œil sombre,

De condamner jamais ses ordres rigoureux

Et de lui faire entendre un conseil généreux.

Nul plus que le tyran n'eut l'oreille irascible ;

Un vain mot devenait un crime irrémissible.

La « pluie » et le « beau temps » le « brouillard du matin »

D'un ami maladroit avançaient le destin.

Crispus n'essaya pas d'apprivoiser la brute

Et contre le torrent il n'entra point en lutte ;

Il ne connaissait pas la mâle liberté

Qui fait que l'on s'immole à l'âpre vérité :

Quatre fois vingt hivers il prolongea sa vie.

　　C'est par de tels moyens qu'en dépit de l'envie

Longtemps Acilius (7) évita le trépas.

Il accourt. Un jeune homme accompagne ses pas,

Au glaive du tyran victime désignée.

La Mort, en le frappant, se détourne indignée ;

Mais c'est depuis longtemps un fait miraculeux

Quand un noble, chez nous, voit blanchir ses cheveux.

Pour moi, j'aimerais mieux être un fils de la terre,
Des géants foudroyés le moindre petit frère.

Hélas ! au malheureux quel fruit est revenu
De s'être dans l'arène exposé, le corps nu,
A la férocité des ours de Numidie ?
Il n'y descendait point, pourtant, à l'étourdie.
Qui ne pénétrerait vos mobiles secrets,
O nobles ? O Brutus, objet de nos regrets,
Qui donc admirerait ton naïf stratagème ?
Brutus, vos rois barbus (8) étaient la candeur même.

Rubrius est du peuple, et pourtant, dans ses yeux,
On voit bien que son cœur n'est pas moins soucieux.
C'est que, malgré l'aplomb de sa rare impudence,
Il tremble au souvenir d'une secrète offense.

Ton ventre, Montanus (9), arrive pantelant ;
Puis Crispinus de plus d'amome ruisselant
Que n'en exhaleraient deux riches funérailles ;
Fuscus (10) dont les vautours attendaient les entrailles
Dans ces fatals combats, chez le Dace affrontés,
Qu'en sa villa de marbre il avait médités ;
Plus cruel que Crispin, Pompéius qui manie,
Pour vous mieux égorger, le poignard Calomnie ;
Et Véienton (11) guidant Catulle l'assassin,
Aveugle adulateur, même en ce temps malsain,
Prodige de crapule et monstre d'infamie ;
Amoureux qui jamais n'avait vu son amie,
Il n'en brûlait pas moins d'amour pour un jupon.
Jadis il demandait l'aumône sur un pont ;
De mendiant, depuis, devenu satellite.
Son sort fût-il resté conforme à son mérite,
Aux chars de l'Aricie on le verrait toujours
Envoyer des baisers pour le moindre secours.

Personne n'admira le turbot davantage ;
Car il parla longtemps en tournant son visage
Vers la gauche ; le monstre à droite était gisant.
Notre homme n'était pas au Cirque moins plaisant,
Quand du gladiateur il célébrait l'adresse,
Ou bien, lorsqu'au théâtre, il louait la prestesse
Du truc qui jusqu'au ciel soulevait des garçons.
    Véienton ne lui cède en rien dans ses façons ;
Son œil semble lancer des lueurs prophétiques,
Car de ton aiguillon, Bellone, tu le piques.
« Tu vois, César, dit-il, le présage certain
» D'un triomphe éclatant que t'offre le destin ;
» Tu prendras quelque roi... Peut-être d'Arvirage
» Et du trône Breton verrons-nous le naufrage.
» Indubitablement, le monstre est étranger ;
» Voyez-vous sur son dos tous ces dards s'ériger ? »
Il n'oublia qu'un point, dans son effronterie :
Indiquer du turbot et l'âge et la patrie.

— « Eh bien ! Qu'opinez-vous ? Faut-il le partager ? »

— « Ah ! d'un tel déshonneur n'allons pas l'outrager »,
Dit Montanus. « Voyons, que, sur l'heure, on travaille
» A modeler un plat arrondi sur sa taille ;
» Un nouveau Prométhée à peine y suffira.
» Vite, apprêtez argile et roue... et cœtera...
» A partir de ce jour, quand tu feras campagne,
» Qu'un bon train de potiers en tous lieux t'accompagne.»
    Ce discours trouva grâce aux yeux de l'Empereur ;
Il était de tout point digne du discoureur ;
Car des premiers Césars il savait les orgies
Et ces nuits où Néron, doublant ses énergies,

Quand le Falerne ardent bouillonnait dans son sein,
Pratiquait le bel art de raviver sa faim.
Des palais de nos jours aucun n'eut sa finesse :
Du premier coup de dent, en sa haute sagesse,
Il pouvait distinguer une huître de Lucrin
D'une huître de Circée ou du cap Rutupin.
D'un oursin d'un coup d'œil il lisait l'origine.

    La séance est levée et le Sénat s'incline
Devant le maître dur qui lui donne congé.
Chacun s'en va, le cœur de moins d'ennui rongé
Que lorsque, obéissant au tyran qui l'appelle,
Tremblant, il accourait dans l'antre citadelle,
Comme si le Sicambre ou le Catte indompté,
Eut d'un grave péril menacé la cité,
Ou si, de toute part, des lettres anxieuses
A César annonçaient cent nouvelles fâcheuses.
    Ah ! que n'employa-t-il en telles vanités
Tout le temps qu'il donnait à ses férocités !
Rome n'eût pas pleuré tant d'illustres victimes,
Sans qu'un vengeur osât le punir de ses crimes.
Il périt à la fin, mais lorsque sa fureur
Jusqu'au cœur de la plèbe eut porté la terreur ;
Voilà ce qui perdit cette bête inclémente
Du sang des Lamias (12) encor toute fumante.

NOTES SUR LA IV° SATIRE

1. Sénèque raconte (Ép. xcv) que Tibère fit porter au marché un surmulet qu'on lui avait offert et qui pesait 40 livres, disant qu'Apicius et Octavius ne manqueraient pas de se le disputer ; ce qui arriva. Il resta au dernier pour 5,000 sesterces.

Si les deux faits sont vrais, on peut en conclure que le prix du surmulet avait prodigieusement augmenté à Rome, de Tibère à Domitien. C'était, sans doute, la conséquence de la voracité imprévoyante des Romains, qui, selon Juvénal (Sat. v, v. 94), avait épuisé les mers italiennes :

Et jam deficit nostrum mare dum gula sævit.

Le luxe de la table, qui, de la bataille d'Actium à Galba, pendant cent ans, fut, dit Tacite, porté à une excessive profusion, avait dû aussi amener le renchérissement de tout ce qui était destiné à figurer sur la table des riches. (Tac. A. l. III, ch. LV).

2. Apicius. — Il s'agit ici du second Apicius, Apicius II, celui dont il est question dans la note précédente. Après toutes ses folles dépenses, il voulut savoir un jour où il en était. Son intendant lui présenta le bilan de sa fortune. Il lui restait 2,500,000 drachmes, près de 2,000,000 de francs. Il n'avait plus de quoi vivre ; il se tua.

3. Domitien. — Les deux autres Flaviens sont. T. *Flavius* Vespasien, son père, et Titus, son frère.

4. Palfurius. — Palfurius Sura, pour plaire à Néron, avait combattu dans l'arène contre une jeune fille de Sparte. Chassé du Sénat par Vespasien, il se fit stoïcien, apôtre de la liberté républicaine, jusqu'à ce que, ayant gagné, non sans peine, la faveur de Domitien, il devint le plus avide des délateurs et travailla comme jurisconsulte à fonder la théorie des droits régaliens. C'était un habile homme !

5. Pégasus, habile jurisconsulte et magistrat intègre.

6. Crispus. — Sans doute Vibius Crispus, dont Suétone parle au troisième chapitre de la vie de Domitien et qui à cette question : « Y a-t-il quelqu'un avec César ? » fit la plaisante réponse que tout le monde connaît : « Pas même une mouche, *ne musca quidem*. » — Tacite ne le juge pas aussi favorablement que Juvénal : « *Vibius Crispus pecunia, potentia, ingenio inter claros magis quam inter bonos...* » (*Hist.*, livr. II, ch. x).

7· Acilius. — Peut-être Acilius Glabrion qui finit pourtant par être exilé. (Suétone. — *Domitien*, ch. x).

8. Les Empereurs se faisaient raser. Hadrien, le premier, laissa pousser sa barbe.

9. Montanus. — Sans doute Curtius Montanus à qui Tacite (*Hist.*, livr. IV, chap. xLII) prête un fort beau discours contre les délateurs. Son gros ventre ne l'aurait pas empêché d'être honnête homme. — Il avait, lui-même, été accusé sous Néron.

10. Fuscus. — Cornélius Fuscus, préfet du prétoire, perdit une légion et la vie dans la guerre contre les Daces.

11. Véienton. — Sans doute ce Fabricius Véienton qui,

sous Néron, fut chassé d'Italie pour des libelles contre le
Sénat et les pontifes et dont les écrits furent brûlés. Il était
accusé, en outre, d'avoir trafiqué de son crédit auprès du
prince (Tacite, *Ann.*, liv. XIV, ch. L). C'est certainement le
même dont parle Juvénal (*Sat.* III, v. 185) et qui faisait payer
jusqu'à son regard :

> *Quid das.* . . . .
> *Ut te respiciat clauso Veiento labello ?*

O Fabricius, qu'eut pensé votre grande âme... etc. ?

12. Il fit périr Ælius Lamia, dont il avait enlevé la femme,
Domitia Longina, pour quelques bons mots inoffensifs qu'il
s'était permis, dit Suétone, relativement à son aventure.

Domitia, devenue impératrice, s'éprit follement de l'histrion
Paris et son mari se vit forcé de la répudier ; mais, feignant
de céder aux prières du peuple, il ne tarda guère à la re-
prendre.

SATIRE V

LES PARASITES

Quand tu viendrais encor me vanter aujourd'hui
Le bonheur grand de vivre à la table d'autrui ;
Quand tu pourrais subir pis que les avanies,
Qu'à celle de César Sarmentus eût subies,
Plus que n'en eût souffert le plus vil des Galbas,
Non, malgré ton serment, je ne t'en croirais pas.
Le ventre, à mon avis, est chose très frugale ;
Le peu qui lui suffit à presque rien s'égale.
Eh bien ! si de ce peu, par hasard, tu manquais,
N'est-il donc plus de ponts, n'est-il donc plus de quais
Où, sur quelque lambeau d'une natte grossière,
On puisse mendier assis dans la poussière ?
Pour toi de tels repas ont-ils donc tant de prix
Qu'il les faille acheter d'un outrageant mépris ?
Ta faim est-elle donc à ce point affamée ?
Vaut-il pas mieux pour toi, mieux pour ta renommée
De grelotter de froid et d'apaiser ta faim

En disputant aux chiens un vil croûton de pain ?

   D'abord, loge-toi bien ceci dans la cervelle
Que, lorsque ton patron à sa table t'appelle,
Il prétend d'un seul coup te solder tes travaux.
Politesse des grands, voilà ce que tu vaux !
De ton roi ces repas sont la seule monnaie
Et, — bien que rarement, — c'est ainsi qu'il te paie.

   Donc, si, par aventure, après un long dédain,
D'inviter son client il s'avise soudain,
Quand d'un convive absent il faut boucher la place,
« Soupe avec moi », dit-il. — Une pareille grâce,
Une telle faveur met le comble à tes vœux.
Que ferait-il de plus ? C'est tout ce que tu veux.
C'est assez pour qu'à l'heure où l'univers sommeille,
L'innocent Trébius avant le jour s'éveille,
Quant à peine pâlit au ciel l'astre douteux,
Quand le froid Bootès traîne son char boiteux,
Et, sans prendre le temps de nouer sa chaussure,
Qu'il vole, du patron redoutant la censure,
Tremblant qu'autour de lui le troupeau zélateur
N'ait déjà resserré son cercle adulateur.

   Quelle chère, pourtant ! et quel vin ! C'est à peine
S'il est bon, tout au plus, à dégraisser la laine.
Tel qu'il est, il en faut redouter la ferveur ;
Bientôt en Corybante il transforme un buveur.
On prélude au combat par des voix qui querellent ;
Mais, avant pèu, la coupe et l'amphore s'en mêlent,
Le sang coule et rougit d'un éclat passager
La serviette de lin qui sert à l'éponger.
Entre affranchis et vous, dans la rixe intestine,
Que de fois a volé la cruche sagontine !

   Le maître cependant boit de ces vins élus

Mis en bouteille au temps des consuls chevelus
Ou dont Télésinus a vu fouler la grappe ;
Tels que, pour un ami, sur l'ordre d'Esculape,
Il n'en céderait pas un seul verre. Demain,
On verra le même homme, une coupe à la main,
S'enivrer d'un vin d'Albe ou d'un vin de Sétine
Sur lequel un long âge a laissé sa patine
Au point que, sur l'amphore, on ne peut déchiffrer
La date ni le nom dont il faut l'illustrer;
Digne de Thraséa quand, la couronne en tête,
Des derniers des Romains il célébrait la fête.

Encore, ton Virron (1) lui-même se sert-il
De larges coupes d'ambre où brille le béril ;
Mais à toi, si parfois le maître te confie
Une coupe d'or pur, voilà comme il se fie :
A ton côté s'asseoit, par son ordre, un Argus
Qui veille assidument sur tes ongles aigus
Et compte les brillants dont la coupe est ornée.
Pardonne! pour son jaspe elle est partout prônée.
Car Virron d'un grand nombre imite les exploits ;
Pour enrichir sa coupe il dépouille ses doigts
De la pierre qu'il a pour ses doigts usurpée
Et qui parait jadis le pommeau de l'épée
Du rival préféré du jaloux Hiarbas.
Toi, pauvre Trébius, toi, tu n'auras, hélas !
Qu'un vase à quatre becs, une tasse fêlée
Du nom du savetier Bénévent appelée ;
Sans le soufre, en morceaux prête à se disloquer.

De mangeaille et de vin se sent-il suffoquer,
Pour apaiser l'ardeur d'un estomac vorace
L'eau bouillante se fait plus froide que la glace
Qui couronne des monts les orageux sommets.

Je vous plaignais tantôt de ne boire jamais
Qu'un vin bien différent du vin que boit le maître;
Jusqu'en l'eau qu'on vous verse on voit l'écart paraître...
Qui vous sert? Un Gétule, un coureur décharné,
Un Maure aux doigts noueux, un rustre basané,
Dont on redouterait l'encontre clandestine,
La nuit, près des tombeaux de la route Latine.
Pour lui, c'est un esclave acheté de plus d'or
Que de Tullus jamais n'en contint le trésor,
Ni le trésor d'Ancus, ni, pour tout dire en somme,
Les trésors réunis de tous les rois de Rome.
Donc, si la soif te presse il faudra t'adresser
A l'échanson Gétule; à lui de te verser.
Pour cette fleur d'Asie, insolent Ganymède,
Du prix qu'il a coûté le souvenir l'obsède;
Son âge et sa beauté le rendent dédaigneux;
Il ne saurait servir un client besoigneux.
S'approche-t-il jamais de ton lit? et son zèle
Obéit-il jamais à ta voix qui l'appelle?
A-t-il jamais daigné te verser de sa main?
Ah! pour un vieux client trop grand est son dédain.
Demande; il sera sourd; indigné que tu l'oses,
Que, lui restant debout, ce soit toi qui reposes.
Tout palais est rempli d'esclaves orgueilleux.
Et cet autre, avec quel murmure injurieux
Il te jette ce bloc de farine moisie,
Pain grossier, dont l'aspect, à lui seul, rassasie,
Et si dur que d'y mordre on tente vainement.
Pour le maître on réserve un pain de pur froment,
Un pain tendre et mollet et plus blanc que la neige;
Garde-toi d'y porter une main sacrilège;
Pour sa croûte dorée observe un saint respect;

Car, mettons que tu sois un peu moins circonspect,
Quelqu'un se trouverait aussitôt pour te dire :
« Convive audacieux, quel est donc ton délire ?.
» Du pain qui te convient sache te contenter ;
» Sa couleur, tout au moins, devrait le dénoter. »
— Dieux ! voilà donc pourquoi, j'ai, quittant mon épouse,
Cent fois, avant le jour, dans mon ardeur jalouse,
L'hiver, gravi les flancs glacés de l'Esquilin,
Tandis que, de là-haut, un Jupiter malin
Sur moi versait à flots et la pluie et la grêle
Et trempait jusqu'aux os un client trop fidèle !
— Regarde, sur un plat à l'immense contour,
Cette langouste énorme, et comme, tout autour,
L'asperge délicate en long cordon s'étale ;
Comme sa queue a l'air de narguer la fringale
Des convives, alors qu'un valet vigoureux
Pose devant Virron le monstre savoureux ;
Car il est pour lui seul. L'humble crabe qui nage
Dans une moitié d'œuf, voilà ton apanage ;
Et, ce maigre festin digne d'un trépassé,
Sur un plat exigu sous ton nez est placé.
    Il arrose ses mets de l'huile la plus pure
Que Vénafre, à prix d'or, expédie à Subure ;
Et toi, pour arroser le chou demi fané
Qu'on place devant toi, tu n'as, infortuné,
Rien qu'une huile fétide aux lampes réservée
Sur un vaisseau d'Afrique en ces lieux arrivée,
Telle que Bocchoris, quand il se rend aux bains,
Met en fuite aussitôt la foule des Urbains (2),
Et qu'elle est en Lybie une défense sûre
Qui des plus noirs serpents écarte la morsure.
    A lui le surmulet qu'un pêcheur va chercher

En Corse, à Taormine, à l'abri du rocher.
La mer Tyrrhénienne, hélas ! est épuisée.
Notre voracité folle, malavisée,
Sur un mal trop certain aimant mieux s'étourdir,
Ne laisse plus le temps au poisson de grandir.
La province, aujourd'hui, fournit à l'Italie
Tous ces morceaux de choix qu'offre à son Aurélie,
— Qui les vend aussitôt, — Lénas le corrupteur.
Une immense lamproie au fumet séducteur,
Monstre tiré pour lui des gouffres de Sicile,
Est servie à Virron... Car, sur sa barque agile,
Quand l'Auster, fatigué d'un vol impétueux,
Sèche son aile au bord des flots tumultueux,
Le pêcheur va jeter, — méprisant sa colère, —
Jusqu'au sein de Charybde un filet téméraire.

Vous, c'est la longue anguille, à l'aspect rebutant,
La sœur de la couleuvre, hélas ! qui vous attend,
Un poisson maculé par la glace du Tibre,
Qui jamais de la mer ne connut l'onde libre,
Un animal immonde, un cloaque engraissé,
Qui jusque dans Subure a mille fois glissé.

Si Virron me prêtait une oreille traitable,
Je voudrais lui donner un avis charitable.
Nous ne demandons pas (ce n'est plus la saison),
Qu'il fasse ce que fit un Sénèque, un Pison,
Qui traitaient, dans leur noble et large bienfaisance,
L'ami le plus modeste avec magnificence ;
Car l'honneur de donner fut jadis sérieux ;
Les titres, les faisceaux étaient moins glorieux.
Ce que nous demandons, doutant qu'il y souscrive,
C'est qu'avec bienséance il traite son convive.
Qu'il le fasse, et, semblable à tant d'autres fourmis,

Pour lui riche, qu'il soit pauvre pour ses amis.

   D'une oie énorme ensuite on étale le foie,

Puis un chapon de taille à rivaliser l'oie.

Devant Virron enfin, fumant, un sanglier

Digne de Méléagre est gisant tout entier.

Si l'on est au printemps, si la foudre complice

A permis d'ajouter au repas ce délice,

   On servira la truffe indubitablement.

« O Lybiens, gardez pour vous votre froment ;

» Cessez de labourer les campagnes, Gétules,

» Mais expédiez-nous vos friands tubercules. »

Tels sont d'Alludius les magnanimes vœux.

   Contemple maintenant, — et peste, si tu veux, —

De ce maître d'hôtel l'étonnante souplesse ;

De l'écuyer tranchant admire la prestesse.

Avec quelle élégance en toutes ses façons

Du maître il accomplit jusqu'aux moindres leçons !

Il n'importe pas peu, quand bien on y regarde,

Comme on découpe un lièvre ou bien une poularde.

Mais, surtout, ne va pas prononcer un seul mot,

Toi qui n'as pas trois noms ; tremble, car aussitôt,

Comme Hercule traîna Cacus, de même sorte

Tu serais par les pieds traîné jusqu'à la porte.

   Virron a-t-il jamais proposé ta santé ?

Prend-il jamais la coupe où ta lèvre a goûté ?

Qui de vous fut jamais à ce point téméraire

Que d'oser dire au roi : « Bois avec nous, compère ? »

Tant un habit rapé nous rend silencieux !

Mais qu'un Dieu, qu'un mortel pour toi semblable aux Dieu

D'un rigoureux destin corrigeant les traverses,

T'afflige de deux fois deux cent mille sesterces,

Soudain de ton néant comme tu sortirais !

Du dédaigneux Virron quel ami tu serais !

« A Trébius ; servez Trébius... Veux-tu, frère,

» De ce plat-ci? Tiens, prends, » dit-il. O numéraire,

Argent, c'est à toi seul que l'honneur est rendu ,

Son frère, c'est toi seul !... Ce frère prétendu,

Toi-même, si tu veux, à ton tour tu peux être

De son sujet, son roi, de son client, son maître.

Il suffit qu'à ta cour, qu'en ta riche maison

Ne folâtre jamais ni fille, ni garçon.

Pour rendre un ami cher, agréable entre mille,

Il n'est attrait plus grand qu'une femme stérile.

Mais ta femme Mycale, en sa fécondité,

De trois enfants jumeaux en vain t'aurait doté.

De ce nid babillard ton seigneur et ton maître

Un jour de bonne humeur s'amuserait, peut-être,

Et si le parasite enfant osait pousser

Jusqu'à table, aussitôt, — pour s'en débarrasser, —

« Donnez-lui, dirait-il, une cuirasse verte,

» Des noisettes, un as ou deux... et qu'il déserte. »

    A l'ami pauvre on sert le mousseron douteux ;

On réserve au patron ces champignons coûteux

Qui de Claude César embaumaient la cuisine

Avant qu'il eut goûté le bolet d'Agrippine ;

Car, après lui, plus rien jamais il ne goûta.

Ces beaux fruits, tels qu'à peine autrefois en porta

L'île Phéacienne, à l'éternel Automne,

Qu'on croirait dérobés au jardin de Pomone,

C'est pour Virron ; ils sont à Virron destinés ;

Leur parfum seulement repaîtra votre nez.

Vous aurez, tout au plus, la pomme avariée

Que grignotte, au rempart, d'une dent ennuyée,

Le malheureux conscrit, orné d'un bouclier,

Qui tremble sous le casque, à l'aspect familier
Du fouet dont le menace un instructeur farouche
Chaque fois que du but son trait manque la touche.
    Vous croyez que Virron ne veut que ménager?
Nullement! Ce qu'il veut c'est vous faire enrager.
C'est une comédie à nulle autre pareille
Pour Virron (faut-il donc vous le dire à l'oreille?)
Lorsque d'un parasite il voit couler les pleurs.
C'est son seul but; il veut jouir de vos douleurs,
Voir jaillir votre bile en larmes impuissantes
Et gronder le dépit sous vos dents frémissantes.
    Tu te crois homme libre et convive d'un roi?
Ce roi, veux-tu savoir ce qu'il pense de toi?
Il pense, — et sa pensée, en somme, est naturelle, —
Qu'en sa cuisine seule est l'attrait qui t'appelle.
Peut-on être, en effet, dans un tel dénûment
Qu'on supporte deux fois un pareil traitement?
L'espoir d'un bon dîner vous déçoit; vous vous dites,
Dans votre cœur naïf d'innocents parasites :
« Ce lièvre dont il a dévoré la moitié,
» Il va nous en donner le reste, par pitié;
» De ce dos de sanglier il nous fera la grâce,
» Ou bien de ce chapon réduit à la carcasse... »
Et, gardant votre pain pour ces mets précieux,
Vous attendez, contrits, humbles, silencieux.

    Ah! j'admire Virron d'en user de la sorte;
Qui peut tout supporter, il faut qu'il le supporte.
Prêts à courber le dos, esclaves à demi,
Dignes d'un tel festin et d'un pareil ami,
Il ne vous reste plus qu'à vous raser la tête
Et qu'à l'offrir aux coups, que sa main vous apprête.

NOTES SUR LA V° SATIRE

————

1. Virron semble être pour Juvénal le type de la sensualité la plus grossière. Il représente ici la gourmandise. Dans la satire IX il représentera la luxure. C'est là que, pareil à cet Hostius Quadra dont parle Sénèque dans ses *Questions Naturelles,* il parcourt les bains publics pour y chercher les instruments de ses immondes plaisirs. Il faut reconnaître, cependant, que, à côté d'Hostius Quadra, Virron n'est qu'un petit saint. Tant il est vrai que le reproche d'obscénité, si on l'adresse spécialement à Juvénal, porte absolument à faux. Si l'on veut s'en convaincre, qu'on le compare non seulement à Sénèque dans des passages que nous osons à peine indiquer, mais à Perse lui-même, lequel, si nous en croyons son biographe, était un modele de *modestie,* de *sobriété* et de *chasteté, Verecundiæ virginalis... frugi et pudicus.* — (Voir, p. ex., Perse, sat. IV, vers 35... et sat. VI, vers 73 ...)

Ce type de Virron a été emprunté à Catulle. (Voir notamment l'épigramme « *ad Gellium* » LXXXI.)

2. Nous avons cru pouvoir désigner par ce nom, « les » Urbains », les Romains de Rome, « Urbs ».

SATIRE VI

LES FEMMES

Je crois que la Pudeur habita sur la terre
Aux jours du roi Saturne et, longtemps (1), sans mystère,
Alors qu'une humble grotte, aux étroites parois,
Dans son ombre glacée abritait à la fois,
Le maître et le troupeau, le foyer, le dieu lare ;
Lorsqu'au penchant des monts, une épouse barbare
Dressait sa couche informe à l'ombre des forêts.
— Le chaume et le feuillage en faisaient tous les frais,
Et des fauves voisins la dépouille sanglante. —
Sa figure à la vôtre était peu ressemblante,
O Cinthie ! ô Beauté (2) dont les yeux enjôleurs
Sur un moineau perdu versèrent tant de pleurs ;
Mais d'un lait abondant sa féconde mamelle
Repaissait des enfants aussi robustes qu'elle ;
Plus sauvage, parfois, que son rude mari,
Gorgé comme un pourceau, du gland qui l'a nourri.

C'est que la vie alors était bien différente
Sous le jeune soleil, sur la terre récente,
Pour ces hommes du chêne ou du limon issus
Et qu'aucun sein de femme encor n'avait conçus.

De l'antique Pudeur quelque muet vestige
Même sous Jupiter resta comme un prodige,
Sous Jupiter encore à peine pubescent,
Avant qu'un Grec jugeât le parjure innocent,
Temps où, nul ne craignant pour ses choux et ses pommes,
On laissait son jardin ouvert à tous les hommes ;
Puis, insensiblement, reculant toutes deux,
Astrée avec sa sœur remonta vers les cieux.

Ce n'est pas d'aujourd'hui que l'humaine ironie,
A du lit du prochain violé le Génie.
Avec l'âge de fer tout autre crime est né,
Mais dès l'âge d'argent l'adultère a glané.
Pourtant, malgré la voix du siècle qui lui crie :
« Posthumus, que fais-tu ? » Posthumus se marie.
La parole est donnée et le contrat signé ;
Déjà, par le coiffeur, artistement peigné,
Il a, peut-être, mis au doigt de sa maîtresse,
L'anneau, gage d'amour, garant de sa tendresse.

Tu passais, jusqu'ici, pour un homme de sens ;
A prendre femme, eh ! quoi ! Posthumus, tu consens !
Es-tu donc poursuivi par quelque Tisiphone
Dont le fouet de serpents à ton oreille sonne ?
Sous le joug du tyran tu courberais le front,
Quand vers la liberté le passage est si prompt ;
Lorsque tant de chemins à ton gré tu peux prendre,
Des toits pour te jeter, des cordes pour te pendre ;
Lorsque le pont Émile est voisin de chez toi ?...
Si de tant de trépas nul ne te plaît, dis-moi,

Ne vaudrait-il pas mieux, garder, sur toute chose,
Le mignon qui, la nuit, auprès de toi repose.
Qui jamais ne querelle et qui d'aucuns présents
Ne fait jamais payer ses travaux complaisants,
Qui ne se plaint jamais de ton indifférence,
Dont l'ardeur n'accusa jamais ton impuissance ?

POSTHUMUS.

Mais Ursidius (3) même, en quête d'héritiers,
A la loi Julia (4) se soumet volontiers,
Renonce aux fins morceaux que ses belles complices
Choisissaient au marché de leurs mains séductrices,
Les tourtereaux bien gras, les surmulets exquis.

JUVÉNAL.

Ah ! puisque Ursidius à l'hymen est conquis !...
Désormais, je l'avoue, il n'est rien d'impossible
Si de nos suborneurs le plus incorrigible
Et le plus scandaleux, au conjugal licou
Est assez insensé pour présenter son cou,
Lui qui, plus de vingt fois, si j'ai bonne mémoire,
S'est, nouveau Latinus, caché dans une armoire.

POSTHUMUS.

Que direz-vous, s'il faut que pour premier trésor
Sa femme apporte en dot les mœurs de l'âge d'or ?

JUVÉNAL.

Aimable échantillon de la folie humaine !
Médecins, ouvrez-lui, — mais largement, — la veine.
Pour toi, si ce bonheur, Posthumus, t'est donné,
Va, monte au Capitole, et, le front incliné,

A l'austère Junon, immole une génisse ;
De la femme pudique elle est l'inspiratrice.
Mais, hélas ! de nos jours, ami, qu'il en est peu,
Dont la chaste Cérès daigne agréer l'aveu !
Dont un père, sans crainte, accepte les caresses !...
Va, couronne ton seuil de guirlandes épaisses.

POSTHUMUS.

A n'avoir qu'un amant Galla met son orgueil.

JUVÉNAL.

Elle préfèrerait cent fois n'avoir qu'un œil.

POSTHUMUS.

Mais on vante beaucoup certaine jouvencelle
Qui n'a jamais quitté la terre paternelle.

JUVÉNAL.

Qu'elle vive à Gabie ainsi que dans ses champs,
Qu'à Fidène elle vive intacte, je me rends.
Mais qui peut affirmer qu'au fond de ses campagnes
Les grottes n'ont rien vu, là haut, sur les montagnes ?
Quoi ! Mars et Jupiter sont-ils déjà si vieux ?...
Cette femme rêvée et digne de tes vœux
Où dois-tu la trouver ? Est-ce sous nos portiques,
Sur les gradins du Cirque, en nos fêtes publiques,
Que tu rencontreras cette rare beauté
Qu'un époux peut aimer avec sécurité ?
Lorsque l'impur Bathylle, à la danse lascive,
Leur mime la Léda, d'une ardeur corrosive,
Tuccia se sent prise et ne se contient plus,
Appula, sans vergogne, en soupirs dissolus,

Comme aux bras d'un amant s'abandonne, et Thymèle
Contemple avidement ces jeux nouveaux pour elle ;
L'ignorante Thymèle étudie à son tour.

La toile repliée enfin, quand vient le jour
Où, pendant le silence attristé du Théâtre,
Du barreau seul glapit la voix acariâtre,
Durant cet intervalle où des jeux Plébéiens
Sont encore si loin les jeux Mégalésiens,
Pour tromper les ennuis d'une longue clôture
Elles ont d'Accius, le thyrse et la ceinture,
Ou l'exode plaisant d'Urbicus l'enjoué
Que tant de rires accueille en son Autonoé.
Ælia, quoique pauvre, en est tout embrasée ;
Mais ce n'est pas sans frais qu'une boucle est brisée.
D'autres de Chrysogone ont épuisé la voix,
Plus sévère, Hispulla d'un tragique a fait choix.

POSTHUMUS.

Eh ! d'un Quintilien faut-il qu'elle s'éprenne ?

JUVÉNAL.

Tu vas te marier ? Eh bien ! qu'il t'en souvienne :
La femme qu'aujourd'hui tu prends tout triomphant
Avant peu donnera pour père à ton enfant
Ou le joueur de flûte ou le joueur de lyre,
Ambrosius, peut-être, Echion ou Glaphyre.
Allons, pour célébrer de si chastes amours,
Barrons de longs tréteaux les étroits carrefours ;
Au seuil fleurs et laurier ; voyons, qu'on s'évertue,
Afin qu'en un berceau d'écaille de tortue
Ton noble fils révèle au regard scrutateur
Les traits d'Euryalus, d'un vil gladiateur.

D'un sénateur altier l'opulente compagne,
Hippia, jusqu'au Nil, jusqu'au Phare accompagne
Un simple ludion. La ville de Lagus
Les reçoit dans ses murs trop fameux, où les us
Que de nos mœurs l'exemple infâme y développe
Soulèvent le dégoût de l'infâme Canope.
La cruelle, oubliant son époux et ses sœurs,
Son foyer, son pays, ses enfants tout en pleurs,
Elle fuit... Quoi de plus?... Elle fuit le théâtre.
Et Paris et les jeux dont elle est idolâtre.
Jadis elle dormait, au palais des aïeux,
Dans un riche berceau, sur le duvet soyeux ;
Elle brave aujourd'hui la mer et sa colère.
De l'honneur, dès longtemps, elle avait fait litière,
Car aux cœurs amollis l'honneur compte pour rien.
Elle affronte sans peur le gouffre Etrurien
Et les flots mugissants de la mer d'Ionie.
Les mers changent souvent, mais son mâle génie
Leur oppose toujours même intrépidité.
  Ah ! lorsque la raison, la vertu, l'équité
D'un péril à braver leur imposent l'audace,
De terreur tout leur sang dans leurs veines se glace ;
Sur leurs genoux tremblants on les voit s'effondrer ;
Leur courage ne gît qu'à se déshonorer.
  Sur l'ordre d'un époux s'embarquer ? Dure chose !
Il n'est pas de raison qu'aussitôt on n'oppose :
L'odeur de la sentine, un vertige soudain....
Mais faut-il s'embarquer pour suivre un baladin ?
On n'allègue jamais vertige ni nausée.
L'une, sur son époux, vomit, demi-brisée ;
L'autre, prend ses repas avec les matelots,
Sur le pont se promène et joue avec les flots ;

Ou de sa frêle main, habile aux beaux ouvrages,
Se plait à manier la raideur des cordages.

Mais est-ce la jeunesse, au moins, ou la beauté
Qui gagna d'Hippia le cœur persécuté ?
Quelle séduction a donc réduit son âme
A ce qu'un ludion put la nommer « ma femme ? »
Car ce Sergiolus n'était qu'un homme âgé ;
Manchot, il avait droit d'espérer son congé ;
Sa figure, d'ailleurs, était plus que difforme ;
Sous le poids de son casque, une tumeur énorme
Retombait de son front jusqu'au milieu du nez ;
Ses yeux d'une humeur âcre étaient empoisonnés.
Mais il était du cirque et cette noble enceinte
D'un Thersite suffit à faire un Hyacinthe.

C'est à cela qu'elle ose immoler son époux,
Son pays, ses enfants, les objets les plus doux :
C'est le gladiateur qu'on aime et non pas l'homme.
Ce même Sergius, un vil esclave en somme,
Eût-il de l'émérite obtenu le bâton,
Etait pour cette femme un autre Véienton (5).

Mais pourquoi s'occuper d'un obscur gynécée ?
Que nous fait d'Hippia l'insolente odyssée ?
Des Dieux même voyons quels furent les rivaux ;
Ecoute ce que Claude en souffrit de nouveaux.

A peine à ses côtés sent-elle qu'il sommeille,
Que Messaline en rut, Messaline qui veille,
Au lit des Empereurs, sur le mont Palatin,
Préfère un dur grabat dans un bouge à catin.
Sous le prudent abri d'un capuchon nocturne
L'auguste courtisane écoute, et, taciturne,
Hors du palais muet se dérobe sans bruit.

Une esclave fidèle, une seule, la suit.
Couvrant de blonds cheveux sa noire chevelure,
Dans un taudis abject et tout chaud de luxure
Elle entre ; sa cellule est vide ; elle l'attend.
Là, debout sur le seuil et le sein palpitant
Dans l'or qui le soutient, Lycisca toute nue,
(Sous ce nom mensonger là-bas elle est connue,)
Offre au premier venant, dans cette nudité,
Noble Britannicus, les flancs qui t'ont porté !
Souriante, elle admet quiconque se présente,
En exige le prix, et toujours complaisante,
Dans son impur grabat se couchant sur le dos,
Longtemps elle tient tête aux plus grossiers lourdauds.
    Quand le prostituteur, enfin, la congédie,
A regret elle sort, mais, du moins, s'étudie
A sortir la dernière, à jouir jusqu'au bout.
Dans ses sens irrités la luxure encor bout.
Elle part harassée et non pas assouvie,
D'une vapeur fétide en tous lieux poursuivie
Et jusque dans la couche où repose César,
Hideuse, elle introduit l'odeur du Lupanar.

    Dirai-je l'hippomane et cette haine amère
Que toute femme voue au fils d'une autre mère ?
Et les poisons versés et les enchantements ?
Car ce sexe est terrible en ses emportements ;
La débauche sans frein n'est que son moindre crime.

POSTHUMUS.

    Césennia pourtant est une âme sublime,
Si j'en crois son mari célébrant ses vertus.

JUVÉNAL.

Certes ! les millions qu'en dot il a reçus,
Voilà le prix sonnant de cette apothéose.
S'il est maigre, Vénus n'y fait que peu de chose ;
S'il brûle, il ne doit rien de ses feux à l'Amour.
Tout lui vient de la dot ; c'en est là le retour.
Césennie à ce prix est libre. Sans contrainte,
Sous les yeux d'un époux, elle reçoit l'étreinte
De la main d'un amant, accorde un rendez-vous
Ou répond sans mystère à quelque billet doux.
Voulez-vous du veuvage avoir le bénéfice,
Femmes ? Que l'opulence épouse l'avarice.

POSTHUMUS.

Enfin ! Sertorius adore Bibula....
Trouvons-nous à redire encore à celui-là ?

JUVÉNAL.

Ce qu'il aime, — observons la chose en homme sage, —
Ce n'est pas une femme, ami, c'est un visage.
Que sa peau se dessèche et perde sa fraîcheur,
Qu'une ride survienne ou deux, que la blancheur
De ses dents, à l'émail éclatant, se ternisse,
Que, si peu que ce soit, son grand œil rapetisse ;
Aussitôt un valet aux regards effrontés :
« Faites votre paquet, dira-t-il, et sortez,
» Vous vous mouchez toujours, votre nez nous dégoûte.
» Hors d'ici, promptement, vite, filons, en route ;
» Une autre va venir, au nez moins ruisselant. »
Cependant elle règne, et son mari tremblant

Ne sait rien refuser, pour l'heure, à sa folie.
Il lui faut des brebis sans nombre en Apulie,
A Falerne, une vigne enlaçant les ormeaux.
C'est son moindre caprice : il lui faut des troupeaux
D'esclaves par milliers, des légions entières.
Est-il, chez le voisin, de coûteuses misères
Qu'elle n'ait pas chez elle, il les faut acheter.
Le rude hiver sévit; Jason n'ose affronter
Les périls de la mer qui dans le port l'assiège; —
Un avide marchand! — sous leur toit blanc de neige
Les matelots bronzés se tiennent engourdis;
N'importe! il faut aller, en de lointains pays,
Lui quérir des murrhins, les plus grands qu'on connaisse,
Et ce pur diamant, si beau! — qu'une princesse,
Bérénice, à son doigt a fait plus précieux.
— Elle l'avait reçu d'un prince incestueux,
De son frère Agrippa, chef d'un peuple barbare
Dont les rois sont soumis, par un rite bizarre,
A célébrer, pieds nus, la fête du Sabbat
Et qui jamais n'attente aux vieux jours d'un verrat.

POSTHUMUS.

Donc, nulle de mon choix n'est digne en ce bas monde ?

JUVÉNAL.

Qu'elle soit belle et riche et décente et féconde,
Qu'elle étale aux regards ébahis cent aïeux,
Qu'elle soit chaste et pure à faire envie aux dieux,
Plus que ne fut jadis notre aïeule Sabine
Qui, les cheveux épars, dans la lutte intestine,
De son sein découvert qu'elle offrait à leurs coups,
Protégeait tour à tour son père et son époux,

(Autant qu'un cygne noir oiseau rare sur terre),
Qui pourrait supporter une femme si fière
De réunir en soi toutes les qualités ?

   Pour moi, j'aimerais mieux, dans ses rusticités,
La femme de Venouse, aux confins d'Apulie,
Que des Gracques la mère illustre, ô Cornélie,
Si sur ton front se mêle à tes grandes vertus
L'orgueil des grands combats par les tiens combattus,
Si je dois dans ta dot énumérer leur gloire.
De grâce, d'Annibal épargne-moi l'histoire ;
Épargne-moi Syphax vaincu, son camp détruit ;
Avec Carthage entière émigre à petit bruit.

   Dans sa fécondité, dont son orgueil s'étonne,
Niobé se mettait au-dessus de Latone.
« Dieu dont l'arc frappe au loin, épargne mes enfants ;
» Et toi, Déesse, aussi ; car ils sont innocents.
» Si vous lancez vos traits, tournez-les vers leur mère. »
Ainsi parle Amphion en sa douleur amère.
Mais Péan reste sourd et son arc irrité
Frappe, sur les enfants, le père épouvanté ;
Tous ces beaux rejetons dont leur mère est si vaine,
Dont le nombre égalait ceux de la truie Albaine.

   La beauté, la sagesse ont-elles tant de prix
Qu'il en faille sans cesse assommer les maris ?
De ces biens excellents la douceur devient nulle
Dès l'instant que l'aigrît un orgueil ridicule,
Car elle a plus, alors, d'aloès que de miel.
Parmi ceux dont l'éloge en public monte au ciel,
Est-il âme à ce point à sa femme asservie
De ne pas souhaiter qu'elle lui soit ravie,

Et qui, sept fois le jour, ne la voue aux enfers ?

Mais il est maint défaut, ou plutôt, maint travers,
Qui, pour être léger, n'est pas moins détestable.
Est-il rien, en effet, de plus insupportable
Que de voir qu'une femme, aujourd'hui, se croirait,
Belle, sans agrément, charmante, sans attrait,
Si l'air grec ne domine en toute sa personne,
Si sous les fleurs d'Athène on n'enterre Sulmone ?
De n'user que du grec elles font vanité ;
Le latin, en revanche, en est fort maltraité.
C'est en grec seulement qu'on craint ou qu'on espère,
Qu'on ressent le chagrin, la joie ou la colère ;
C'est en grec que l'amour au cœur s'épanouit ;
Que dirai-je de plus?... C'est en grec qu'on jouit.
On peut pourtant passer la chose à la jeunesse ;
Mais sous des cheveux blancs la langue de la Grèce,
Quand les ans, sur la tête, ont jeté tant d'hivers !
Le grec, chez une vieille, est bien pis qu'un travers ;
Car ils ont, dans sa bouche, une ardeur répulsive
Ces mots qu'elle salit de sa lèvre lascive :
« O mon âme et ma vie », « ô zoé kai psyché »,
Dont elle a, tout à l'heure, en ses draps accouché,
Que, sans honte, en public, maintenant, elle chante.
Quelle flamme une voix libertine et touchante
N'allume-t-elle pas dans les sens les plus froids !
Son doux contact caresse et palpe ; elle a des doigts.
Mais, ces mots, dussiez-vous les soupirer encore
Avec plus de douceur qu'Émus et Carpophore,
Nos ailes aussitôt inertes tomberont
A l'aspect des hivers gravés sur votre front.

Si, celle à qui t'unit un hymen légitime,

Tu ne dois pas l'aimer, ô Posthumus, j'estime

Que de te marier tu n'as pas de raison.

A quoi bon en festins épuiser ta maison?

A tes hôtes repus offrir des friandises?

A quoi bon d'un bassin de médailles exquises,

Où rayonnent dans l'or les traits des Empereurs,

De la première nuit acheter les faveurs?

Si pourtant d'un mari tu te sens l'encolure,

Si la fidélité naïve est ton allure,

Livre ta tête au joug, allons, courbe le front;

Nulle femme jamais n'en épargne l'affront.

Qu'elle-même, pour toi, brûle ou non, il n'importe;

Par elle tu seras traité de même sorte.

A faire ton tourment elle met son plaisir;

C'est à te ruiner qu'elle use son loisir.

Le mari le meilleur et le plus désirable,

Pour sa femme, est toujours le moins considérable.

Tu ne peux désormais sans son consentement

Ni vendre, ni donner; il faut son agrément

Si tu veux acquérir la moindre bagatelle.

Et tes affections? qui les dicte? C'est elle.

Il te faudra briser une vieille amitié,

De ta propre maison exclure sans pitié

L'homme dont elle a vu fleurir l'adolescence.

Alors que de tester chacun a la licence,

Même un laniste abject, même un prostituteur,

L'arène sur qui tombe un regard contempteur,

Tu dois à tes rivaux léguer ton héritage.

« Cet esclave au gibet », dit ta femme avec rage.

— « Pour un tel châtiment quel est donc son forfait?

« Les témoins, où sont-ils? Qui dénonça le fait?

» Prenez-y garde! Il faut y réfléchir, en somme,
» Avant que d'ordonner le supplice d'un homme. »
— « Un homme, dites-vous? Un esclave... Insensé!...
» J'admets qu'il n'ait rien fait, soit; mais j'ai prononcé.
» Je le veux, je l'ordonne; et ma raison suprême
.» C'est que je l'ai voulu. Qu'il meure à l'instant même. »

Donc, l'épouse en tyran règne sur son époux.
Mais bientôt elle abdique un empire trop doux,
Foule aux pieds les liens d'un premier hyménée
Et sous un autre toit s'envole forcenée.
Puis ces liens nouveaux se rompent à leur tour
Et dans son ancien lit la voici de retour.
La maison garde encor sa flottante tenture,
La porte son laurier, les fleurs et la verdure
Dont naguère l'amour a pris soin de l'orner
Et qui n'ont pas même eu le temps de se faner.
C'est ainsi qu'une femme à qui tu t'abandonnes
Peut faire huit maris en moins de cinq automnes.
Admirable épitaphe à graver sur l'airain!

La concorde en ménage est le bien souverain;
Mais, tant qu'à ses côtés vit une belle-mère,
C'est un bien dont il faut qu'un mari désespère.
Si ta femme dè toi se rit, en te plumant,
Ou répond avec art aux billets d'un amant,
C'est elle qui l'instruit à faire la coquette.
Elle trompe tes gens ou, sinon, les achète.
Alors, — quoique son corps soit parfaitement sain —
Près du lit de sa fille on mande un médecin,
Et, là, de ses appas elle fait l'étalage,
Tandis qu'impatient, dans un secret passage,

Un galant adultère, au plaisir s'excitant,
De crainte et de désir écoute palpitant.
　Et tu veux espérer que cette mère infâme
Aux mœurs qu'elle n'a pas puisse former ta femme !
Elle a trop d'intérêt à la prostituer.

　Lorsque sur dix procès il nous faut statuer,
Comptons : il en est neuf où la femme est partie.
Manilia, sans cesse, en plaideuse hardie,
Ou poursuit ou défend. On les voit occuper
Chacune pour soi-même, agir, développer
Les moyens de leur cause en d'arides mémoires,
Compulsant dans ce but les plus affreux grimoires.
Elles dicteraient même, à Celsus, ses raisons,
Des modèles d'exorde et des péroraisons.

　Le manteau Tyrien et l'huile des athlètes
Pour la femme ont aussi des douceurs non secrètes.
Qui n'a vu le poteau frémissant sous ses coups
Que de sa lourde pique elle crible de trous,
Le bouclier au poing, sans faillir d'une marque ?
Digne qu'aux jeux Floraux, sans doute, on la remarque ;
A moins que, poursuivant un laurier plus flatteur,
Elle n'affronte au cirque un vrai gladiateur.
Quelle pudeur peut-il lui rester sous le casque,
Quand, du sexe viril prenant ainsi le masque,
De son sexe elle fuit la grâce et la douceur ?
A troquer, cependant, elle n'est point d'humeur :
Des hommes à jouir si faible est l'aptitude !
　Mais quel honneur pour toi, si, selon l'habitude,
De ta femme, à l'enchère, on criait en détail
Le baudrier, les gants et tout son attirail,

Et l'engin précieux qui protégeait sa cuisse ;
Ou, — si d'une autre escrime elle avait le caprice, —
Ses bottes de combat, ô trop heureux époux !

Voilà celle, pourtant, dont le lin le plus doux,
Le tissu le plus fin accablent la mollesse,
Qui, sous la gaze, sue et que la soie oppresse.
Mais, quand sous l'œil du maître elle agit, quel ressort !
Quel souffle rugissant de sa poitrine sort !
De quel casque pesant elle charge sa tête !
Comme sur ses jarrets, robuste, elle s'arrête !
Vois quel plastron épais étouffe ses appas ;
Admire, si tu peux, et, surtout, ne ris pas
Lorsque l'impérieuse et maligne nature
L'oblige, pour p..., à lâcher sa ceinture.

Dites, de Lépidus noble postérité,
Filles de Fabius Gurgès, en vérité,
De quel gladiateur vit-on jamais la femme
Sous cet accoutrement honteux qui vous diffâme ?
Celle d'Asylus même, endossant le harnais,
Avec vous au poteau gémit-elle jamais ?

La couche conjugale est un nid de querelles ;
Le timide sommeil la fuit à tire-d'ailes.
C'est surtout lorsqu'il faut cacher sa trahison
Qu'une femme de cris inonde sa maison.
Elle est pour son mari pire qu'une tigresse ;
Elle invente un mignon, suppose une maîtresse,
Et ses larmes alors coulent abondamment ;
Elle en a des ruisseaux à son commandement.
Et l'époux qui ne voit, dans ces feintes alarmes,
Qu'une preuve d'amour, s'abreuve de ses larmes.
Ah ! que si sa cassette, ô mari précieux,

Venait, par aventure, à s'ouvrir à tes yeux,
Quels témoins, trop certains, de son humeur austère
Ne te fournirait pas ta jalouse adultère !
    Mais tu la prends toi-même — accident journalier —
Dans les bras d'un esclave ou ceux d'un chevalier.
« Parle, Quintilien ; montre-nous, si tu l'oses,
» Quelque habile moyen de colorer les choses. »
— « Je suis court ; qu'elle parle elle-même. » — « Jadis,
» Ne convînmes-nous pas, dit-elle, voyons, dis,
» Que nous vivrions tous deux sans gêne et sans mystère
» Eh bien ! tu peux crier, confondre ciel et terre ;
» Je suis homme (6). » — Il n'est rien de plus audacieux
Qu'une femme surprise en commerce amoureux.
Plus le délit est grand et plus grande est sa rage ;
Plus grand est son aplomb pour affronter l'orage.

    D'où viennent, dites-vous, ces monstruosités ?
Quelle source a produit ce flot d'indignités?...
    Jadis, d'un humble toit l'austère discipline
Gardait la chasteté de la femme Latine.
Ce toit contre le vice était bien défendu :
Le sommeil était court, le labeur assidu,
Les mains s'endurcissaient au travail de la laine ;
Annibal était là qui campait dans la plaine,
Et les maris veillaient aux portes, sur les murs.
    D'une trop longue paix nous cueillons les fruits mûrs.
Plus mortel que le fer, le luxe qui nous tue
Venge sur nous la terre à nos pieds abattue ;
Car le vice et le crime ont tout précipité
Depuis que Rome a vu périr sa pauvreté.
Sybaris a conquis la Ville aux sept collines,
Tout le mol Orient respire en nos poitrines.

Tarente, au front toujours de roses couronné,
A versé dans notre air son air empoisonné.

Oui, le premier, chez nous, l'argent, l'argent funeste
Des étrangères mœurs introduisit la peste ;
La richesse énerva de son luxe honteux
Les antiques vertus de nos mâles aïeux.
Car si Vénus est ivre est-il rien qui l'arrête ?
Elle distingue mal ses... pieds d'avec sa tête
Lorsque, à travers la nuit prolongeant son festin,
Vorace elle engloutit cent huîtres du Lucrin :
Que, coulant à longs flots, le Falerne qui fume
Emplit les coupes d'or d'une odorante écume ;
Lorsque déjà se meut le toit vertigineux
Et que, pour un flambeau, l'œil atone en voit deux.

Après de tels excès, est-il homme qui doute
Que jusqu'au sacrilège elle s'emporte ? — Ecoute,
Et doute, si tu peux, que d'un rire frondeur
Maura raille, en passant, l'autel de la Pudeur
Et sourie aux propos de sa chère Tullie
Dont même lait jadis a nourri la folie.
C'est là, qu'en leur litière elles se font porter.
La nuit, avec horreur, les regarde insulter
Par un ignoble outrage à l'antique Déesse.
Puis, sous tes chastes yeux, ô pure chasseresse,
Chacune, tour à tour, sans craindre un trait vengeur,
Subit de sa moitié la lubrique fureur.
Toutes deux, à la fin, regagnent leur litière,
Et toi, pauvre mari, quand renaît la lumière,
Chez d'illustres patrons courant tout empressé,
Tu glisses sur le sol où ta femme a p...assé.

De ton culte secret on connait les mystères,

Bonne Déesse ; on sait les ardeurs adultères,
Que la flûte sacrée allume dans les sens
Quand le vin, la musique aux magiques accents
Excitent les transports de ces autres Bacchantes ;
Quand, les cheveux épars, en leurs rondes ardentes,
Elles nomment Priape avec des hurlements.
Quels désirs effrénés d'impurs accouplements !
Quels éclats de luxure en ces voix qui l'appellent !
Quels torrents de vin vieux sur les jambes ruissellent !
    Une prime est offerte à la lubricité.
Aux plus viles catins le prix est disputé ;
Laufella les défie et la noble matrone
Dans l'impudique assaut remporte la couronne.
Elle incline à son tour son front victorieux ;
Tout cède, ô Médulline, à tes coups furieux.
Ce qui marque les rangs, ce n'est pas la naissance ;
Entr'elles la « vertu » donne la préséance.
Là, point de faux-semblants ; c'est la réalité
Dans l'obscène splendeur de sa brutalité.
De Priam ces tableaux réchaufferaient la glace,
A l'infirme Nestor ils rendraient son audace.
    Mais les sens irrités commandent absolus,
La femme est une femme, elle ne suffit plus.
Ce cri, de toutes parts dans le temple résonne :
« Des hommes ! Ouvrez-leur ; la Déesse l'ordonne. »
» Mon amant serait-il endormi, par hasard ?
» Qu'il endosse sa robe et vole sans retard.....
» Quoi ! pas d'amant ? Eh bien ! qu'on me cherche un esclav
— Mais on n'a sous la main ni Parménon, ni Dave. —
« Qu'on m'appelle un manœuvre, un rustre, un porteur d'ea
A défaut d'homme prêt à l'amoureux fardeau,
Sans honte ni dégoût, la noble courtisane

S'offrirait elle-même aux caresses d'un âne.

Ah ! plût au ciel, du moins, que nos rites pieux,
Le culte qu'avant nous exerçaient nos aïeux
N'eut point à redouter de semblables outrages !
Mais l'Indien lui-même, en ses lointains parages,
Le Maure basané, connaissent par son nom
Celui qui déguisant... son double Anti-Caton (7),
Sous la robe d'emprunt et l'air d'une chanteuse,
Se glissa dans l'enceinte, alors mystérieuse,
Lieu pur, d'où, conscient de son propre attribut,
De lui-même, en tremblant le rat mâle s'exclut ;
Où l'homme ne saurait entrer, même en peinture,
A moins qu'on n'ait pris soin d'en voiler la figure.

Et pourtant, dans ce siècle hélas ! si loin de nous,
Quel autre eut ri des Dieux et bravé leur courroux ?
Quel autre eut poursuivi de ses plaisanteries
Les vases primitifs, les humbles poteries (8)
Dont l'argile, empruntée au Vatican voisin,
Du pontife Numa formait le noir bassin ?...
Est-il temple, aujourd'hui, qu'un Clodius ne souille ?

J'entends, mes vieux amis, une voix qui bredouille :
« Serrures et gardiens, verrous et cœtera... »
Des gardiens ? soit ! Mais, eux, qui donc les gardera ?
Seront-ils à l'abri de toute défaillance ?...
Et c'est toujours par eux qu'une femme commence.

Déjà dans tous les rangs le mal a pénétré ;
Dans les palais de marbre il n'est plus concentré.
Celle dont le pied foule un grès noir de poussière
Ne vaut pas mieux hélas ! que la matrone altière
Que ses hauts Syriens promènent, ombrageux.
La folle Ogulnia, pour assister aux jeux,
Loue habits, compagnons, chaise, coussin, nourrice,

Jusqu'à la blonde enfant qui sert d'ambassadrice.
Cependant, elle livre à ses adorateurs, —
Des athlètes encore sans barbe, des lutteurs, —
Tout l'argent qui lui reste en son riant naufrage
Et les derniers débris d'un modeste héritage.

De la gêne beaucoup connaissent la laideur,
Mais de la pauvreté nulle n'a la pudeur
Et ne sait s'enfermer dans l'étroite limite
Que son humble fortune à ses vœux a prescrite.

L'homme, au moins, est parfois capable de prévoir
Dès le milieu du jour il peut songer au soir.
Suivant de la fourmi la sage discipline,
Il craint, pour son hiver, le froid et la famine.
La femme ! à sa ruine elle marche à grands pas ;
Son patrimoine fond qu'elle ne le sent pas ;
Comme si, dans son coffre à l'étrange système,
L'or, qu'elle prend au tas, renaissait de lui-même,
Elle ne sait jamais ce que coûte un plaisir.

Il en est, Posthumus, qui vont jusqu'à choisir
L'eunuque efféminé dont les molles caresses
Laissent plus d'abandon à leurs propres ivresses,
Parce que, n'ayant pas de barbe à redouter,
Elles n'ont pas besoin de se faire avorter.
Mais — de la volupté raffinement suprême ! —
De sa virilité le glorieux emblème,
On ne le livre pas au fer du médecin
Avant qu'un jeune sang fermentant dans son sein,
Ne l'ait développé dans toute sa puissance
Et qu'un sombre duvet n'ombrage sa croissance.
C'est alors seulement qu'au regret du barbier,
Héliodore songe à faire son métier.
Alors, s'il entre aux bains, à personne il n'échappe

Qu'il peut, sans vanité, rivaliser Priape.
Qu'il dorme donc auprès de sa maîtresse ; mais,
Posthumus, garde-toi de lui fier jamais
Ton jeune Bromius, quoique de force et d'âge
A falloir que le fer émonde son visage.

    Si c'est le chant qui plaît à ta chaste moitié,
Point de boucle qui tienne, elle aura... l'amitié
De tous ceux dont la voix au préteur est vendue.
A tous leurs instruments sa main est assidue ;
L'écaille en réfléchit le feu de ses bijoux.
Mais pour elle, surtout, il n'est rien de plus doux
Que d'en faire éclater la vibrante harmonie
Sous l'archet que le jeune Hédymélès manie.
Elle le tient, au moins, cet archet bienheureux,
Elle peut le couvrir de baisers langoureux ;
De l'absence du maître, au moins, il la console.
    Une femme fit plus encor pour son idole.
A l'autel de Janus, à l'autel de Vesta,
Pour y sacrifier, elle se présenta.
Là, sans souci d'un nom d'une noblesse altière,
Du sang des Lamias cette illustre héritière
Interroge les Dieux. Elle voudrait savoir
Si son cher Pollion peut espérer de voir,
Aux jeux capitolins, dans la lutte prochaine,
A sa lyre octroyer la couronne de chêne.
Qu'eût-elle fait de plus pour son propre mari,
Pour son fils, dès longtemps par la fièvre amaigri ?...
Debout, devant l'autel, on lui voile la tête,
On dicte la formule et sa voix la répète,
Le tout pour un joueur de lyre, et sans faiblir ;
Mais, la brebis ouverte, elle se sent pâlir...
    Dis, maintenant, dis-moi, Janus, je t'en conjure,

O toi, le plus ancien des Dieux, à cette impure
Réponds-tu ? — Vous avez là-haut bien du loisir
Et dans l'oisiveté vous y devez moisir. —
Celle-ci te consulte au sujet d'un comique,
L'autre te sollicite en faveur d'un tragique ;
Le sacrificateur deviendra variqueux

   Qu'elle chante pourtant, cela vaut encor mieux
Que de courir partout hardiment par la ville,
Se mêlant sans pudeur à la foule virile ;
Les regards effrontés et le sein bien saillant
Avec nos officiers, sous tes yeux, babillant.
La même connaît tout ce qui se fait sur terre,
Et ce que fait le Thrace et ce que fait la Sère,
Quel commerce, à jamais digne d'être flétri,
Unit une marâtre au fils de son mari ;
Les intrigues d'amour, l'homme à bonne fortune
Qu'on s'arrache à l'envi quand l'heure est opportune.
Elle pourrait vous dire en quel mois a conçu
Cette veuve et de qui ; rien n'est à son insu,
Ni de quels mots brûlants, ni de quelle attitude
Chaque femme — à huis clos — a fait son habitude.
D'une comète, au ciel, la sinistre pâleur
Annonce-t-elle aux rois quelque nouveau malheur,
C'est elle qui la voit la première. En son zèle,
Aux portes de la ville elle fait sentinelle,
Accueillant tous les bruits qui viennent du dehors,
En inventant, parfois, quelques-uns, sans remords.
« Le fleuve Niphatès (8), grossi par les orages,
» Dans les champs d'alentour cause d'affreux ravages ;
» Un tremblement de terre ébranle une cité ;
» Une montagne croule, autre calamité ! »
Tels sont les beaux secrets que, sans rire et sans honte,

Partout, à tout venant, sans cesse, elle raconte.

De ce défaut pourtant on est moins révolté
Que de la monstrueuse et folle cruauté
D'une autre qui, malgré leurs cris et leurs prières,
Fait, sous ses propres yeux, passer par les lanières
Les voisins malheureux qu'elle a fait empoigner.
Car, sitôt que leur chien se permet de hogner
Et trouble le sommeil de ce tyran femelle :
« Apportez les bâtons, vite, esclaves, » dit-elle ;
« Frappez d'abord le maître, et puis le chien après. »

Fâcheuse est sa rencontre, et farouches ses traits
Quand, pour se rendre au bain, dans la ville alarmée,
Elle s'avance, avec le fracas d'une armée,
Et que, de son tumulte, elle trouble la nuit.
Il faut suer ensuite et suer à grand bruit.
Puis, quand ses bras, lassés par la masse pesante,
Tombent, l'adroit alipte, à la main bienfaisante,
Imprimant à la hanche un rude attouchement,
Fait crier le fémur à son emboîtement.

Cependant, au logis, l'infortuné convive
Meurt de faim et s'endort, attendant qu'elle arrive.
Elle apparaît enfin, le visage enflammé ;
A ses pieds est pla cé l'œnophore embaumé.
Telle est, en ce moment, la soif qui la dévore
Qu'elle seule d'un trait épuiserait l'amphore.
En se mettant à table elle en prend deux setiers
Qu'aussitôt l'estomac rejette tout entiers.
C'est ainsi que sa faim s'irrite ; devant elle
Le Falerne à longs flots sur le pavé ruisselle,
Ou, d'un large bassin qui parfois le reçoit,
Exhale une âcre odeur qui monte jusqu'au toit ;
Car, — tel un long serpent s'élançant d'une tonne, —

Elle boit et vomit. Son époux en frissonne
Et, sentant de dégoût sa bile remonter,
Il doit fermer les yeux pour ne pas l'imiter.

Est-il espèce encore qui soit moins supportable ?
Oui ! la femme savante. A peine est-elle à table
Qu'elle exalte Virgile, excuse le faux pas (9)
De sa Didon, qu'absout son douloureux trépas,
Des poètes entre eux compare l'excellence,
Pèse Homère et Maron dans la même balance.
Le grammairien cède à son autorité,
Le rhéteur, étourdi de sa loquacité,
Se tait ; la table entière imite son silence ;
L'avocat est muet, malgré sa pétulance,
Le crieur vainement veut élever la voix ;
Son sexe même garde un silence sournois ;
Tant est précipité le flux de ses paroles,
Bruit de cloches mêlé d'un bruit de casseroles !
Ah ! ne fatiguez pas l'airain qui retentit ;
A délivrer la lune elle seule suffit (10).
Même lorsqu'il s'agit d'une chose licite,
Le sage se prescrit une juste limite.
Une femme qui veut s'ériger en docteur,
Qu'empêchent de dormir les lauriers du rhéteur,
Devrait donc, comme nous, retrousser sa tunique,
Immoler à Sylvain le verrat canonique,
Comme nous, se baigner, pour un quart d'as ?... Crois-m
Que l'épouse qui dort, la nuit, auprès de toi,
Du beau style jamais n'affecte l'élégance ;
Qu'elle ne songe point, en son extravagance,
A tourner avec art l'enthymème écourté ;
Que pour elle l'histoire ait quelque obscurité ;

Et même, puisse-t-elle, au lieu de tout comprendre,
Feuilleter plus d'écrits qu'elle n'en peut entendre !
Pour moi, je hais surtout, — je le dis hardiment, —
La femme qui, toujours soumise au rudiment,
M'allègue, à tout propos, et la règle et l'usage
Et des vers tout rugueux de la rouille de l'âge,
Qui, dans la paysane ignorante, reprend
Ce que, même en un homme, on trouve indifférent.
Je prétends, quant à moi, contre cet atticisme,
Le droit pour le mari de faire un solécisme.

Est-il rien d'impossible, est-il rien de sacré
Pour la femme, dès lors que son cou s'est paré
D'un collier radieux dont l'éclat l'émerveille,
Et qu'une énorme boucle allonge son oreille ?
Dieux ! qu'une femme riche est un fâcheux ragoût !
On sent naître à la fois le rire et le dégoût
A voir l'épais enduit dont sa face est trempée,
Onctueux cosmétique, illustré par Poppée,
Où du pauvre mari se graisse le museau.
Elle se lavera pour quelque damoiseau ;
Car c'est pour son amant qu'elle veut être belle,
C'est pour lui que du nard l'exquise odeur se mêle
A tout ce que de l'Inde il nous vient de parfums.
Elle rejette, enfin, ces voiles importuns ;
Le premier appareil est levé ; son visage
Se montre comme un astre à travers un nuage ;
Un lait tiède lui rend toute sa pureté;
Ce lait si nécessaire aux soins de sa beauté,
Que, si jamais l'exil sous le pôle l'appelle,
Ses ânesses iront l'habiter avec elle...
Mais, entre nous, l'objet de tant de lotions

De préparations, de fomentations,
Pour qui tant de gruau se bout et se macère,
Dites, est-ce un visage, ou bien est-ce un ulcère ?

Mais le temps est venu d'examiner à fond
Non ce que l'une fait, mais ce que toutes font.
Voyons donc, Posthumus, — la chose en vaut la peine, —
Quel est l'emploi que fait du jour une Romaine.
Si, lui tournant le dos, son mari peu galant
Auprès d'elle a dormi d'un sommeil insolent,
Malheur à l'intendante ! il faut à la coiffeuse
Mettre tunique bas ; car Madame est nerveuse.
Pauvre Liburnien, tu viens tard, aujourd'hui,
Et ton dos doit payer pour le sommeil d'autrui.
Le sang coule partout sous des mains meurtrières ;
Il rougit le bâton, le fouet et les lanières ;
— Certaines, à l'année, engagent un bourreau. —
On frappe ; sur sa face elle passe un blaireau ;
On frappe ; d'une étoffe, aux couleurs variées,
Elle admire les ors dont elles sont striées ;
D'un journal éternel suivant tous les détours,
Elle lit et relit, et l'on frappe toujours.
Mais des exécuteurs la vigueur est lassée...
« Sortez », dit-elle alors, d'une voix courroucée,
Furieuse de voir qu'il lui faut s'arrêter.
Pour la férocité, sa maison peut lutter
Même avec les palais des tyrans de Sicile.
A l'appel du plaisir la matrone docile
Veut se faire, aujourd'hui, plus belle et se parer
De son mieux ; elle a hâte, elle doit se montrer
Aux jardins, où l'attend l'objet de son caprice,
Ou plutôt dans ton temple, Isis prostitutrice.

Son désir souverain est à peine connu
Qu'une Psécas, l'épaule hélas ! et le sein nu,
Les cheveux arrachés, pauvre fille, s'empresse
A friser les cheveux de sa douce maîtresse.
« Cette boucle dépasse, ô sotte ; qu'as-tu fait ?...»
Soudain un nerf de bœuf a puni ce forfait (11).

    Quel crime a donc commis la malheureuse Ilote ?
Si ton nez te déplaît, voyons, est-ce sa faute ?

    Du côté gauche, une autre, attaquant ses bandeaux,
Les déploie et les peigne et les roule en anneaux.
Enfin, on tient conseil et la matrone invite
A donner son avis une vieille émérite
Dont le fer a jadis accompli mille exploits ;
Aujourd'hui, la quenouille occupe ses vieux doigts.
C'est elle qui, de droit, opine la première ;
Les autres, tour à tour, jusques à la dernière,
Selon l'âge et le rang donneront leur avis.
On dirait, en voyant tous ces fronts asservis,
Qu'il y va de l'honneur, qu'il y va de la vie.
Tant de paraître belle une femme a d'envie !

    Étage par étage, industrieusement,
Sur sa tête on élève un si haut monument
Que, de front, d'Andromaque elle semble l'émule ;
Mais de dos, elle perd, c'est un autre module.
Et que sera-ce donc, si le sort peu flatteur
A la belle refuse une honnête hauteur ;
Si, réduisant au vrai sa taille accoutumée,
Sans cothurne elle égale à peine une Pygmée,
Et si, pour recevoir ou donner un baiser,
Sur la pointe des pieds il lui faut se poser ?

    Cependant, nul souci du mari, du ménage ;
Elle vit moins chez lui que dans son voisinage ;

Le seul garant qu'il ait de son intimité
C'est, jusqu'en ses amis, d'être persécuté,
De voir qu'elle le hait jusque dans ses esclaves,
Qu'à son coffre elle fait les brèches les plus graves.
Voici venir chez toi le chœur mélodieux
Des prêtres mutilés de la mère des Dieux
Et de ceux que nourrit la sanglante Bellone.
A leur tête, vois-tu, haut comme une colonne,
Cet eunuque adoré de l'obscène troupeau ?
Il trancha dès longtemps avec le têt d'un pot (12)
De sa virilité le précieux organe,
Et des rauques chanteurs la troupe mélomane
Et la plèbe qui fait résonner les tambours
L'ont reconnu pontife et le suivent toujours.
Du culte Phrygien il porte la tiare.
Il entre, et, d'une voix solennelle, il déclare
Que du mois de septembre et du fiévreux Auster
Le retour, pour ta femme, est fort à redouter,
A moins que de cent œufs l'offrande expiatoire
N'efface ses péchés par un don méritoire ;
Ses robes feuille-morte, il faut les lui donner,
Que sur ces vieux habits il puisse détourner,
Expiant en un jour les crimes d'une année,
Tous les maux suspendus sur sa tête damnée.
Dès le matin, aux jours les plus froids de l'hiver,
Brisant l'épais cristal dont le Tibre est couvert,
Elle descend trois fois dans son onde glacée
Et le gouffre trois fois submerge l'insensée.
Puis tout autour du champ de l'orgueilleux Tarquin,
Toute nue, ô pudeur ! (c'est l'ordre du faquin)
Sur ses genoux saignants, tremblante, elle se traîne.
Elle est prête à partir pour la rive lointaine

Où le Nil, en son cours, enserre Méroé,
— Si de la blanche Io tel est l'ordre avoué, —
Pour y puiser les eaux que sa main doit répandre
Dans le temple d'Isis, au lieu même où d'Evandre,
Roi pasteur, le bercail s'élevait autrefois.
De la déesse même elle entendit la voix ;
Elle n'en doute point et tout haut le proclame....
Voici pourtant l'esprit, ô Dieux, et voici l'âme
Que vous daignez, la nuit, dans l'ombre, entretenir !
De sa crédulité l'honneur doit revenir,
Entre tous, au pontife, au maître en imposture,
Anubis vagabond à la haute stature,
Qu'on rencontre en tous lieux et toujours entouré
De son troupeau vêtu de lin et tonsuré ;
Il exploite le peuple et rit de sa sottise.
    Qu'une femme se soit à ce point compromise
De céder aux désirs d'un époux réprouvé
En un jour solennel aux Dieux seul réservé,
A punir son forfait leur vengeance s'apprête
Et « le serpent d'argent a remué la tête ».
Mais le fourbe veut bien pour elle intervenir ;
Ses larmes d'Osiris lui feront obtenir
Qu'il pardonne à sa faute ; il n'en coûte à sa table
Qu'une tarte et qu'une oie : Osiris est traitable.

    Une juive, bientôt remplaçant l'effronté,
S'approche de la dupe avec humilité ;
Elle vient de quitter son foin et sa corbeille
Et, tremblante, en secret, lui mendie à l'oreille.
Cette femme, pourtant, telle que tu la vois,
De l'antique Solyme interprète les lois,
De l'arbre du savoir (13) c'est la grande prêtresse,

Des décrets du Très-Haut la sûre prophétesse.
Elle reçoit aussi, mais plus modérément,
Car les juifs à bas prix vendent leur boniment.
　Un devin d'Arménie ou bien de Comagène
Leur prédit un amant jeune et digne d'Hélène,
D'un vieillard riche et seul promet le testament.
Il a lu tout cela dans le poumon fumant
D'un pigeon, d'un poulet ou semblables volailles ;
D'un chien même on le voit consulter les entrailles
Et parfois d'un enfant, exécrable forfait !
Prêt à vous accuser du mal qu'il aura fait.
　Le Chaldéen surtout obtient leur confiance ;
Tout ce que l'astrologue a dit, dans leur créance,
Est un oracle issu de Jupiter Ammon ;
Car Delphes désormais est muet ; son démon
Punit l'iniquité de l'humaine nature
En laissant dans la nuit toute chose future.
　Le premier (14) cependant entre les plus subtils
Est celui qui souffrit les plus nombreux exils,
Le prophète vénal, âme ingrate et perfide,
Cauteleux assassin du citoyen rigide
Qui fit trembler Othon de sa rivalité.
　Ce qui donne, en cet art, le plus d'autorité,
C'est d'avoir fait sonner ses bras chargés de chaînes,
D'avoir croupi longtemps dans des prisons malsaines.
Quiconque, de ses jours, ne fut point condamné,
Il manque de génie et reste abandonné.
Mais celui que la mort effleura de sa griffe,
Qui n'échappa qu'à peine au rocher de Sériphe,
D'un moins étroit exil achetant ce bonheur,
A lui tout à la fois le profit et l'honneur.
Près de lui, sur la mort d'une dolente mère,

Mort bien lente à venir, ta Tanaquil s'éclaire,
Non sans l'avoir sur toi consulté tout d'abord.
Sa sœur doit-elle voir bientôt le sombre bord ?
Son amant bien-aimé lui sera-t-il fidèle,
Et doit-il lui survivre ou mourir avant elle ?
Mourir ! épargnez-lui, grands Dieux, cette douleur...
　Elle ignore, du moins, si de quelque malheur,
Du haut du firmament, nous menace Saturne ;
A quel astre Vénus, dans sa course nocturne,
S'unit pour le succès d'un utile dessein,
Quel mois porte en ses flancs ou la perte ou le gain.
　Souviens-toi d'éviter jusques à la rencontre
De celle qui jamais à nos yeux ne se montre
Sans tenir à la main, plus que l'ambre luisant,
Tant il est feuilleté par son doigt complaisant,
Un almanach du ciel, instrument de son culte;
Qui ne consulte plus, qu'à son tour, on consulte
Et qui refuserait de suivre son mari,
Quand, pour l'armée, il quitte un séjour favori,
Ou si quittant l'armée, il retourne à la ville,
Sans avoir l'agrément des nombres de Thrasylle.
Jusques à mille pas veut-elle voyager,
Sur l'heure du départ il faut interroger
Le livre précieux ; si son œil lui démange,
Son livre lui fournit quelque collyre étrange;
Malade et dans son lit, elle ne mange pas
Qu'il n'ait d'abord fixé l'heure de ses repas.
　Quand une femme veut savoir son aventure,
Pauvre, elle court au Cirque et livre à l'imposture
Du premier charlatan son visage et sa main ;
Riche, elle fait venir dans son palais Romain
L'augure renommé de l'Inde ou de Phrygie,

L'astrologue versé dans l'ouranologie
Ou l'habile vieillard par qui sont expiés
Les lieux que Jupiter très bon a foudroyés.

Le Cirque et les remparts sont les saints tabernacles
Où de la plébéienne habitent les oracles.
C'est là que la beauté dont le cou vierge encor
N'a jamais rayonné du fauve éclat de l'or,
Au pied des tours de bois que le dauphin domine,
Vient consulter la fourbe à la voix sybilline
Quand elle veut savoir si, pour se marier,
Le fripier lui vaut mieux que le cabaretier.

Mais celle-ci, du moins, elle est mère et nourrice :
La pauvreté l'oblige à ce dur sacrifice.
Rarement un lit d'or voit quelque enfantement ;
Aujourd'hui, si commode est un avortement !
Le remède est si sûr et l'art est si facile
Que l'on traite à forfait pour se rendre stérile.

Pourtant, pauvre mari, ne va pas t'attrister ;
Réjouis-toi plutôt ; sois prêt à présenter
A ta chaste moitié n'importe quel breuvage.
Si jamais d'être mère elle avait le courage
Et, sans effroi, voyait sa taille s'arrondir
Ou sentait son enfant dans son ventre bondir,
Peut-être que d'un nègre elle te rendrait père ;
Et, malgré sa couleur hélas ! qui t'exaspère,
Alors que, le matin, tu craindrais de le voir,
Pour unique héritier il te faudrait l'avoir.

Et je passe l'enfant que suppose une femme
Quand, trompant son mari dont le vœu le réclame,
A l'infâme Vélabre elle emprunte un bâtard.
Un jour ce même enfant, cet enfant du hasard,
Sous le nom de Scaurus citoyen apocryphe,

Parmi les Saliens prendra rang de Pontife.
La Fortune, la nuit, avec malignité,
Veille sur ces petits, rit à leur nudité,
Les réchauffe en ses bras et sur son sein les presse,
Puis aux palais des grands introduit leur détresse,
Se préparant ainsi des acteurs orageux
Sur le théâtre humain prêts à jouer ses jeux.
Elle a pour eux des soins et des faveurs extrêmes
Et les pousse en riant jusqu'aux honneurs suprêmes.

　　Veulent-elles troubler l'esprit de leurs maris,
Aller impunément jusqu'au dernier mépris,
Elles ont qui leur vend des formules magiques ;
La Thessalie abonde en philtres énergiques.
C'est de là que provient ton imbécillité,
Ce voile ténébreux sur ton esprit jeté,
Cet oubli si profond de ce qu'on vient de faire.
Et ce ne serait là qu'une petite affaire
Si tu n'extravaguais jusques à la fureur,
Comme le fit jadis ce Caïus, empereur,
Cet oncle de Néron, à qui sa Césonie (15)
Avec l'hippomanès versa la tyrannie.
— Qui n'imiterait pas l'épouse de César ? —
　　Tout brûlait et l'État croulait de toute part,
Comme si, dans l'Olympe, où sa femme l'hébête,
Le mari de Junon avait perdu la tête.
　　Le bolet d'Agrippine eut des effets plus doux,
Car il ne suffoqua qu'un vieillard, son époux,
Qui, la tête branlante et la lèvre imbécile,
Déjà penchait au Ciel, son digne domicile.
　　L'hippomane produit de bien autres horreurs ;
C'est le fer et le feu qu'appellent ses fureurs.

Au sang des chevaliers il mêle, en son délire,
Le sang des sénateurs que sa rage déchire.
Tant est puissant le philtre emprunté des chevaux !
Tant une empoisonneuse a pu causer de maux !
　Il n'est pas une épouse hélas ! qui n'abomine
Les malheureux enfants nés d'une concubine.
Pourtant, contre sa haine à quoi bon réclamer ?
Est-il encor quelqu'un qui songe à l'en blâmer ?
Car n'est-il pas admis qu'une femme, sans crime,
Peut se débarrasser d'un beau-fils légitime ?
Toi-même, son enfant, qu'attendent de grands biens,
Ah ! veille sur tes jours ; c'est moi qui t'en préviens :
Quel que soit le festin, garde ta défiance.
Les mets les plus exquis perdent leur excellence
Quand la main d'une mère y mêle le poison.
Qu'un esclave, invincible à toute trahison,
Goûte, avant toi, les mets que sa main te présente,
Et que ton gouverneur, d'une lèvre tremblante,
Fasse de tes boissons l'essai malencontreux.

　Sont-ce là visions d'un esprit ténébreux ?
La satire, oubliant les règles d'un autre âge,
A-t-elle du cothurne usurpé le langage ?
Viens-je, nouveau Sophocle, en style solennel,
Etaler sur ce siècle, hélas ! si criminel,
Des forfaits inconnus au pays des Rutules ?...
Ah ! fussions-nous, ô Dieux, à ce point ridicules !
　Ecoutez Pontia : « Je conviens du délit ;
» Moi-même à mes enfants j'ai versé l'aconit.
» Le crime est découvert ; moi seule en suis coupable. »
— « Toi-même ? Tous les deux, vipère abominable ?
» Tous les deux ? D'un coup ? » — « Sept j'en aurais, sans re

» S'ils eussent été sept, envoyé chez les morts. »

Nous pouvons désormais en croire les tragiques ;
Et Médée et Procné sont, sans doute, authentiques.
Je n'objecte plus rien ; dans leur temps, toutes deux
Commirent — il est vrai — de ces forfaits hideux.
Elles n'héritaient pas, au moins, de leurs victimes
Et l'argent fut toujours étranger à leurs crimes.

Oh ! l'on s'étonne moins de leur atrocité
Lorsque par la fureur ce sexe est emporté ;
La rage qui le brûle alors le précipite.
Un roc au flanc d'un mont ne roule pas plus vite
Quand l'appui qui le tient dans les airs suspendu
S'effondre tout à coup sous son poids assidu.
Mais celle-là m'inspire une horreur indicible
Qui, de sang-froid, commet un crime irrémissible
Dont elle a calculé, le risque et le profit.

Elles vont au théâtre et plus d'une applaudit
Lorsque de son époux Alceste prend la place ;
Et si d'un tel échange on leur faisait la grâce
Elles sacrifiraient leur époux à leur chien.
Combien ne voit-on pas d'Eryphiles ?... Combien
Trouverions-nous encor d'émules d'Hypermnestre ? (16)
Demain chaque quartier aura sa Clytemnestre.
Entr'elles, cependant, il faut noter ceci :
La fille de Tyndare, esprit mal dégrossi,
Brandissait des deux mains la hache meurtrière ;
Les choses maintenant se font d'autre manière,
Un poumon de rainette a raison d'un mari.
Ce n'est pas que du fer même il fût à l'abri
Si notre Agamemnon, prudent comme un despote,
Du fameux Mithridate avait pris l'antidote.

NOTES SUR LA VIᵉ SATIRE

---

1. **Et, longtemps, sans mystère.** — Ce n'est pas pour la rime que nous traduisons ainsi : *Visamque diu.* Il nous semble que Juvénal, personnifiant la pudeur, a voulu marquer très distinctement trois époques : 1ʳᵉ époque, où elle était *visible*, où elle se montrait sans aucun mystère ; 2ᵉ époque, où on ne la voit plus elle-même, mais où on peut encore en trouver quelques traces, *muta vestigia* ; 3ᵉ époque, enfin, où elle fuit, avec Astrée, sa sœur, cette terre souillée de crimes.

2. **O Beauté...** — Lesbie.

3. **Ursidius.** — Certains traducteurs font d'Ursidius et de Posthumus un même personnage. J'ignore sur quoi ils se fondent. Pour moi, je ne puis m'empêcher de voir ici une satire dialoguée, comme la IXᵉ. S'il y avait quelque doute pour ce commencement — qui pourrait, j'en conviens, être coupé d'une manière un peu différente, — je ne crois pas que ce doute puisse tenir contre la netteté des répliques qui suivent, jusqu'à celle-ci :

Donc, nulle de mon choix n'est digne en ce bas monde ?

Le lecteur appréciera.

4. **Loi Julia.** — Voir satire IX.

5. Un autre Véienton, — c'est-à-dire, aussi méprisé que son propre mari.

6. « Je suis homme. » Nous traduisons ainsi « *homo sum* » quoique on traduise généralement par « je suis femme ». Il nous semble, en effet, qu'il y a là une allusion évidente, bien qu'ironique de la part du poète, au vers si connu de Térence :

> *Homo sum, humani nil a me alienum puto.*

7.   . . . . . . *penem*
> *Majorem quam sunt duo Cæsaris Anticatones.*

8.   *Aurum vasa Numæ Saturniaque impulit æra,*
> *Vestalesque urnas et Tuscum fictile mutat.*
>
>   (Perse, S. II, v. 59.)

9. N'y a-t-il pas là une ironie de Juvénal ? Ce fleuve Niphatès n'est-il pas tout simplement une montagne d'Arménie que notre nouvelliste prend ridiculement pour une rivière et qu'elle fait déborder ?

10. *Periturae ignoscit Elisae.* — Certains traducteurs rendent ce passage par : « justifie ou excuse le désespoir de Didon ». Nous ne l'entendons pas ainsi. Cette phrase, à notre avis, serait très exactement traduite par celle que Molière met dans la bouche de Géronte, à la fin des *Fourberies de Scapin :* « Oui ; mais je te pardonne à la charge que tu mourras. »

11.   *Iam nemo tubas, nemo æra fatiget :*
> *Una laboranti poterit succurrere lunæ.*

Ces vers de Juvénal prouvent que les Chinois ne sont pas le seul peuple qui ait eu l'ingénieuse idée de délivrer la lune des griffes du Dragon céleste en effrayant le monstre par un charivari.

Voir aussi Tacite, *Annales,* l. I, ch. xxviii : *Luna claro repente cælo visa languescere.... Igitur æris sono, tubarum cornuumque concentu strepere,* etc...

12.   Jamais, d'un doigt trop prompt,
      Je n'ai malignement égratigné ton front,
      Jamais, pour te hâter, pendant que tu m'habilles,
      Je n'ai dans tes bras nus enfoncé des aiguilles.

                              (Ponsard, — *Horace et Lydie.*)

13. On nous reprochera, sans doute, cette rime. Il nous eût
été facile de la remplacer par une autre et de dire, par
exemple : « Il livra dès longtemps au tranchant du couteau. »
Mais nous aurions sacrifié quelque chose du sens ; il s'agit
évidemment ici d'un rite et nous traduisons le plus exacte-
ment possible. Nous ne voyons pas bien, d'ailleurs, pourquoi
pot ne rimerait pas avec *troupeau* ; surtout si nous remontons à
l'étymologie *potus*, dans laquelle *po* est long. Les deux mots
ne sonnent-ils pas identiquement à l'oreille ?

      Devolvit illa acuta *sibi pondera* silice.

                              (Catulle, Atys.)

14.   *Interpres legum Solymarum et magna sacerdos*
      Arboris, ac summi fida internuntia cæli.

Je n'entends pas ces deux vers de la même manière que les
traducteurs que j'ai eu occasion de consulter. Ils traduisent
« *magna sacerdos arboris* » « la grande prêtresse de la forêt
» d'Aricie ». Quoique ce sens soit assez plausible, je crois
que, ici, *arboris* signifie l'arbre de la science et que, dans
ces deux vers, Juvénal fait allusion aux doctrines hébraïques
et à la Bible. Il ne faut pas oublier que le poète vivait au
temps de la prise de Jérusalem et qu'il dut, dans une certaine
mesure, s'enquérir des mœurs et des idées religieuses des
juifs, ne fût-ce que dans la version des Septante. La chose
est même absolument certaine, comme le prouvent les vers
96-106 de la satire XIV et les vers 156-160 de la présente
satire VI.

15. Peut-être ce *Seleucus mathematicus* dont parle Suétone
(*Othon*, ch. IV) : *Tunc* ultro inopinatus *advenerat*, et Pison,
adopté par Galba. En effet, Pison avait été exilé : *Ipse diu*
exsul, dit Tacite (*Hist.*, l. I, ch. XLVIII) ; ce qui concorderait
avec le « *Sæpius exsul* » du vers 557.

16. Césonie, femme de Caligula, lui fit prendre, dit-on, un philtre qui le rendit fou.

17. Hypermnestre, la seule des cinquante Danaïdes qui eut épargné son mari.

Il existe de l'Arioste une satire adressée à son cousin Annibal Malaguzzo qui voulait se marier, comme Posthumus. Elle est très différente de celle de Juvénal, mais charmante, pleine de bon sens et de spirituelle bonhomie. C'est la sixième. Elle se termine par ce joli conte, connu sous le titre de « l'Anneau de Hans Carvel », que La Fontaine a emprunté à Rabelais, lequel l'avait peut-être emprunté à l'Arioste. Le fond est le même ; mais les détails diffèrent, et, à mon humble avis, l'avantage reste au poète italien.

SATIRE VII

MISÈRE DES GENS DE LETTRES

Des Muses César (1) seul est l'espoir et l'appui;
Car, dans ce siècle ingrat, hélas ! il n'est que lui
Qui jette à leur détresse un regard favorable,
Quand, malgré son renom, maint poète honorable,
Mourant de faim, était réduit à se changer
En baigneur à Gabie, à Rome, en boulanger ;
Lorsque d'autres encore, après tant de mécompte,
Au métier de crieur ne voyaient plus de honte ;
Que, loin de l'Aganippe aux bords indifférents,
Clio, pour mendier, émigrait chez les grands.
Si pas un as ne luit à l'ombre du Parnasse,
Il vaut mieux, en effet, prendre, de bonne grâce,
De l'heureux Machéra le titre et les profits,
Et, vulgaire crieur, des Romains déconfits
Vendre plutôt les pots, les trépieds, les armoires,
L'Alcyon de Paccus, les tragiques grimoires

De Faustus, son Térée et ses frères Thébains,
Que d'aller, sous les yeux de nos juges Urbains,
Faire un impur trafic de son faux témoignage,
Dire : « J'ai vu » quand on n'a pas vu... Triste ouvrage,
Et digne, tout au plus, de ces beaux chevaliers
Que l'Orient envoie à Rome par milliers,
Et ceux de Bithynie et ceux de Cappadoce.
Ah ! de grâce, laissons cet infâme négoce
A ces aventuriers industrieux, venus
De la Gaule d'Asie en nos pays, pieds nus.

   Personne, parmi ceux dont l'honneur est d'enclore
Des mots harmonieux dans un rythme sonore
Et dont la dent mordit à l'immortel laurier,
N'aura plus à subir quelque ignoble métier
Indigne du beau feu qui dévore son âme.
Courage, jeunes gens ! la gloire vous réclame,
Le Prince vous regarde, il vous presse, et ses vœux
Hâtent l'heure propice à son cœur généreux.

   Mais, si d'un autre appui tu conçus l'espérance,
Si, dans ce fol espoir mettant ton assurance,
Tu consacres tes jours, tu consumes tes nuits
A noircir de tes vers de jaunes manuscrits,
Vite, Télésinus, que la flamme jaillisse,
Au mari de Vénus fais-en le sacrifice,
Ou, dans le fond d'un coffre, enfin, les inhumant,
A la teigne vorace offres-en l'aliment.
O poète, ô rêveur qui pâlis sur la lime,
Dans ton étroit réduit forgeant un chant sublime,
Pour que de lierre, un jour, ton front soit couronné,
Pour obtenir un buste étique, infortuné,
Crois-moi, brise ta plume, efface ces merveilles,
Ces glorieux combats, chefs-d'œuvre de tes veilles.

N'espère rien de plus ; le riche désormais,
Sait admirer toujours sans débourser jamais ;
Tel qu'un enfant d'un paon célébrant le plumage,
Ses éloges pompeux ne sont qu'un vain ramage,
   En attendant, nos jours s'écoulent comme l'eau ;
Les travaux de la mer, la lance, le hoyau
Accableraient un corps que l'âge a fait débile ;
Un noir dégoût emplit notre âme de sa bile,
Et, malgré son talent, pauvre et nu, le vieillard,
Se surprend à maudire et soi-même et son art.
   Écoute, maintenant, par quelle heureuse ruse,
Le Mécène pour qui tu désertes la Muse
D'ouvrir son coffre-fort s'épargne le souci :
« Il est notre confrère, il fait des vers aussi. »
Devant Homère seul il s'incline ; à son âge —
Mille ans ! — il croit pouvoir, sans honte, rendre hommage.
Que si, (la renommée a pour nous tant d'appas !)
A déclamer tes vers tu ne renonces pas,
Maculonus (2) est prêt à mettre à ton service
Sa maison tout entière ; un solide édifice
Dont les portes de fer seraient dignes d'un fort.
Il fait plus : de son zèle il poussera l'effort
Jusqu'à ranger pour toi, dans le fond de la salle,
Ses propres affranchis, à la main colossale,
Ses clients, à la voix sonore, aux bons endroits.
Mais de l'argent, néant. Non, aucun de ces rois,
Pas un, n'avancera le prix de nos banquettes,
De nos sièges d'orchestre et du nôtre, ô poètes,
Qu'après chaque lecture il nous faut remporter.
Mais nous, aucun dégoût ne peut nous rebuter ;
Nous traçons sur la plage un sillon inutile,
Nous promenons le soc dans l'arène stérile.

Car, si de ce labeur quelqu'un veut s'évader,
L'habitude aussitôt le vient appréhender ;
La vanité le tient de sa main misérable.
Oui, la rage d'écrire est un mal incurable ;
En sommes-nous atteints, elle enfonce ses clous
Dans notre cœur malade et vieillit avec nous.

Le poète excellent dont la veine féconde
A l'abreuvoir public ne puise point son onde,
Qui, dans ses fictions toujours original,
Jamais ne frappe un vers d'un coin qui soit banal,
Tel que je le conçois, mais sans pouvoir le peindre,
Qui donc le fait ?... Une âme à qui rien n'est à craindre,
Exempte de soucis, amante des forêts,
Et qui puisse, à loisir, sous leurs ombrages frais,
A longs flots s'enivrer aux sources d'Aonie.
Un poète affamé, quel que soit son génie,
Nuit et jour à la gêne et qui n'a pas un gros,
Du Parnasse peut-il éveiller les échos ?
Quand il chante Evohé ! croyez-vous donc qu'Horace
Soit à jeun ?... Au génie il faut toute la place ;
Son unique tourment doit être de chanter ;
D'Apollon, de Bacchus, il doit se contenter ;
Il ne saurait souffrir qu'un souci le partage ;
D'un haut entendement son labeur est l'ouvrage.
Par de vulgaires soins l'esprit sollicité
Ne saurait voir des Dieux l'auguste majesté,
Les coursiers et les chars, l'Erynnis monstrueuse
Qui remplit de Turnus l'âme tumultueuse ;
Car, soudain d'Erynnis tombent tous les serpents
Et la trompe infernale a perdu ses accents,
Si l'on peut un instant supposer que Virgile

Ait manqué d'un esclave et d'un modeste asile.
Pouvons-nous demander que Rubrénus Lappa,
Qui pour un vil manteau, pour son huile, frappa
Son Atrée à venir d'une hypothèque unique,
Rivalise en beautés la Melpomène antique?...

Le pauvre Numitor n'a pas de quoi donner
Au malheur d'un ami; mais, sans se ruiner,
Il peut a Quintilla payer tous ses caprices ;
Il peut, sans s'imposer de trop lourds sacrifices,
Acheter un lion dompté, qu'il fait nourrir
D'une abondante chair, sans peur de s'appauvrir.

En coûte-t-il donc moins pour repaître la bête
Que pour remplir l'étroit estomac d'un poète ?

Que Lucain, satisfait d'un renom glorieux,
Dans ses riches jardins repose insoucieux ;
Si grande qu'elle soit que t'importe ta gloire,
Indigent Saléius ?... C'est un bien dérisoire.

Stace d'une lecture a-t-il promis le jour,
Joyeuse auprès de lui toute la ville accourt ;
Chacun veut s'enivrer de cette voix touchante,
Ouïr ces nobles vers dont la douceur enchante.
Tant il a le secret de captiver les cœurs !
D'asservir le public à ses accents vainqueurs !
Mais quand sa Thébaïde, à grand bruit applaudie,
Est lue, il meurt de faim et sa muse mendie
S'il ne peut, quelqu'ennui dont son cœur soit grevé,
Vierge encor à Paris vendre son Agavé.
Car un histrion fait ce qu'un grand ne peut faire :
Les honneurs dans les camps, c'est lui qui les confère,
Lui qui nous met au doigt l'anneau semestrier (3).
Toi, chez Camérinus tu vas te fourvoyer,
Chez Baréa tu fais une cour assidue !

O Poète, crois-moi, c'est là peine perdue.
Philomèle aujourd'hui donne le tribunat,
Pélops fait un préfet, en dépit du Sénat.

N'allons pas, toutefois, manquer de courtoisie
Pour le poète heureux qui vend sa poésie ;
Car, est-il un Mécène encore ? un Fabius ?
Où sont les Lentulus et les Proculéius ?
Les Cotta, dont la main était si libérale ?
La récompense, alors, n'était pas inégale
Au talent qui pâlit ; ce n'était pas en vain
Que, pendant tout Décembre, on ignorait le vin.

Et vous, historiens, qui consommez plus d'huile,
Votre travail plus long en est-il moins stérile ?
Car, vous comptez toujours vos pages au millier,
Faisant de papyrus un dégât singulier.
Ainsi le veut des faits le nombre incalculable,
Du genre ainsi le veut la règle inviolable.
Quel fruit recueillez-vous, pourtant, de vos labeurs ?
Vous arrosez en vain le sol de vos sueurs ;
La moisson d'un greffier plus que la vôtre est riche.
— « C'est une race faite à vivre dans sa niche,
» N'aimant que le repos et la tranquillité. » —
Soit ! Eh bien ! l'avocat est-il donc mieux traité ?
Sous ce faix de dossiers qui partout l'accompagne,
A plaider pour autrui voyons donc ce qu'il gagne.
Certes, les avocats n'épargnent point leurs voix,
Surtout quand le client écoute leurs abois,
Surtout quand les stimule à défendre son titre
Un créancier douteux, armé d'un long régître.
Le mensonge impudent alors coule à longs flots
De leur lèvre écumante et souille leurs jabots.

Leurs profits, maintenant, voulez-vous les connaître ?
Eh bien ! de cent d'entr'eux ensemble il faudra mettre
D'un côté, tous les biens que le sort leur donna,
De l'autre, l'avoir seul du cocher Lacerna.

Mais « les chefs sont assis » (4) ; pâle d'inquiétude
Lève-toi, noble Ajax ; avec sollicitude,
Par devant Bubulcus, le juge redouté,
D'un client compromis défends la liberté.
Va, romps-toi la poitrine, afin que, tout à l'heure,
Vainqueur, mais épuisé, regagnant ta demeure,
Tu trouves revêtus d'un verdoyant laurier
Les murs de ta maison, *ô gloire !* et l'escalier.
Et quel sera *le prix* de ta chaude éloquence ?
Un jambon desséché, quelque maigre pitance
De poissons de rebut, d'oignons avariés
A l'esclave d'Afrique à peine appropriés,
Ou bien, pour arroser des mets de ce calibre
Cinq bouteilles d'un vin arrivé par le Tibre (5).
Tu plaides quatre fois pour une pièce d'or.
Et dois aux praticiens leur part de ce trésor !
— « Emilius obtient, lui, tout ce qu'il demande ;
» Sa faconde, pourtant, moins que la nôtre est grande. —
Mais, dans son vestibule, un quadrige d'airain
Attire tous les yeux. Le javelot en main
Et fièrement campé sur son cheval de guerre,
Lui-même, l'œil oblique et chargé d'un tonnerre,
Semble viser un but que son trait va frapper.
C'est à ce même écueil que Pédon vient chopper ;
C'est ce qui de Mathon cause la banqueroute.
Tongillius y marche en suivant même route,
Lui qui ne va jamais au bain sans un troupeau
De clients importuns crottés jusqu'à la peau ;

Sans porter avec lui son huile parfumée
Dans un *rhinocéros* (6) gigantesque enfermée ;
Qu'au Forum, sous son poids le Mède chancelant,
En sa litière assis, promène nonchalent.
Il y peut acheter, à son gré, sans entraves,
Des villas, des murrhins, des coupes, des esclaves ;
Son brillant équipage et la pourpre de Tyr,
A défaut de garant sauront le garantir.

   Ce faste à l'avocat peut d'ailleurs être utile ;
Souvent la pourpre érige un sot en homme habile ;
Ce qu'on nie au mérite on l'accorde à l'éclat.
Donc l'éclat lui convient ; donc chez un avocat
Le train peut, sans folie, excéder la fortune.
Mais l'excès même exige une borne opportune,
Et Rome en ses excès ne sait pas s'arrêter.
   — « Sur la pure éloquence, enfin, peut-on compter ? » —
   Non ! — Cicéron lui-même, orateur exemplaire,
N'obtiendrait du plaideur qu'un infime salaire
A moins d'avoir au doigt un anneau précieux.
Car voilà, tout d'abord, ce qu'on cherche des yeux :
« A-t-il ses huit porteurs, dix clients ? Sa litière
» Le suit-elle ? D'amis une cohorte entière,
» En toge, par honneur, guide-t-elle ses pas ? »
   Aussi, quand il plaidait, Paulus ne manquait pas
De louer, pour un jour, une riche sardoine.
Ce faisant, il pouvait grossir son patrimoine
Bien mieux que ses rivaux, Cossus et Basilus ;
Car au plus apparent on accorde le plus.
Sous un habit rapé l'éloquence est bien rare.
Vit-on jamais Basile assister à la barre
Et présenter au juge une matrone en pleurs ?
Basile prendre rang parmi les orateurs !

Ah! s'il te plait de mettre un prix à ta faconde,
Crois-moi, pars pour la Gaule, en procès si féconde,
Ou plutôt pour l'Afrique, un terroir délicat
Où germe la chicane et fleurit l'avocat.

Tu tiens, ô Vectius (7), école d'éloquence ;
D'un essaim d'écoliers la farouche innocence
Autour de toi s'exerce à frapper les tyrans.
Dieux ! quels poumons de fer en tes robustes flancs !
Car, ces mêmes morceaux qu'assis tu viens de lire,
Debout, l'instant d'après, il te faut les redire,
Et sans changer un mot, ô maitre infortuné,
Par le même refrain toujours assassiné (8).
— « Quels sont, en toute cause, et le genre et le style,
» Le nœud, les traits divers qu'un adversaire habile,
» Si nous prêtions le flanc, pourrait nous renvoyer :
» Tous veulent le savoir, mais nul ne veut payer.
» Ce jeune Arcadien m'ose faire un reproche
» De ce que rien ne bat sous sa mamelle gauche.
» — Un salaire, dit-il; de moi ?... Mais qu'ai-je appris ? —
» Pourtant, tous les six jours, sans pitié, de ses cris
» Son mortel Annibal me vient rompre la tête,
» N'importe quel discours notre orateur lui prête,
» Qu'il discute s'il faut d'un pas audacieux
» De Cannes se porter sur Rome, ou s'il vaut mieux
» Contre les eaux du ciel et la nue enflammée
» Dans les cantons voisins abriter son armée.
» Parions entre nous tout ce que vous voudrez ;
» Je suis prêt à gager, bien sûr que vous perdrez,
» Si, malgré sa candeur, l'oreille paternelle
» Aussi souvent que moi souffre sa ritournelle. »
Ces plaintes, en tous lieux on en est poursuivi,
Presque tous les rhéteurs les poussent à l'envi ;

Puis, laissant au logis leur vaine rhétorique,
A plaider pour de bon leur faconde s'applique.
Plus d'amants ravisseurs, plus de poisons versés,
Plus de maris ingrats, cruels, intéressés,
De collyres divins dont la vertu sacrée
Guérit la cécité la plus invétérée.

   Partant, si mon conseil devait être écouté,
Ils se dirigeraient plutôt de ce côté,
Puisqu'aussi bien il faut de l'ombre des écoles
Descendre, au grand soleil, guerroyer de paroles
Pour sauver, s'il se peut, le prix de leurs leçons,
Un vil bon de froment, leur part dans les moissons ;
Car, telle est, aujourd'hui, toute leur récompense,
D'un père jusques-là va la munificence !

   Ah ! qu'un Chrysogonus ou bien un Pollion
Enseigne à ces beaux-fils son métier d'histrion,
On ne lésine point; sans regret, à mains pleines
On lui prodigue l'or qui doit payer ses peines.
Pour construire des bains, quarante mille écus
Ne sont pas une somme; on dépense bien plus
Pour bâtir un portique où, quand il pleut, sans gêne,
Au pas de ses mulets le maître se promène.
— Faut-il d'un ciel serein attendre le retour
Ou crotter ses chevaux aux fanges d'alentour ?
Restons ; ici, du moins, pas une molécule
Ne souille le sabot délicat de sa mule. —
D'autre part, à l'abri des ardeurs du midi,
Sise aux tièdes rayons d'un soleil refroidi,
Sur ses hauts chapiteaux de marbre numidique
Qu'une salle à manger se dresse magnifique.
Ce n'est pas tout ; il faut, sous ces coûteux lambris,
D'habiles cuisiniers engagés à grand prix,

Des artistes experts dans les jus et les sauces...
Et parmi tant de frais pour des voluptés fausses
Il se croit libéral s'il distrait de son bien
Cinq cents pauvres deniers pour un Quintilien (9).
L'instruction d'un fils est sa moindre dépense.
— « Mais de Quintilien d'où vient donc l'opulence ? —
Passons ; c'est du Destin que les hommes nouveaux (10)
Tiennent gloire et fortune, et non de leurs travaux.
Naître heureux, c'est assez ; on a tout en partage :
On est brave, on est beau, généreux, noble, sage,
On porte l'éloquence au suprême degré ;
L'homme heureux a le trait qu'il décoche à son gré,
Le droit au croissant d'or sur la chaussure noire,
Et, fut-il enroué, son facile auditoire
Est prêt à l'acclamer chanteur mélodieux.

 Le point est de savoir quel astre, dans les cieux,
Favorable ou funeste, accueille ta venue,
Quand, rouge encor du sang maternel, faible et nue,
Ton enfance vagit pour la première fois.
Tout dépend du Destin qui peut faire, à son choix,
D'un consul, un rhéteur ou, parfois, plus propice,
D'un rhéteur, un consul, si tel est son caprice.
Ventidius naguère et Tullius jadis,
Esclaves, des honneurs jusqu'au faîte grandis,
Que prouvent-ils, sinon l'influence bien claire
D'un occulte destin, d'un astre tutélaire ?
La Fortune, à son gré, fait d'un esclave un roi
Ou revêt un captif du triomphal arroi ;
Mais de telles faveurs, pourtant, elle est avare
Et plus qu'un corbeau blanc cet homme heureux est rare.
Combien d'autres hélas ! n'ont-ils pas regretté
La vanité de l'art et sa stérilité !

La fin de Thrasymaque en est la preuve insigne ;
Celle de Sécundus Carrinas (11) nous indigne,
Lui, qu'Athène a pu voir d'un œil trop négligent
Végéter dans la gêne et mourir indigent.
Aux grands hommes par qui ta gloire fut accrue
Tu ne sus donc jamais offrir que la ciguë ?

Mânes de nos aïeux, fassent les Dieux sauveurs
Que la terre vous soit légère ; que les fleurs
Embaument de parfums vos ombres taciturnes ;
Qu'un éternel printemps respire dans vos urnes !
Vous qui vouliez jadis qu'un maître respecté,
Des parents incarnât la sainte majesté.
Achille, déjà grand, tremblant sous la férule,
Répétait les chansons du précepteur d'Hercule (12) ;
Et pourtant, pouvait-on impassible auditeur ;
Sans rire, apercevoir la croupe du chanteur ?
Aujourd'hui, ce Rufus (13), si gourmé sous sa toge,
Qui tant de fois traita Cicéron d'Allobroge,
Ses propres écoliers sur lui lèvent le poing ;
Et des autres rhéteurs nul n'est en meilleur point.
Le docte Palémon (14), grammairien d'élite,
Touche-t-il un salaire égal à son mérite ?
A moins que le rhéteur lui-même il est taxé ;
Et ce gâteau si mince est encore émincé.
Le gouverneur d'abord commence par y mordre,
Puis l'intendant se fait sa part dans ce bel ordre.
Va, pauvre Palémon, cède, résigne-toi ;
Souffre encor ce rabais ; sois patient, crois-moi ;
Imite le marchand de blancs tissus de laine
Que, pour l'hiver, Cahors fabrique à la douzaine.
Heureux, si, t'arrachant, avant l'heure, au sommeil,

Tu n'as pas vainement devancé le réveil
Du rude forgeron dont résonne l'enclume
Avant que de Vénus l'étoile au ciel s'allume,
Du cardeur qui, dès l'aube, assis dans sa maison,
Un fer oblique en main, démêle une toison !
Heureux, si tu n'as pas, pour seul fruit de tes peines,
Respiré l'âcre odeur de vingt lampes malsaines,
Autant qu'autour de toi se pressaient de garçons ;
Heureux, si, pour seul fruit de tes doctes leçons,
Hélas ! tu n'as pas vu la fumée incivile
Noircir entre leurs mains et Flaccus et Virgile !
    Encore, quel qu'il soit, ce maigre émolument,
Sans l'aide du tribun, l'obtient-on rarement.

    Exige, maintenant, ô père trop avare,
Du précepteur d'un fils le savoir le plus rare ;
Que de sa propre langue il connaisse les lois,
Qu'il sache ses auteurs sur le bout de ses doigts,
Qu'il possède la fable aussi bien que l'histoire,
Afin que, s'il te plaît, sur quelque fait notoire,
L'interroger toi-même en te rendant au bain,
Son érudition te réponde soudain ;
Qu'il puisse te nommer la nourrice d'Anchise ;
Que, sans balbutier, d'Anchémole il te dise
Quelle fut la marâtre, et cite son pays ;
Combien vécut Aceste ; aux Troyens ébahis
Combien d'urnes le vieux héros, roi de Sicile,
Fit donner, au départ, d'un bon vin de son île.
    Exigez, maintenant, ô généreux parents,
Qu'il façonne leurs cœurs, encore indifférents,
Comme l'artiste adroit qui, d'une cire molle,
De son pouce, à son gré, pétrirait une idole.

Exigez, exigez que d'un œil ombrageux,
Comme un père attentif, il veille sur leurs jeux,
Qu'il y fasse régner une austère décence.
De tant d'enfants ensemble assurer l'innocence,
Épier constamment et leurs mains et leurs yeux,
C'est une tâche lourde, un rôle sérieux.

« N'importe, répond-on ; cela, c'est votre affaire.
» Vienne le nouvel an, pour surcroît de salaire (15)
» Vous aurez l'écu d'or, tel que le peuple en chœur
» Le demande à grands cris pour l'athlète vainqueur. »

NOTES SUR LA VIIᵉ SATIRE

---

1. Domitien, qui était lettré et faisait lui-même d'assez bons vers, avait institué au Capitole un concours quinquennal d'éloquence, de poésie et de musique. Un autre avait lieu tous les ans dans son palais d'Albe.

2. Les riches, comme on l'a vu dans la 1ʳᵉ satire :

Frontonis platani convulsaque marmora clamant,

prêtaient volontiers leurs maisons ou leurs jardins aux poètes pour y faire des lectures de leurs ouvrages. Ils allaient même, comme on le voit ici, jusqu'à leur fournir des *claqueurs*, (car la *claque* existait à Rome, même au barreau) ; mais ils laissaient à leur charge tous les autres frais, lesquels étaient considérables.

3. Semestrier. — L'anneau du tribun légionnaire, nommé pour six mois.

4. Allusion à la dispute des armes d'Achille, entre Ajax et Ulysse, dans Ovide : « *Consedere duces....* »

5. Vin grossier qui venait de la Campanie.

6. *Magno rhinocerote...* Corne de rhinocéros contenant l'huile parfumée dont on se frottait après le bain.

7. *Vectius.* Ce nom ne figure point parmi ceux des seize rhéteurs illustres dout Suétone avait écrit les biographies. On trouve dans l'entourage de Vitellius (Tacite, *Hist.*, l. II, ch. LXXV) un *Vectius Bolanus* ; mais il n'a, sans doute, aucun rapport avec celui-ci. Tout ce passage n'est pas sans quelque difficulté ; les traducteurs ne s'accordent pas en tout point. Nous l'avons rendu de la manière qui nous a paru, à nous, la plus cohérente.

8. Variante :

> Par le même ragoût toujours empoisonné.

9. Quintilien tînt pendant vingt ans une école d'éloquence et jouit, pendant ces vingt années, d'une pension de 100,000 sesterces (25,000 fr.) fondée par Vespasien pour des rhéteurs grecs et latins. Domitien lui confia l'éducation de ses petits-neveux et on croit qu'il fut élevé au consulat.

10. Nous n'entendons pas ce passage comme les traducteurs que nous avons eus entre les mains. La traduction Dussaulx, successivement revue par Pierrot et Félix Lemaistre, le rend ainsi : « Passons cet exemple moderne des faveurs de destin. » — Nous croyons, nous. que, par ce mot *novorum*, Juvénal a voulu désigner ces heureux parvenus que les Romains appelaient des *hommes nouveaux* parce que, partis de rien, ils s'élevaient, pour ainsi dire, sur les ailes de la Fortune, jusqu'au faîte des honneurs, un *Servius Tullius*, un *Ventidius*. Ce sont là des *cas exceptionnels qu'il ne faut pas citer comme exemple :* « *exempla novorum fatorum transi* ». Ils sont plus rares qu'un corbeau blanc : « *Corvo rarior albo* ».

D'ailleurs, à notre avis, tout ce passage de dix-neuf vers, — depuis : *Unde igitur...* jusqu'à : *Dî, majorum umbris...* — a été ajouté après coup, probablement même après la mort de Quintilien. Voici nos raisons :

Nous savons que d'autres vers de cette satire, les vers relatifs à l'histrion Paris, y furent intercalés sous Adrien, la dernière ou l'avant-dernière année de la vie de Juvénal. Or la mort de Juvénal n'est pas antérieure à l'année 122 et Quintilien était mort en l'an 120.

Quintilien et Juvénal étaient nés l'un et l'autre en l'an 41 ou 42 ; ils étaient donc absolument du même âge. Au commencement du regne de Domitien, lorsque Juvénal, à quarante ans, débuta dans les lettres par la présente satire, Quintilien était déjà célèbre comme rhéteur ; mais il n'avait certainement pas atteint l'apogée de sa fortune et aucun sentiment de rivalité ne pouvait s'élever entre ces deux hommes. Aussi, les vers 186 et 187 :

> *Hos inter sumptus, sestertia Quintiliano,*
> *Ut multum, duo sufficient....*

sont-ils sincèrement bienveillants. (Voir aussi sat. VI, v. 279).

Il n'en est pas tout à fait de même des vers qui suivent ; non qu'ils soient précisément hostiles à Quintilien, — notre poète était, ainsi que nous l'avons démontré dans notre préface, une âme modérée et, comme telle, inaccessible à l'envie, — mais on y sent, peut-être, une certaine amertume. C'est sans doute, que, arrivé au terme de sa carrière et comparant sa modeste fortune de poète à la glorieuse opulence de l'heureux rhéteur, Juvénal, conscient qu'il était de son propre génie, ne pouvait s'empêcher de sentir, dans cette disproportion, comme une injure de la Destinée.

Ajoutons une raison de goût. Si habilement soudés qu'ils soient à ce qui précède et à ce qui suit, ces vers sont un hors-d'œuvre ; c'est une de ces *parenthèses* qui, selon ce que nous avons dit dans notre préface, défigurent parfois les satires de Juvénal, lesquelles auraient été plus parfaites s'il ne les avait retouchées *in extremis*.

Pour s'en convaincre, on n'a qu'à lire tout ce passage en supprimant les vers intercalés.

11. *Secundus Carinas.* — Le jugement de Tacite sur ce personnage est beaucoup moins indulgent. « *Hic*, dit-il, *græca doctrina ore tenus exercitus, animum bonis artibus non induerat.* » (*Annales*, l. XV, ch. XLV).

12. Le centaure Chiron.

13. Rufus. — Sans doute ce Q. Curtius Rufus qui figure

parmi les seize rhéteurs illustres sur lesquels Suétone avait écrit des notices.

14. Palémon. — Q. Remmius Palæmon, de Vicence, avait été esclave. Il enseigna à Rome sous Tibère, Caligula, Claude, et tint le premier rang parmi les grammairiens, « *principem locum inter grammaticos tenuit* ». Mais, si l'on en croit Suétone, ses mœurs étaient loin d'être pures. — Palémon n'est, sans doute, ici, que le type du grammairien.

15. Pour *surcroît de salaire*. Nous pensons, en effet, qu'il s'agit ici non du *salaire* lui-même, mais de la gratification, des étrennes qu'il était d'usage de donner au commencement de l'année, « *quum se verterit annus* ».

SATIRE· VIII

LES NOBLES

A quoi bon dérouler des généalogies ?
Que sert d'orner ses murs d'antiques effigies
De grands hommes qu'on met au rang de ses aïeux ?
A quoi bon, Ponticus, exposer à nos yeux
Des Scipions debout sur leur char de victoire,
Des Curius encor tout rayonnants de gloire
Mais réduits de moitié ; Corvinus étonné
De n'avoir plus d'épaule, et Galba plus de né ?
Quel fruit retire-t-on de tout cet étalage
De consuls enfumés, de dictateurs hors d'âge
Si devant un Lépide on vit déshonoré ?
Si, de tant de héros neveu dégénéré,
Au jeu, toute la nuit, on courtise la chance
Sous les yeux indignés du vainqueur de Numance ;
Si pour dormir, enfin, on rentre à la maison
A l'heure où Lucifer se lève à l'horizon,

Où ces guerriers, mouvant leurs aigles radieuses,
Menaient à l'ennemi les cohortes joyeuses ?

Pourquoi s'enorgueillir du surnom éclatant
D'Allobroge ? A quoi bon, jusqu'aux Dieux remontant,
Se vanter d'être issu du sang même d'Alcide
Si Fabius n'est plus qu'un être vain, cupide,
Et plus lâche et plus mou qu'une molle brebis ?
Si, par la pierre ponce assidûment fourbis,
Ses flancs efféminés insultent à ses pères
Dans la rusticité de leurs vertus austères ?
De cet empoisonneur si le buste odieux
D'un criminel contact souille tous ses aïeux ?

Leurs images en vain inondent son portique ;
La vertu seule fait la noblesse authentique.

D'un Paulus, d'un Drusus incarne la valeur ;
Avant toute autre image aime à ranger la leur ;
Consul et parvenu jusqu'au pouvoir suprême,
Qu'ils marchent respectés devant tes faisceaux même ;
Tu me dois, avant tout, compte de ta vertu.
Par tes dits et tes faits, enfin, mérites-tu
Le nom d'ami constant et pur de la justice,
Je te reconnais noble et n'en veux d'autre indice.
Salut, Gétulicus ! Salut, ô Silanus !
Quels que soient tes aïeux, fussent-ils inconnus,
O ! rare citoyen, dans son orgueil de mère,
De toi c'est à bon droit que la patrie est fière.
Je sens à ton aspect que, du fond de mon cœur,
Comme au retour d'Apis (1), s'élève un chant vainqueur.

Je n'appelle pas noble une âme vile et basse,
Un fils dégénéré, l'opprobre de sa race,
Et qui, pour tout mérite, a l'éclat d'un grand nom.
Nous nommons quelquefois Europe une guenon . . .

Par la taille et les traits d'une laideur insigne,
Le nain est un Atlas et le nègre est un cygne ;
Un chien galeux, réduit par la faim qui le mord
D'une lampe sans huile à pourlécher le bord.
Aura nom Léopard, Lion, Tigre, Panthère,
Ou s'il est animal plus terrible sur terre.
Crains donc qu'au même titre un ironique abus
Ne te nomme Crétique ou bien Camérinus.

    Mais à qui ce discours ? — Je l'adresse à toi-même,
Rubellius Blandus (2). Ton orgueil est extrême
De compter les Drusus au rang de tes aïeux ;
Mais as-tu jamais fait rien qui fût digne d'eux ?
Digne de la noblesse à ton âme si chère,
Et qui te méritât d'avoir plutôt pour mère
Une fille d'Iule, illustre sang des rois,
Que la femme sans nom dont les serviles doigts
Tissent sur le rempart une toile grossière ?
    « Vous n'êtes qu'un vil peuple, une ignoble poussière ;
» Pas un de vous ne sait d'où viennent ses parents.
» Moi, dis-tu, je descends de Cécrops. » — Vis longtemps;
Jouis à ton loisir de ta noble origine.
Pourtant, c'est cette plèbe ignoble, j'imagine,
Qui produit aujourd'hui l'éloquent orateur
De l'ignare noblesse ordinaire tuteur ;
C'est cette plèbe encor, c'est cette plèbe vile
Qui produit le juriste à l'esprit grave, habile
A résoudre les nœuds du droit et de la loi.
Le jeune plébéien, usurpant ton emploi,
Va cueillir des lauriers sur le Rhin et l'Euphrate ;
Et toi, malgré l'orgueil insensé qui te flatte,
Tu n'es qu'un descendant de Cécrops (3), un Hermès,

        *

Buste inerte et sans bras, tronc inutile ; mais,
Au moins, par un côté ton image l'emporte,
Elle vit, et la sienne est de marbre, elle est morte.

  Voyons, fils des Troyens, parmi les animaux
Quels sont les nobles ? dis ; n'est-ce pas les plus beaux,
Ceux en qui resplendit l'idéal de l'espèce ?
C'est pourquoi d'un cheval nous louons la vitesse,
Quand, facile vainqueur de ses nombreux rivaux,
Le Cirque tout entier le couvre de bravos.
Quel que soit le gazon qui nourrit son enfance,
Le noble, c'est celui dont la course devance
De ses fiers concurrents l'agile bataillon
Et, le premier, soulève un léger tourbillon.
Mais la postérité d'Hirpin ou de Coryte
Est vendue à vil prix, quand c'est tout son mérite,
Quand, alléguant son nom à défaut de son pied,
Rarement sur son char la victoire s'assied.
Alors, on ne lui tient nul compte des ancêtres ;
Pour un prix dérisoire il faut changer de maîtres
Et d'un cou décharné, sans trève ni repos,
Aller tourner la meule au moulin de Népos.

  Donc, si tu veux, Blandus, obtenir notre hommage,
Montre-nous tes vertus et non ton héritage,
Un titre à mériter le respect obtenu
Par ces nobles aïeux de qui tout t'est venu.

  Mais c'est assez ; laissons à son petit génie
Ce jeune vaniteux dont la sotte manie
Fait du sang de Néron un éclat importun ;
Chez ses pareils, hélas ! rare est le sens commun.

  Voudrais-tu, Ponticus, empruntant tout ton lustre
Au mérite éclatant d'une maison illustre,
N'être rien par toi-même et n'y rien ajouter ?

C'est une triste gloire et fort à redouter
De n'avoir pour support qu'une gloire étrangère ;
Car, le support ôté, la grandeur mensongère
S'écroule et, regrettant le soutien de l'ormeau,
La vigne rampe, inerte et stérile rameau.

Soldat, juge, tuteur, prends le devoir pour guide ;
Sois brave, impartial, de probité rigide ;
Cité comme témoin sur un fait incertain
Pardevant Phalaris, le monstre Agrigentin,
Et, montrant son taureau chauffé pour la torture,
Dictât-il un mensonge à ta bouche parjure,
N'achète pas la vie aux dépens de l'honneur ;
Ne commets pas ce crime, il y va du bonheur ;
C'est pour ne pas mourir, démériter de vivre.
Eût-il tous les faux biens dont la douceur enivre,
Mangeât-il chaque jour cent huîtres du Lucrin,
Cosmus le plongeât-il dans sa cuve d'airain (4) ;
Qui mérite la mort a vécu. Si le prince
A tes désirs, enfin, accorde une province,
Sois-lui doux ; mets un frein à ta cupidité ;
Traite son indigence avec bénignité ;
Tu vois les os des rois sucés jusqu'à la moelle.
Que la loi devant toi brille comme une étoile ;
Respecte du Sénat les ordres souverains,
Car il tient, à la fois, dans ses puissantes mains,
Tout prêts pour la vertu, des prix inestimables,
Et la foudre si prompte à frapper les coupables.
Témoin ce Capiton (5) qu'elle a précipité,
Du Cilicien pillard ce pillard éhonté.

Mais à quoi sert pourtant que la foudre l'atteigne,
Puisque Pansa ravit ce que Natta dédaigne ?
Prends tes haillons, Chérippe, et, sans appel (6), crois-moi,

Livre-les au crieur ; qu'on les vende et tais-toi.
Quand on a tout perdu, c'est se montrer peu sage
De vouloir perdre encor le prix de son passage.

   La victoire jadis fit couler moins de pleurs ;
Moindre était la blessure et moindres les douleurs,
Car les maisons, alors, regorgeaient de richesses ;
L'or, l'argent en monceaux s'entassaient dans les caisses.
Partout, émerveillé, l'œil voyait resplendir
La chlamyde de Sparte et la pourpre de Tyr ;
Ces grands amants du beau que la forme reflète,
Myron, Parrhasius, Phidias, Polyclète
L'incarnaient dans le marbre et l'ivoire et l'airain ;
Le pinceau rayonnait d'un éclat souverain ;
Des chefs-d'œuvre partout ; bien rare était la table
Où Mentor n'étalât son art inimitable.
De là naquit la soif de Verrès ; c'est de là
Que vint celle d'Antoine et de Dolabella.
Leurs vaisseaux ne quittaient les provinces craintives
Que remplis jusqu'au bord de dépouilles furtives,
Plus chargés de butin que des victorieux.

   Que leur prendre aujourd'hui ? quelques couples de bœufs ;
Dans leurs champs usurpés, un troupeau bien modeste
De juments, un taureau ; c'est tout ce qui leur reste.
Un Lare encor, peut-être, échappé par hasard,
Sur l'autel domestique attire le regard.
Voilà leur seul trésor et leur seule richesse ;
Leur trésor ! car lui seul console leur détresse.

   Méprise, si tu veux, et juste est ton mépris,
Le Grec efféminé, du plaisir seul épris ;
Rhodes est sans courage et la molle Corinthe
A cessé, dès longtemps, d'être un objet de crainte.
Mais ne va pas heurter l'Espagnol aux abois,

LES NOBLES   **233**

L'Illyrien farouche au milieu de ses bois;
Le Gaulois dont le pas fit jadis trembler Rome ;
Ménage, quel que soit le nom dont on le nomme,
Le rude moissonneur qui de notre cité,
Toute entière à ses jeux, nourrit l'oisiveté.
Aussi bien, quel serait le fruit de tes rapines ?
Marius (7) de l'Afrique épuisa les ruines.
Avant tout, garde-toi d'exaspérer les forts
Ou de leur désespoir crains les derniers efforts.
Ravis leur dernier or, à leurs dernières larmes ;
A ceux qui n'ont plus rien il reste encor des armes,
Casques et boucliers, glaives et javelots.
   Ces propos, croyez-moi, ne sont pas de vains mots ;
Des livres sybillins j'expose les oracles.
   Si la vertu chez toi pénètre sans obstacles,
Si le devoir austère est ton seul compagnon,
Si dans ton tribunal nul impudent mignon
Au crime, argent comptant, ne livre la justice,
Si ta femme, sans tâche et sourde à l'avarice,
Horrible Céléno, de ses ongles aigus,
Ne va point à la ronde extorquer des écus,
A Picus, si tu veux, fais remonter ta race ;
Si l'éclat d'un vieux nom a pour toi tant de grâce,
Range tous les Titans armés contre les Dieux
Et jusqu'à Prométhée au rang de tes aïeux.
Choisis ; j'ouvre à ton choix l'histoire toute entière.
   Mais si l'ambition brûle ton âme altière,
Si de nos alliés lubrique contempteur
Tu brises dans leur sang les verges du licteur,
Si tu te plais à voir les haches émoussées,
En dépit de l'orgueil qui gonfle tes pensées,
Le nom de tes aïeux contre toi se dressant

Jettera sur ta honte un éclat flétrissant.

Plus haut est le coupable et plus grand est le crime ;

La réprobation se mesure à l'estime.

Eh ! que me font à moi tes aïeux outragés,

Si, dans les temples saints par leurs mains érigés,

Au pied du monument où triomphe ton père,

Son fils a fait dix fois le métier de faussaire,

Si, sous un capuchon cachant ses traits lascifs,

La nuit, à l'adultère il glisse à pas furtifs ?

　L'énorme Damasippe, en sa course légère,

Effleure de son char le marbre funéraire

Où de ses pères morts dorment les ossements,

Et lui-même, un consul ! — avec quels soufflements ! —

Ne craint pas d'enrayer de sa main consulaire.

C'est la nuit, il est vrai, mais la lune l'éclaire,

Mais les astres des cieux, témoins de ce haut fait,

Attachent sur sa honte un regard stupéfait,

　Vienne à sonner la fin de sa magistrature,

Ce n'est plus seulement à la lueur obscure

Des étoiles, c'est au grand soleil, en plein jour,

Que l'on voit Damasippe, à l'aise et sans détour,

Rênes en main, guider son fringant attelage.

Qu'il rencontre un ami respectable, homme d'âge,

Il ne se trouble point; lui-même le premier,

De son fouet il lui jette un salut familier ;

A ses chevaux lassés, sans crainte qu'on le raille,

Sa main, sa propre main, offre l'orge et la paille.

Que, selon un vieux rite, en face des autels,

Il immole au grand Dieu, maître des immortels,

Ou la molle brebis, ou le taureau farouche,

Il ne jure qu'un nom, un seul sort de sa bouche ;

C'est Épône, ou tel Dieu dont les traits enfumés
Ornent de ses chevaux les palais embaumés.

Veut-il au cabaret passer la nuit entière,
Syrophénix accourt, la face minaudière,
Syrophénix toujours d'amome ruisselant.
Il caresse, il sourit à son hôte opulent.
Il l'appelle son maître et son roi. Court-vêtue,
Trottinant près de lui Cyané s'évertue.
Un flacon à la main, d'un air tout engageant.
— Et nous, dira, peut-être, un censeur indulgent,
Faisions-nous autrement au temps de la jeunesse ? —

Soit. Mais ne faut-il pas, enfin, que ce temps cesse ?
Avons-nous au-delà prolongé nos erreurs ?
Ne laissons pas vieillir nos honteuses fureurs ;
Telle ne doit survivre à notre adolescence.
Sans doute la jeunesse a droit à l'indulgence ;
Mais cet hôte assidu des bains, des mauvais lieux,
Damasippe est-il donc un enfant à vos yeux ?
Il est mûr pour la guerre et, là-bas, l'Arménie
Ou le Rhin, ou l'Ister réclament son génie ;
Son bras peut à Néron faire un rempart d'airain...
Ah ! laisse-là, César, et l'Ister et le Rhin ;
Va chercher ton légat au fond d'une taverne.
Là, tu le trouveras, ivre, étendu, l'œil terne,
Tandis que la folie agite ses grelots,
Auprès d'un assassin, parmi des matelots,
Des voleurs, des bourreaux, des prêtres de Cybèle,
Des faiseurs de cercueil, — horrible pêle-mêle
Où règne pour chacun la même liberté ;
De ce noble festin aucun n'est écarté ;
Tout est commun, le lit et la coupe et la table.

Si le sort t'octroyait un esclave semblable,

Qu'en ferais-tu, dis-moi, Ponticus ? Le Toscan,
Avant peu, le verrait orné d'un bon carcan ;
Un cachot l'attendrait, sans doute, en Lucanie,
Mais vous, vous passez tout à votre ignominie,
Fils des Troyens ; Brutus se permet, sans rougir,
Ce qu'en un savetier on ne saurait souffrir.

    Hélas ! quelque dégoût que ce spectacle inspire
Quelque honteux qu'il soit, c'est un spectacle pire
Que de voir Damasippe, ayant tout dévoré,
Sur la scène, à vil prix, par la faim égaré,
Prêter sa voix sonore au spectre de Catule.
Lauréolus a plu sous les traits de Lentule,
Bien digne, à mon avis, d'être crucifié.

    Et le peuple ? A-t-il droit d'être glorifié ?
Ce peuple, au crâne épais, dont les regards stupides
Contemplent de nos grands les farces insipides ;
Qui se pâme aux lazzis du bouffon Fabius ;
Qui peut rire aux soufflets que reçoit Mamercus.
Eh ! qu'importe à quel prix se vend leur agonie ?
Ils n'ont d'aucun Néron subi la tyrannie (8) ;
Ils la vendent pourtant, sans honte ni pudeur,
Au président des jeux, à Celsus le préteur.
Voyons ! de ce côté qu'on dispose le glaive,
De l'autre les tréteaux ; il faut choisir ; achève…,
Qui t'arrête ? La mort a pour toi tant d'horreur ?
Tu choisis les tréteaux et, triste bateleur,
Ridicule jaloux de l'aimable Thymèle,
Du sot Corinthius tu secondes le zèle ?…
Pourquoi pas ? Qu'étant noble on se fasse histrion,
Quand, lyre en main, naguère, émule d'Arion,
On vit un empereur sur la scène descendre,
Est-il rien en cela qui nous puisse surprendre ?

On peut tomber plus bas encor : Gladiateur !
Rome a vu cette honte... Illustre novateur,
Un Gracchus, le premier, a paru dans l'arène.
De se couvrir d'un casque il ne prend pas la peine ;
Il laisse au mirmillon la faux, le bouclier ;
Son arme est le trident ; son art de déplier,
Avec grâce, le rets qui pend à son épaule.
A-t-il manqué son coup, tout entier a son rôle,
Il fuit, montrant à tous un front désappointé
Où l'impudeur s'étale avec sérénité.
C'est bien lui ; nous pouvons en croire sa tunique,
Que couvre un réseau d'or, et sa mitre conique.
Celui qui le combat, par ordre du préteur,
Rougit d'avoir en face un tel compétiteur.

    Rétablissez le peuple en son libre suffrage ;
Est-il un citoyen qui soit assez peu sage
Pour estimer Sénèque au-dessous de Néron ;
Ce monstre, de tout vice éhonté fanfaron,
Parricide odieux, digne qu'on le flétrisse
D'une triple infamie et d'un triple supplice ?
    Du fils d'Agamemnon pareil est le forfait ;
Mais combien différent l'intention le fait !
Quand de son père mort il poursuit la vengeance,
Aux oracles des Dieux il rend obéissance,
Mais du pur sang d'Electre il ne se souille pas ;
De la fille d'Hélène il maudit les appas,
Il ne lui verse point l'aconit des marâtres ;
Sa voix ne résonna jamais dans les théâtres ;
De Troie il ne chanta jamais l'embrasement (9).
Verginius, Vindex, Galba, c'est le moment ;
Qu'attend donc pour frapper votre arme vengeresse ?
De l'absolu pouvoir dont le poids vous oppresse

Qu'a fait Néron ?... Voici les travaux glorieux
Du tyran baladin qui compte tant d'aïeux :
Du trône des Césars, sur la scène écœurée,
Il a prostitué la majesté sacrée
Pour arracher aux Grecs des couronnes... Suspends
Aux portraits des aïeux, suspends ces monuments ;
Aux pieds de ces Nérons, dont le nom seul te reste,
Dépose, artiste-roi, la robe de Thyeste (10),
Le masque qui couvrit ton front impérial,
Et, poussant jusqu'au bout le respect filial,
Apprends ta noble lyre au colosse d'Augusta.
    Et vous, tristes héros qu'a célébrés Salluste,
Toi, Céthégus, et toi, leur chef, Catilina,
Des grands noms devant qui Rome, alors, s'inclina
Nul ne peut alléguer plus illustre origine ;
Et, pourtant, vous avez conspiré sa ruine.
Rivaux de ces Gaulois, barbares furieux,
Qui brûlèrent jadis les temples de nos Dieux,
A l'audace sans frein joignant la perfidie,
Furtifs, vous prépariez le meurtre et l'incendie,
Sacrilège, que seul le feu peut expier (11).
Mais un consul veillait ; contre son bouclier
De vos complots vint se briser le flot sinistre.
Et de notre salut qui donc fut le ministre ?
Un homme sans aïeux, glorieux parvenu,
Le premier de son nom jusqu'alors inconnu,
Naguères chevalier d'un humble municipe.
Eh bien ! l'effroi de tous, c'est lui qui le dissipe ;
C'est par lui que tout s'arme et son activité
Etend sa vigilance à toute la cité.
Il n'avait pas franchi l'enceinte de la Ville
Ni déposé la toge, et, sans guerre civile,

Il acquit plus de gloire, un nom plus éclatant,
Que n'en obtint jamais Octave en combattant,
Soit que Leucade vit, de son haut promontoire,
Antoine à son amour prostituer sa gloire,
Soit lorsque, en Thessalie, il noyait, dans le sang
Des derniers des Romains, son glaive frémissant.
Aussi, Rome, alors libre, en son idolâtrie,
Salua Cicéron « père de la Patrie ».

    Un humble plébéien, d'Arpinum comme lui,
Avant que de l'État il ne devint l'appui,
Marius, par les monts, pour un maigre salaire,
Haletait tout le jour sur un soc mercenaire.
Bientôt, soldat obscur dans une légion,
Il vécut sous le cep, que du centurion
La rude main, parfois, lui brisait sur la tête,
Quand trop lente, à son gré, la besogne était faite.
Et, pourtant, ce fut lui qui fit face au danger,
Quand le Cimbre parut, et sut nous protéger ;
Lui seul put rassurer la Patrie alarmée.
Aussi, quand des corbeaux l'avide et sombre armée
S'abattit sur ces corps par le fer déchirés,
Les plus grands jusqu'alors qu'ils eussent dévorés,
De son noble collègue il éclipsa la gloire ;
Ce fut lui qui donna son nom à la victoire.

    Les Décius, malgré leur immortel renom,
Furent des plébéiens et de cœur et de nom.
Si les Dieux infernaux, la Terre génitrice
Ne dédaignèrent pas leur double sacrifice,
Offert pour le salut de Rome et des Latins,
C'est qu'aux yeux de celui qui pèse les destins
Chacun d'eux l'emportait sur une armée entière.

    Servius n'eut-il pas une esclave pour mère ?

Son berceau fut modeste entre tous les berceaux ;
En mérita-t-il moins la pourpre et les faisceaux ?
Son front de Quirinus ceignit le diadème,
    Traîtres à leur pays, les fils du consul même
Du tyran exilé conspiraient le retour,
Eux, dont la liberté, Brutus, ton noble amour,
— Quand chancelait encore la jeune République, —
Eut dû remplir le cœur d'une flamme héroïque
Capable d'étonner Coclès et Scévola !
Ce complot, un esclave, alors le révéla,
Bien digne de tes pleurs, ô matrone Romaine.
La justice eut son cours, ils subirent leur peine ;
Brutus fut inflexible et la hache des lois
Sur ses fils s'abattit pour la première fois.
    Oui, j'aime mieux te voir un Thersite pour père,
Si du fils de Thétis tu portes l'âme altière,
Si tu peux, sans effroi, sur un robuste sein,
Revêtir son armure, ouvrage de Vulcain,
Que te savoir issu de l'indomptable Achille,
Si tu n'es qu'un Thersite, un lâche au corps débile.
Si haut que pour ton nom tu cherches le respect,
Romain, ta race sort d'un asile suspect.
Le chef de tes aïeux, — ce n'est pas en médire, —
Fut un pâtre ou... mais, non ! je ne veux pas le dire.

NOTES SUR LA VIIIe SATIRE

———

1. Quand les prêtres Égyptiens annonçaient qu'on avait retrouvé Apis (*Osiris*), c'était grande joie parmi le peuple qui éclatait en bruyantes acclamations.

2. Sans doute un descendant de ce Rubellius Blandus, dont Tacite fait mention au chapitre xxvii du VIe livre des Annales : « *Tot luctibus funesta civitate, pars mæroris fuit quod Julia, Drusi filia, quondam Neronis uxor, denupsit in domum Rubellii Blandi, cujus avum, Tiburtem, equitem romanum plerique meminerant* ». On voit, par ce texte, que, si le jeune Rubellius Blandus avait quelque raison d'être fier de son origine, c'est parce que, dans sa maison, comme dans celle de la Prudoterie, le ventre anoblissait.

3. Cécrops, premier roi d'Athènes, comme Iule, fils d'Enée, avait été le premier roi d'Albe, mère de Rome. C'est d'Iule que la famille *Julia* prétendait tirer son origine. Il y a ici une allusion au proverbe grec : « Plus noble que Cécrops ».

4. Dans la cuve où se fabriquaient les parfums.

5. Ce triste personnage, accusé par les Ciliciens et écrasé sous l'évidence des preuves, s'était laissé condamner pour concussion et avait été chassé du Sénat. Mais il fut relevé de sa condamnation, par le crédit de son digne beau-père Tigel-

linus, et il contribua, plus que personne, à la mort de Thra-
sea, qui lui fut, du reste, bien payée. Il eut pour sa part
5,000,000 de sesterces (*quinquagies sestertium*), environ
1,250,000 fr. de notre monnaie.

(Tacite, *Annales*, l. XIII-33, XIV-48, XVI-21 et 33).

6. Aller à Rome pour appeler d'une décision d'un préteur
ou d'un proconsul, c'était courir le risque, à peu près certain,
de perdre ses frais de voyage.

7. Il s'agit ici de ce Marius Priscus dont il est question dans
la première satire.

8. Durant le règne de Néron, 400 sénateurs, 600 chevaliers,
s'il faut en croire Suétone (ch. xii), descendirent dans l'arène.

9. En l'an 64, dans la nuit du 18 au 19 juillet, anniversaire
de la prise de Rome par les Gaulois, éclata un incendie qui
dura neuf jours et dévora 10 des 14 quartiers de la ville. C'était
un bruit accrédité que l'incendie avait été allumé par l'ordre
de Néron lui-même, qui voulait rebâtir Rome avec plus de
magnificence, et que, du haut de la tour de Mécène, il avait
contemplé cet imposant spectacle en habit de théâtre, chan-
tant des vers sur la ruine de Troie. — M. Duruy s'efforce de
justifier Néron contre cette accusation. Il n'a, peut-être, pas
tort ; mais il faut reconnaître qu'elle est en parfaite harmonie
avec le caractère de l'impérial histrion.

10.   . . . . *Thyestæ*
   Syrma, Vel Antigones, seu personam Menalippes.

Ce ne sont pas là les seules pièces dans lesquelles se soit
produit le « grand artiste ». Il joua, entre autres, dit Suétone,
le rôle de Canacé en mal d'enfant.

11.   *Ausi quod liceat tunica punire molesta.*

Robe enduite de soufre dans laquelle on brûlait les traîtres
et, plus spécialement, les incendiaires. Néron l'employa contre
les chrétiens après l'incendie de Rome en l'année 64. (Voir
sat. i, vers 155 et suivants.)

SATIRE IX

CINÆDI ET PATHICI

JUVÉNAL.

Réponds-moi, Névolus; d'où vient que la tristesse
Voile de tes regards l'ordinaire allégresse?
D'où vient que, si souvent, ton front désespéré
Au front de Marsyas (1) peut être comparé?
Ravola n'avait pas la mine plus piteuse
Lorsque, épris de Rhodope, en sa rage amoureuse,
Il fut surpris hélas! dans ses bras épuisés
La barbe humide encor de lubriques baisers.
— Si, pour un coup de langue à quelque friandise,
D'un esclave un soufflet punit la gourmandise,
Ravola n'avait pas sujet d'être joyeux. —
Crépéréius était moins que toi soucieux,
Quand, prodigue aux abois, il allait par la ville
Cherchant, à triple usure, un prêteur imbécile,

Sans pouvoir découvrir personne d'assez fou,
D'assez aventureux pour lui prêter un sou.

   Voyons, pourquoi, soudain, tant de rides moroses,
Sur ce front si riant naguère sous les roses,
Quand, joyeux compagnon, tes propos libertins
Du plus pur sel de Rome égayaient nos festins ?
Quelle métamorphose en ce morne visage !
De cheveux durs et secs cette forêt sauvage ;
Ce teint, de tant d'éclat naguère revêtu,
De la poix Brutienne (2) oubliant la vertu ;
Ce poil qui pousse dru sur ta jambe livide
Ainsi qu'une broussaille en une lande aride ;
Tout te donne l'aspect d'un vieillard rabougri
En son lit, dès longtemps, par la fièvre amaigri.

   Le corps est le miroir où l'âme se reflète ;
Tout s'y peint, et la joie ou la peine secrète
Impriment à nos traits leur sceau révélateur.
De ton ancienne route aujourd'hui déserteur,
Tu suis, je le vois bien, une route contraire ;
Car, — j'ai bonne mémoire, — on te voyait naguère ;
D'Aufidius lui-même effaçant le renom,
Adultère fameux, glorifier ton nom
Dans le temple d'Isis, aux pieds de Ganymède ;
— Ta luxure est sans frein, ô femme, et sans remède ! —
Le temple de Cybèle et celui de Cérès
Prêtaient à tes exploits leurs asiles discrets ;
On dit même, malgré tes prudentes sourdines,
Que les maris passaient sous tes fourches caudines.

NÉVOLUS.

   Pour beaucoup le métier n'a pas été sans fruit ;
Mais pour moi, malheureux, tout ce qu'il a produit

C'est un manteau grossier à mettre sur la toge,
Un terne et lourd tissu de fabrique Allobroge,
Ou quelque argenterie, une pièce à la fois
Médiocre de forme et légère de poids.
Ah ! l'homme est le jouet d'un destin ironique
Et qui règne en tyran jusque sous sa tunique !
A moins qu'à sa naissance un astre n'ait souri
Ses dons les plus heureux sans profit ont péri.
Rien n'y fait ; eussions-nous reçu de la nature
Un nerf miraculeux, un membre sans mesure,
Et, la lèvre écumante, ivre de volupté,
Virron nous eut-il vus dans notre nudité ;
Eut-il plus de vingt fois par les plus doux messages
Sollicité l'ardeur de nos tendres hommages ;
— Car pour prendre un Virron un Névolus est fait. —
　Mais qu'un Virron avare est un monstre parfait !
Il calcule et jouit, il jouit et calcule.
« Esclaves, les jetons, la table... Par Hercule,
» Comptons... Le tout se monte à douze cents deniers... »
— « Soit ! comptons les travaux aussi, jusqu'aux derniers.
» Quoi ! porter le plaisir au fond dé tes entrailles,
» N'eut-on pas à subir d'obscènes représailles,
» Est-ce chose facile et qui vaille si peu ?
» Le travail d'un esclave, au prix, est presque un jeu.
» S'il avait à choisir, qui n'aimerait mieux l'être
» Et labourer le champ que labourer le maître ?
» Tu te croyais, sans doute, un tendre jouvenceau,
» Délicat Ganymède, aussi charmant que beau,
» Digne de présenter à la troupe immortelle
» La coupe intarissable où le nectar ruisselle ? »
　Comment donnerait-il au client besoigneux
Ce patron, plus avare encor que dédaigneux,

Qui, jusque dans l'excès de l'érotomanie,

Calcule le salaire avec parcimonie ?

   Voilà l'homme pourtant à qui l'on doit offrir,

Quand l'humide printemps ramène le zéphir,

Quand de son jour natal revient l'anniversaire,

Des présents épargnés sur notre nécessaire,

De vastes coupes d'ambre et des parasols verts,

Tandis que, nonchalant mais les yeux bien ouverts,

Etalé sur la chaise où s'allongent les femmes,

Sa main palpe ces dons que l'on n'offre qu'aux dames.

« Dis-moi, le plus lascif de tous les cailleteaux,

» A qui gardes-tu donc ces champs et ces coteaux,

» Ces prés Apuliens que jamais hirondelle

» Ni milan n'a franchis sans fatiguer son aile ? (3)

» Cumes, Trifolium, le Gaurus aux flancs creux

» Se couvrent pour toi seul de vignobles ombreux ;

» Car nul, dans ses celliers, plus que toi, n'amoncelle

» D'un vin qui doit vieillir dans les tonneaux qu'on scelle.

» Quelques arpents de terre au client épuisé

» Que tes propres ardeurs, avant l'âge, ont usé,

» Est-ce, pour ta fortune, un si grand sacrifice,

» Un prix qui soit égal seulement au service ?

» Le prêtre de Cybèle a-t-il mieux mérité,

» A qui, gage éclatant de ton intimité,

» Tu lègues à la fois la ferme et la fermière,

» Son fils enfant, son chien folâtre et sa chaumière ? »

— « Impudent, gronde-t-il, quoi toujours mendier ? —

» Mais tout me crie, à moi, « demande », mon loyer,

» Mon esclave, aussi seul que l'œil de Polyphème

» Par où s'enfuit Ulysse, au plaisant stratagème.

» Me suffit-il, d'ailleurs ? Il m'en faut acquérir

» Un second, et tous deux ensemble les nourrir.

» Que faut-il que je fasse au retour de la bise ?

» Voyons ! à leurs pieds nus que faut-il que je dise ?

» Quand la neige en décembre inonde les coteaux

» Faudra-t-il que je dise aux trous de leurs manteaux :

» Patience, attendez le chant de la cigale ?...

   « Mais, — pour nous en tenir à la paix conjugale, —

» Pour combien comptes-tu que, sans mon dévoûment,

» Ta femme serait vierge encor en ce moment?

» Tu n'as pas oublié ce que ton avarice

» Me promettait alors pour un pareil office ;

» Et comme tu priais ton client ingénu.

» Aussi, combien de fois n'ai-je pas retenu

» Dans mes embrassements la jeune fugitive

» Prête à rompre l'hymen qui la tenait captive ?

» Je mis toute une nuit à calmer son courroux

» Tandis que tu pleurais à sa porte, à genoux.

» J'en atteste le lit dont, pendant que tu veilles,

» Les craquements lascifs vont frapper tes oreilles.

» J'en atteste sa voix mourante et ses soupirs. »

— Plus d'une à qui l'époux faisait trop de loisirs

Par un robuste amant au devoir enchaînée

A vu se raffermir son branlant hyménée. —

   « Voyons, par quels détours, quel subtil argument

» Comptes-tu te soustraire à mon raisonnement ?

» N'est-ce donc rien, ingrat, n'est-ce donc rien, perfide,

» D'avoir, par mes labeurs, pauvre époux invalide,

» Enrichi ta maison d'une fille et d'un fils?

» Tu les nourris, pourtant, et, l'œil plein de défis,

» Dans les actes publics ta complaisance atteste

» De ta virilité la preuve manifeste.

» Va, couronne ton seuil ; d'un père désormais

» Nul ne te déniera le titre, non, jamais ;

» Voilà ton bouclier contre la médisance.

» D'un père (4), grâce à moi, tu reçois la puissance ;

» Grâce à moi, tu peux être inscrit comme héritier,

» Non pas d'un demi-legs, mais d'un legs tout entier ;

» Même le legs caduc devient ton doux partage.

» Il s'y joindra, d'ailleurs, plus d'un autre avantage,

» Si je remplis le nombre exigé par les lois,

» Si ma fécondité peut aller jusqu'à trois. »

JUVÉNAL.

Ta douleur, Névolus, est juste et naturelle.
Mais lui, que répond-il, enfin, à ta querelle ?

NÉVOLUS.

Il me tourne le dos et va chercher ailleurs
Un autre âne à deux pieds, s'il en est de meilleurs...
C'est pour toi seul, au moins ; que ta bouche indiscrète
Ne révèle jamais cette plainte secrète ;
Car un voluptueux, par le vice blêmi,
Est pour nous, pauvres gens, un mortel ennemi.
A peine nous a-t-il montré sa turpitude
Que la haine, en son cœur, nait de l'inquiétude.
Il rêve incontinent que nous le trahissons
En dévoilant de lui ce que nous connaissons.
Pour punir l'indiscret qui le fit ridicule,
Devant aucun moyen sa fureur ne recule ;
Le bâton, le poignard, le feu, tout est bon, tout...
Ne rions pas, au moins ; gardons-nous bien surtout ;
Le poison n'est jamais trop coûteux pour sa rage.
Silence ! sois muet comme l'Aréopage.

JUVÉNAL.

Eh ! pauvre Corydon (5), j'en ai bien du regret,

Mais le riche peut-il compter sur le secret ?

Si, par cas, ses valets, un jour, pouvaient se taire,

Ses chevaux et son chien, son lambris solitaire

Et ses marbres glacés trouveraient une voix

Pour dire, à défaut d'eux, ses plus secrets exploits.

Fermez, si vous voulez, fermez porte, fenêtre,

Que par aucun pertuis le regard ne pénètre,

Eteignez les flambeaux... dans cette obscurité

Ce qu'il fait, à voix haute, est partout colporté.

Même ce qu'il a fait — fût-il seul dans sa couche, —

Au second chant du coq, volant de bouche en bouche,

Avant le jour, est su du prochain tavernier,

Lequel reçoit aussi par le même panier

Ce qu'ont imaginé, glorieux commentaires,

Les écuyers tranchants, les chefs, les secrétaires.

   Est-ce donc qu'un valet a jamais hésité

A diffamer le nom d'un maître redouté ?

Pour le déshonorer il n'est rien qu'il n'invente,

Car, à venger le dos, la langue est fort savante.

Heureux, si, malgré toi, devenu confident,

Tu ne rencontres point un esclave impudent

Qui, rempli jusqu'au bord du doux jus de la treille,

De ses propos vineux poursuivra ton oreille.

C'est eux qu'il faut prier de se taire, c'est eux

Et non moi... mais en vain ; car, ils aimeraient mieux

Trahir un bon secret que boire à perdre haleine

D'un Falerne chipé, digne du vieux Silène,

Plus qu'en sacrifiant, n'en buvait Laufella.

   Pour beaucoup de raisons et surtout celle-là

De l'austère vertu suivons la droite ligne,

Et n'ayons nul souci de leur langue maligne.

La langue en un valet est le pire morceau ;

Mais il est pire encor le maître, franc pourceau,
Qui, les rendant témoins de son ignominie,
Des valets qu'il nourrit subit la tyrannie.

NÉVOLUS.

Qu'à leur malignité j'oppose ma vertu
C'est un conseil fort bon, quoique un peu rebattu.
Mais que faire, aujourd'hui, dis, après tant de peines,
Tant de beaux jours perdus, tant d'espérances vaines?
La jeunesse en sa fleur passe rapidement ;
De notre courte vie elle est un court moment.
Tandis que nous buvons parmi ces douces choses
Les femmes, les parfums, les chansons et les roses,
La vieillesse chez nous se glisse incognito.

JUVÉNAL.

Ne crains rien, Névolus ; grâce à Cotytto (6),
Tant que Rome debout couvrira ces collines,
Tu ne manqueras pas d'amantes masculines.
Ici, de tous côtés, les chars et les vaisseaux
Sans cesse apporteront ces pâles jouvenceaux
Qui grattent d'un seul doigt leur tête efféminée (7).
Une grande espérance encore t'est donnée ;
Attends sans crainte vaine, et même, en attendant,
A l'ardente roquette imprime un coup de dent.

NÉVOLUS.

C'est à de plus heureux qu'il faut de tels prophètes.
Lachésis et Clotho, pour moi, sont satisfaites
Si ma virilité parvient à me nourrir.
O mes Lares, à qui j'ai coutume d'offrir,
Dons simples comme vous, comme moi qui les donne,
Des gâteaux, quelques grains d'encens, une couronne,

Quand donc pourrai-je, enfin, me fixer pour toujours ?
Sous un paisible toit abriter mes vieux jours
Contre les maux liés à l'errante indigence ?
Pour cela, que faut-il ? Beaucoup moins qu'on ne pense.
Oui ! cinquante mille as de rente (8) bien placés
Sur un gage solide et sûr, et c'est assez ;
Quelques vases d'argent sans art, sans ciselure,
Tel pourtant, qu'ils auraient provoqué la censure
Du vieux Fabricius... deux robustes Mésiens,
Loués pour me servir de porteurs, de soutiens,
Dans les clameurs du cirque assurant mon courage...
De plus, un ciseleur courbé sur son ouvrage,
Un modeleur habile et prompt... C'est suffisant,
Puisque je dois rester pauvre, comme à présent...

   Tristes vœux !... que ne suit, d'ailleurs, nulle espérance ;
Car la Fortune hélas ! se rit de ma souffrance.
J'ai beau la supplier, elle est sourde à ma voix ;
Aux compagnons d'Ulysse elle emprunte la poix
Dont le héros bouchait leur oreille docile
Pour les soustraire au chant des monstres de Sicile.

NOTES SUR LA IXᵉ SATIRE

———

1. Marsyas, habile joueur de flûte, osa défier Apollon. Le Dieu, l'ayant vaincu, l'écorcha vif pour le punir de sa témérité. (Voir Xénophon, *Anabase*, l. I, ch. ɪɪ.)

2. Cosmétique.

3. *Quantum non milvus oberret.* (Perse, sat. ɪv, v. 26.)

4. Dans le dernier siècle de la République, les mœurs s'étaient tellement relâchées que, pour échapper à la gêne et aux charges du mariage, un nombre considérable de citoyens restait dans le célibat. Le mal était si grand que César et, après lui, Auguste durent prendre des mesures législatives pour y remédier. En l'an 18 avant J -C., Auguste proposa une loi « *Julia, de maritandis ordinibus* » qui fut repoussée par les comices. Quelques années plus tard, il la reproduisit dans la loi *Papia Poppæa*. Cette loi divisait les citoyens en deux classes : 1º Ceux qui avaient des enfants (*patres*) ; 2º ceux qui n'en avaient pas (*cælibes vel orbi*). Aux premiers, elle accordait de nombreux privilèges ; les seconds étaient frappés de certaines déchéances. La faculté de tester étant à peu près absolue à Rome, les Romains étaient grands coureurs de testaments ; c'est par là que le législateur voulut les prendre. Le

célibataire (*cælebs*) fut déclaré incapable de recevoir un legs d'un étranger ; le marié sans enfants (*orbus*) n'eut droit qu'à la moitié du legs qui lui avait été fait. Les legs faits au *Cælebs* ou à l'*Orbus* étaient donc caducs, soit pour la totalité, soit pour la moitié. Or, ce que la loi ôtait aux uns, elle l'accordait aux autres ; elle en gratifiait les héritiers ayant des enfants.

De plus, trois enfants, à Rome, exemptaient de toutes les charges personnelles et assuraient double part aux distributions.

5. *Formosum pastor Corydon ardebat Alexin.* (Virgile).

6. Déesse de l'impudicité chez les Grecs :

Cecropiam soliti Baptæ lassare Cotytto.

(Sat. ii, v. 92).

7. Signe de luxure.

8. Environ 4,000 francs.

SATIRE X

LES VŒUX

Parcourez l'Univers du couchant à l'aurore,
De Gadès jusqu'au Gange allez, cherchez encore;
Libres de préjugés, combien peu de cerveaux
Connaissent les vrais biens, en discernent les faux !
Car, où donc la raison, dans nos vœux et nos craintes,
Quel plan si bien conçu qu'il n'engendre des plaintes ?
Nous regrettons l'effort, même après le succès.
Donnant à nos désirs un trop facile accès,
Les Dieux, pour leur ruine exauçant leurs prières,
Ont, cent fois, abîmé des familles entières.
Sous le casque ou la toge on implore instamment
Ce qu'on déplorera peut-être amèrement.
A plus d'un orateur l'éloquence est fatale;
Pour avoir trop prisé sa force sans rivale
Sous la dent d'un lion, Milon meurt déchiré.
Mais rien n'est plus fatal que l'or tant désiré,

Cet or, qui coûte, hélas! tant de soins, tant de peines.
Autant que les dauphins le cèdent aux baleines,
Autant les revenus de maint homme nouveau
D'un simple patrimoine excèdent le niveau.
Mais aussi, de Longin, quand vient l'heure critique,
Une cohorte entière assiège le portique,
De Sénèque envahit les jardins somptueux,
Bloque des Latérans le palais fastueux.
C'est l'ordre de Néron... Le pauvre ne craint guères
De voir en son taudis pénétrer ses sicaires.
Quiconque va, la nuit, portant un peu d'argent
A chaque pas qu'il fait, voit, de l'ombre émergeant,
Le bras d'un assassin suspendu sur sa tête ;
Aux rayons de Phébé, l'obscure silhouette
D'un roseau frissonnant le remplit de terreur.
La peur ne trouble point l'indigent voyageur ;
Il ne redoute, lui, ni la nuit, ni ses voiles,
Et jette insoucieux sa chanson aux étoiles.

Le premier de nos vœux, celui dont les mortels,
En tous lieux, à toute heure, assiègent les autels
C'est que les Dieux, sans fin, accroissent leur richesse
Et que nul, au Forum, n'ait plus d'or dans sa caisse.
Et, pourtant, ce n'est pas dans un vase grossier
Que se boit l'aconit au poison meurtrier ;
C'est dans des coupes d'or riches de pierreries
Qu'à l'ardent Sétinum, ô Mort, tu te maries!

J'admire votre humeur, sages des anciens jours,
Toi qui toujours riais, toi qui pleurais toujours
Sitôt que du logis vous franchissiez la porte.
— Mais rire qui voudra peut rire de la sorte;
Ce qui m'étonne, moi, c'est un fonds de douleurs
Qui puisse, sans tarir, suffire à tant de pleurs. —

Démocrite riait d'un rire inextinguible
Quoiqu'on ne connût pas, là-bas, — chose risible, —
Prétextes et faisceaux, litière, tribunal.
Qu'eût-il fait, s'il eût vu sur son char triomphal,
En Jupiter, debout, dans des flots de poussière,
Une couronne d'or courbant sa tête altière,
Si lourde qu'à son poids nul ne peut résister
Et qu'un valet public l'aide à la supporter,
(Valet, dont la présence interdit à son maître
De céder à l'orgueil et de se méconnaître),
Qu'eût-il fait s'il eût vu, triomphateur-martyr,
Notre consul drapé dans la pourpre de Tyr ?
Ajoutons l'aigle d'or sur le sceptre d'ivoire,
Les clairons, des clients l'office ambulatoire,
Des citoyens en blanc au frein de ses coursiers,
Ses amis, puisqu'il les paya de ses deniers ?
Alors aussi son rire avait ample matière,
Car tout prêtait à rire au citoyen d'Abdère ;
Preuve qu'un rare esprit peut naître en des cantons
A l'atmosphère épaisse, au pays de moutons.
Riant surtout des sots que la crainte importune,
Il faisait, pour sa part, la nique à la Fortune.
    Donc, il est superflu, sinon pernicieux,
De brûler tant de cire aux genoux de nos Dieux.

    Dans le gouffre que creuse un pouvoir qu'on envie
Combien ont vu rouler leur puissance et leur vie !
Sous le flot des honneurs combien sont submergés !
De leurs hauts piédestaux par le peuple érigés
Un caprice du peuple abattant leurs statues
Au câble qui les meut s'attelle par les rues.
La hache, sans pitié, de leurs chars triomphaux

Brise la roue et met les coursiers en morceaux.
Sous le soufflet déjà bouillonne la fournaise ;
Le Dieu qu'ils adoraient, Séjan, fond dans la braise.
Ce chef, que seul passait le chef de l'Empereur,
Va se changer, au gré d'un artisan vengeur,
En bassin, en chaudron, en poêle, en casserole...
Parez-vous de lauriers, montez au Capitole ;
Immolez des taureaux bien blanchis, bien fardés ;
Quel spectacle, ô Romains ! Le voici : regardez
Séjan qu'un croc fatal entraîne aux gémonies...
Tous sont joyeux. « Quels traits ! Oh ! ces lèvres jaunies !
» Jamais, non, croyez-moi, non je n'aimai jamais
» Cet homme... Mais quel est son crime ? .. Je voudrais
» Savoir quel délateur, quels témoins, quel indice... »
— A quoi bon ? Est-ce donc affaire à la justice ?
Une lettre verbeuse arriva de Capris (1)...
— « Je n'interroge plus ; c'est assez ; j'ai compris.
» Mais de Rémus que fait la canaille importune ? »
— Ce qu'elle fait toujours ; elle suit la Fortune,
Foule aux pieds les vaincus, prête, si, par hasard,
Nursia, sous Séjan, eût fait tomber César,
A livrer à Séjan la pourpre impériale.
Notre bassesse hélas ! n'a plus rien qui l'égale ;
Depuis qu'il ne vend plus son suffrage à vil prix
Le peuple, jadis roi, s'endort dans le mépris.
Rien ne le touche plus. Lui qui donnait naguères
Provinces, légions et faisceaux consulaires,
Il croupit inquiet et, dans ses lâches vœux,
Il ne demande plus que du pain et des jeux.
— « Mais beaucoup vont périr, à ce que j'entends dire ? »
— Nul doute ; la fournaise est vaste... — On en délire.—
L'ami Brutidius (2), morne et pâle d'effroi,

Près de l'autel de Mars s'est heurté contre moi :

— « Ajax vaincu, dit-il, — je frémis quand j'y pense, —

» Va nous punir d'avoir trop mal pris sa défense.

» Courons, — il gît encor ; — avant qu'il soit trop tard,

» Allons fouler aux pieds l'ennemi de César.

» Mais surtout qu'on le voie et que nul ne le nie ;

» D'un esclave infidèle évitons l'avanie ;

» Tremblons que, chaîne au col, un valet forcené

» Ne traîne au tribunal son maître consterné. »

Voilà ce que l'on dit de Séjan qui s'écroule ;

Ces propos sourdement circulent dans la foule.

Eh bien ! voudriez-vous acheter à ce prix

Ce qui devant Séjan courbait tous les esprits,

Tant d'or et tant d'honneurs, l'éminent privilège

De faire, d'un seul mot, un consul, un stratège ?

De gouverner, aux yeux de l'univers surpris,

Son maître, confiné, sur le roc de Capris,

Au milieu d'un troupeau de prêtres de Chaldée ?

Mais si, d'un tel pouvoir vous écartez l'idée,

Au moins voudriez-vous — nier est superflu —

Avoir sur tout un camp un empire absolu ?...

Pourquoi non ?... Ce désir dans l'homme est nécessaire ;

S'il ne veut pas tuer, il veut le pouvoir faire.

Égaler sa misère à sa prospérité,

Est-ce donc un bonheur digne d'être acheté !

Ne vaudrait-il pas mieux, sous la panne vulgaire,

Modeste magistrat, édile tutélaire,

De Gabie ou d'Ulubre expulser les faux poids

Et briser, sans pitié, les vases trop étroits ? (3)

Avouez donc qu'aveugle encor plus que coupable

Séjan ne connut pas le seul bien désirable ;

Qu'en entassant ainsi richesses sur honneurs

Pour porter jusqu'au ciel la tour de ses grandeurs,
Il n'élevait si haut son fragile édifice
Que pour rouler plus bas au fond du précipice.
  Ce qui perdit Crassus et Pompée, et celui
Qui força Rome libre à se courber sous lui,
C'est l'amour effréné d'un pouvoir arbitraire
Et des vœux que le ciel exauce en sa colère.
Les rois presque toujours ont un trépas sanglant ;
C'est le sein déchiré, c'est le flanc ruisselant
Que le blême Pluton, dans ses royaumes sombres,
Voit errer des tyrans les gémissantes ombres.
  Autres goûts autres vœux ; le candide garçon
Qui courtise Minerve à deux as par leçon,
Tour à tour citoyen ou de Rome ou d'Athènes,
Sent palpiter son cœur au nom de Démosthènes ;
Ton trépas, Cicéron, ne le fait point trembler ;
Il ne demande aux Dieux que de vous ressembler.
Pourtant votre éloquence à tous deux fut mortelle ;
Votre génie, en vain déployant sa grande aile,
A vos ingrats bourreaux ne vous arracha pas.
Vous mourûtes tous deux d'un indigne trépas.
L'éloquence eut la main et la tête coupée,
Et de son noble sang la tribune trempée
Fit reculer d'horreur les Romains consternés,
« Citoyens fortunés sous son consulat nés. » (4)
Ah ! s'il n'eût jamais fait que ce vers ridicule,
Si, vulgaire avocat plaidant pour son pécule,
Pour la tribune il n'eût déserté le barreau,
D'Antoine il aurait pu dédaigner le bourreau,
Ou si, moins amoureux de la chose publique,
Sa voix n'eût fulminé sa belle Philippique.
  Celui qui subjuguait les mobiles esprits

Du peuple de Cécrops obtint le même prix
De ces mâles accents qui ravissaient Athènes ;
Le poison termina les jours de Démosthènes.

   Sous un astre sinistre hélas ! il était né !
Son père, noir cyclope au travail condamné,
Avait forcé son fils à déserter l'enclume,
A quitter le marteau, trop pesant, pour la plume,
Le bonheur assuré pour un espoir menteur
Et le fuligineux Vulcain pour le rhéteur.

   Ainsi l'homme souvent s'éprend d'un but sublime
Et les fleurs du chemin lui dérobent l'abime.

   Mais le souverain bien, mais le suprême honneur,
Celui que de son sang on paie avec bonheur,
C'est ce pompeux amas de stériles trophées
Fait de casques brisés et de tronçons d'épées,
De cuirasses, de chars, de sanglants oripeaux,
De captifs enchaînés sur des arcs triomphaux.
Nul n'y peut résister ; Romain, Grec ou Barbare
Marchent du même pas au bruit de sa fanfare.
Tant la gloire à nos yeux éclipse la vertu !
Car, pour elle, un seul cœur a-t-il jamais battu ?
Hélas ! nous n'en aimons rien que la récompense.
Et pourtant ces héros que le vulgaire encense
Ont jadis à leur gloire immolé leur pays,
Pour offrir un vain titre aux regards ébahis,
Pour inscrire un vain nom sur des marbres funèbres
Que du pâle figuier croissant dans leurs ténèbres
La racine suffit à réduire en lambeaux ;
Car il est des trépas aussi pour les tombeaux,

   Soupesez d'Annibal la poussière hautaine ;
Dites, quel est le poids de ce grand capitaine ?
Et pourtant c'est celui qu'en son jeune avenir,

L'Afrique toute entière a peine à contenir,

Des rivages battus par les flots Atlantides

Jusqu'aux lieux où le Nil baigne les Pyramides,

Et, de là, remontant son cours, jusqu'aux enfants

De la noire Nubie, aux mangeurs d'éléphants (5).

Il lui faut ajouter l'Espagne à son domaine.

Des monts Pyrénéens il a franchi la chaîne ;

Mais la Nature oppose à ses pas orageux

Les Alpes, leurs glaciers et leurs sommets neigeux.

Les rochers, devant lui, sont prêts à se dissoudre ;

Par l'acide et la flamme il les réduit en poudre.

Déjà sur l'Italie il a posé le pied ;

Mais il n'est point de borne à son génie altier.

« Rien, dit-il, rien n'est fait, soldats, si nos cohortes

» Des Romains aux abois n'ont enfoncé les portes,

» Si Subure n'a vu flotter notre étendard. »

Beau spectacle, et bien digne, ô peintres, de votre art

Que ce borgne juché sur sa bête Gétule !

Et sa fin, quelle est-elle?... A son tour il recule.

O Gloire! il est vaincu! Proscrit et suppliant

On voit avec stupeur cet illustre client,

Pendant que sur la pourpre un roitelet sommeille,

Attendre tristement que le tyran s'éveille.

Et cet homme qui tint l'univers incertain,

Ce guerrier qui semblait commander au Destin,

Il ne finira point par la lance ou l'épée ;

Un simple anneau clora sa tragique épopée ;

Anneau vengeur de Canne (6) et d'un sang généreux.

Va, maintenant; franchis les sommets rigoureux

Des Alpes, insensé, pour fournir aux écoles

Un sujet ampoulé de creuses hyperboles.

D'un monde trop étroit embrassant l'horizon

Le fils d'Olympias étouffe en sa prison
Comme un captif rivé sur le roc de Gyare ;
Mais lorsque, ayant soumis tout l'Orient Barbare,
Il expire, au retour, dans Babylone en deuil,
Tant de gloire et de bruit tiennent dans un cercueil.
La Mort seule, la Mort, inflexible et sereine,
Fait voir combien c'est peu que la guenille humaine.
    Si l'on en croit des Grecs les mensonges hardis,
Avec étonnement le mont Athos, jadis,
Vit, à travers ses flancs, voguer à pleines voiles
Des vaisseaux plus nombreux que ne sont les étoiles.
Sur le détroit d'Hellé, frémissant sous sa main,
Xerxès fit à ses chars un solide chemin.
Du Mède un seul repas épuisait les rivières ;
Les fleuves tarissaient devant ces fourmilières.
— Ainsi chante Sostrate inspiré par Bacchus. —
Et pourtant, ces épais bataillons sont vaincus !
Il fuit, désespéré, des bords de Salamine,
Le despote insensé dont la rage enfantine
Faisait fouetter les vents, aux flots jeter un frein,
Ne pouvant d'un fer chaud stigmatiser leur sein.
Il voulait enchaîner Neptune Ennosigée !
Abandonné des Dieux, il fuit... La mer Egée
Voit l'orgueilleux tyran, sur un fragile esquif,
Repasser abattu, tremblant, morne, furtif,
Et sur les flots rougis que leur hideur encombre
Sa nef heurte des siens les cadavres sans nombre.
    Tels sont, presque toujours, les mortels accidents
Que réserve la Gloire à nos vœux imprudents.

« Souverain Jupiter, maître des destinées,
» Donne-nous de longs jours, de nombreuses années. »

Tel est, d'un front serein ou pâle et soucieux,
Le cri que nous poussons chaque jour vers les cieux.
Que de maux, cependant, accablent la vieillesse !
Quels changements affreux ! Peut-on voir sans tristesse
Les traits se déformer et la peau se flétrir,
Les chairs pendre, la face exsangue se couvrir
De sillons plus pressés qu'à nos yeux n'en présente
D'une vieille guenon la bouche grimaçante ?
   Un jeune homme a la force, un autre la beauté,
Ils diffèrent toujours par quelque qualité ;
Toujours de deux vieillards l'un à l'autre ressemble ;
Même lèvre à chacun et même voix qui tremble,
Même crâne branlant, dépourvu de cheveux,
Même nez distillant comme un enfant morveux.
Plus de dents pour broyer son pain, ô peine amère ;
Etre à charge à soi-même, à ses fils, à leur mère,
Et, de l'infirmité touchant le dernier bout,
Du plus vil captateur exciter le dégoût,
Tel est de tout vieillard le destin lamentable.
Il n'est qu'à demi propre au plaisir de la table ;
Car, celui de l'amour, hélas ! un long oubli
Dans un passé lointain le tient enseveli.
Que si, voulant tenter une épreuve nouvelle,
Il livre son organe à la main d'une belle,
Eût-elle cent talents, eût-elle mille appas,
Son nocturne labeur ne l'éveillera pas.
Que peut-on espérer d'une veine épuisée?
Un amour impuissant excite la risée.
   Ce n'est pas tout ; il a perdu bien d'autres sens.
C'est en vain que du chœur éclatent les accents,
Qu'un artiste éminent, que Séleucus lui-même
Module de ses sons la volupté suprême.

Qu'importe qu'au théâtre il se place au hasard ?
Il n'entend que le cor ou le clairon criard ;
Quand il s'enquiert de l'heure ou de chose pareille,
Il faut qu'un serviteur la lui corne à l'oreille.

Si dans son corps glacé brûle un sang paresseux,
C'est qu'à la fièvre ardente il emprunte ses feux.
De douleurs après soi traînant un long cortège
La pâle maladie à toute heure l'assiège,
Et, s'il fallait nommer tous les aspects qu'elle a,
J'aurais plus tôt compté les amants d'Hippia,
Tous ceux que Thémison tue en un seul automne,
Les clients que Basile horriblement rançonne,
Les pupilles qu'Hirrus, tour à tour, dévora,
Ceux qu'épuise en un jour ton lit, maigre Maura,
Les disciples qu'Hamille a souillés, les domaines
Que possède aujourd'hui sur les terres Romaines
Ce barbier dont jadis les diligents ciseaux
De notre jeune barbe élaguaient les réseaux.
L'un souffre de l'épaule et l'autre de la cuisse,
L'autre des reins ; du sort épuisant la malice,
Cet autre, plus à plaindre, a perdu les deux yeux
Et porte envie au borgne, à son gré, trop heureux.
Celui-ci, triste objet vivant pour la pâture,
D'une main étrangère attend sa nourriture,
Et son pâle rictus se fend, à cet aspect,
Comme du jeune oiseau s'ouvre le large bec
Lorsque sa mère à jeun, sa mère l'hirondelle,
Bouche pleine, à son nid revient à tire-d'aile.

Mais un mal pire encor que tous les autres maux,
La démence, envahit leurs débiles cerveaux.
La mémoire engourdie incessamment sommeille ;
On ne reconnaît pas les amis de la veille,

Le convive d'hier n'est plus qu'un étranger ;
Eux-mêmes, les enfants doivent déménager,
Exclus par testament de leur propre héritage.
De Phialé tous leurs biens deviennent le partage ;
Tant cette bouche impure a de séduction,
Apprise dans ton antre, ô Prostitution !

J'admets qu'on ait gardé la vigueur de son âme ;
Il leur faudra d'un fils, d'un frère, d'une femme
Contempler le bûcher d'un œil noyé de pleurs
Ou l'urne que remplit la cendre de leurs sœurs.
C'est là le lot amer d'une trop longue vie ;
D'une perte toujours une perte est suivie ;
Toujours triste et penché sur un nouveau cercueil,
On traîne sa vieillesse en longs habits de deuil.

Nestor, roi de Pylos, si l'on en croit Homère,
De la corneille presque eut l'âge séculaire.
« Trop heureux, dites-vous, évitant le caveau,
» D'avoir pu tant de fois goûter le vin nouveau
» Et par sa dextre main calculer ses années... (7) »
Attendez... Ecoutez ses plaintes effrénées ;
Comme il maudit la Parque aux ciseaux paresseux
Quand il voit de son fils flamber les longs cheveux !
Aux amis dont la foule autour de lui se presse
Il demande à quel crime il a dû sa vieillesse,
Et pourquoi du Destin l'implacable rigueur
Qui ne l'a tant gardé que pour cette douleur.

Ainsi Pélée, un jour, pleure son fils Achille ;
Laërte pleure Ulysse errant loin de son île.

Priam se fût éteint dans ses murs invaincus ;
Il eût mêlé ses os aux os d'Assaracus,
Et ses fils, lui faisant de nobles funérailles,
Auraient porté son corps autour de leurs murailles ;

Des Troyennes en pleurs escortant son cercueil
Cassandre et Polyxène auraient mené le deuil,
S'il fût mort avant l'heure où des mains délétères
Construisaient de Paris les vaisseaux adultères.
Quel fruit lui revint-il de sa longévité ?
Il vit tout abattu, son peuple et sa cité,
Il vit l'Asie en flamme et Troie au cœur frappée.
Alors sa faible main se saisit d'une épée
Et, soldat chancelant, au pied de ton autel,
O Jupiter, il vint s'offrir au coup mortel,
Comme un vieux bœuf, dédain de l'ingrate charrue,
Tend son cou misérable au couteau qui le tue.

    Et d'un homme pourtant ce fut là le trépas ;
Mais on vit — et d'horreur peut-on n'en frémir pas ? —
Sa veuve, le respect de la cité Troyenne,
Hurler lugubrement de sa gueule de chienne.

    A notre propre histoire empressé d'en venir,
Nous donnons, en passant, à peine un souvenir
A Mithridate, à toi, Crésus, roi de Lydie,
Quand du sort, à ton tour, souffrant la perfidie,
De ce mot de Solon tu te souvins enfin :
« Nul ne peut être dit heureux avant sa fin. »

    La prison et l'exil, et les fuites nocturnes,
Les jours passés au fond des marais de Minturnes
Et le pain mendié par Marius vaincu,
L'eût-il jamais souffert, s'il n'avait trop vécu ?
Nul Romain plus que lui n'eût mérité l'envie,
Que dis-je ? nul mortel, s'il eût quitté la vie
A l'heure triomphante où chargé de lauriers,
Suivi de ses captifs, chanté par ses guerriers,
Par le peuple acclamé, tout rayonnant de gloire,
Vainqueur, il descendait de son char de victoire.

Et Pompée ? A Capoue, un mal préservateur,
La fièvre, dévorait ce grand triomphateur.
Aussitôt, en tous lieux tous les autels fumèrent.
Les Dieux, pour nos malheurs à tant de vœux cédèrent,
Et ce chef, qu'épargnait un destin outrageux,
Allait rouler vaincu sous un glaive fangeux.
Lentulus, cependant, Céthégus, son complice,
Echappaient l'un et l'autre à ce honteux supplice
Et, jusque dans la mort gardant un front altier,
Catilina gisant reposa tout entier.

A l'aspect de son temple une imprudente mère
A Vénus, pour son fils, adresse une prière ;
Elle implore tout bas le don de la beauté.
Pour sa fille, tout haut ses vœux ont éclaté.
Qui pourrait, à son gré, la reprendre ?... Personne :
La beauté de Diane est l'orgueil de Latone.
— D'accord. Mais de Lucrèce observez le trépas
Et toute sa beauté ne vous tentera pas.
Plus que tous les attraits que Vénus te dénie,
Ta bosse, ô Rutilla, charmerait Virginie.
Pour un fils, d'un beau corps le funeste agrément,
Sachez-le bien, fera votre éternel tourment ;
Tant est rare ici-bas la touchante harmonie
De la beauté charnelle à la pudeur unie !
Qu'il ait, dans sa famille, en son austérité
Des antiques Sabins reçu l'hérédité ;
La nature l'eût-elle, en ses dons magnifique,
Doté d'un chaste cœur, d'un visage pudique,
(Et que pourrait de plus faire pour ce garçon
La nature qui fait plus que maître et leçon ?)
Il n'aura pas le droit d'être homme , car le vice

Tente jusqu'aux parents, de sa main corruptrice ;
Tant l'or donne d'audace à la perversité !

L'enfant n'a rien à craindre en sa difformité ;
Ce n'est pas la laideur que le tyran mutile,
Et, s'il ravit un noble éphèbe par la ville,
Ce n'est jamais ni le boiteux ni le bossu.

Si donc vous ne voulez, un jour, être déçu,
Que la beauté d'un fils ne trouble point vos têtes.
Adultère banal il paîra ses conquêtes
De tous les châtiments qu'infligent les maris ;
On n'est pas plus heureux que Mars ; il sera pris.

Or, parfois, on le sait, l'ardente jalousie
Plus loin que de raison pousse la fantaisie.
L'un saisit son rival et lui perce le flanc,
Un autre sous le fouet fait ruisseler son sang,
Ou confie au poison sa fureur vengeresse...
— « Mais, dites-vous, mon fils n'aura qu'une maîtresse. » —
Oui, jusqu'au jour où l'or d'une Servilia
Conduira ce beau fils à tout ce qu'il y a
De plus bas, de plus vil, de plus abject au monde :
Un amant, sans amour, jouant son rôle immonde.
Sur une telle pente on ne peut s'arrêter ;
Chaque impure, à son tour, le vient solliciter.
Pour sa beauté vénale épuisant leurs richesses,
Oppie et Catulla s'arrachent ses caresses.
— « Mais en quoi la beauté nuit-elle à la pudeur ? » —
Eh ! quel prix Hippolyte eut-il de sa froideur ?
Quel prix Bellérophon aimé de Sténobée ?
Chacune, également, dans la honte tombée,
Rougit d'un tel refus qu'elle impute au dédain
Et d'un ardent courroux son cœur brûle soudain ;
Car, la femme est toujours d'autant plus inhumaine,

Qu'une secrète honte aiguillonne sa haine.

   Que conseillerez-vous au jeune infortuné (8)

Par une impératrice à son lit condamné ?

Il est jeune, il est noble, il est beau ; Messaline

Jette les yeux sur lui ; mais c'est pour sa ruine.

Fougueuse, elle l'attend à l'ombre des bosquets ;

La couche nuptiale et le voile sont prêts ;

On va compter la dot selon l'usage antique ;

L'augure et les témoins sont là, sous le portique.

Tu l'espérais secret cet hymen criminel ?

Elle le veut public, effronté, solennel.

Il faut choisir : avant la fin de la journée,

Si tu n'obéis pas, ta vie est terminée ;

Si tu commets le crime, un répit inhumain

Prolongera tes jours jusques au lendemain...

Jusqu'à ce que César, le dernier de la ville,

Prête à son déshonneur une oreille imbécile.

Si quelques jours de vie ont pour toi tant d'appas

Obéis à cet ordre ; ou bien, n'obéis pas.

Mais, à quelque parti que ton esprit s'arrête,

Il te faut au bourreau livrer ta belle tête.

— « Donc, l'homme, à votre avis, ne fera point de vœux ? » —

— Sans doute. — Avec respect abandonnons aux Dieux

Le soin d'examiner ce qui nous intéresse,

Car, pour nous-même ils ont plus que nous de tendresse.

Ils savent nous donner, alors que l'heure en vient,

Non pas ce qui nous plaît, mais ce qui nous convient.

Dans nos ardents désirs, où l'ignorance abonde,

Nous voulons une femme et la voulons féconde ;

Mais, ils connaissent, eux, de l'ombre triomphant,

Ce que seront, un jour, et la mère et l'enfant.

   Si pourtant il vous faut un motif légitime
D'offrir sur les autels quelque noble victime,
Les intestins sacrés d'un tendre marcassin,
Demandez un esprit sage dans un corps sain,
Un cœur ferme et sans peur, une âme inaccessible
Aux terreurs de la mort, aux mortels si terrible,
Qui la mette, ô Nature, au rang de tes bienfaits,
Qui, quels que soient les maux, en soutienne le faix,
Égale et sans désirs, et qui toujours préfère
Les épreuves d'Hercule et son labeur sévère   .
Aux indignes plaisirs d'un prince efféminé
De sa molle existence esclave couronné (9).
   Tous ces biens, vous pouvez vous les donner vous-même,
Car la seule vertu mène au calme suprême.
Fortune, tu n'es rien ; c'est notre insanité
Qui fait tout ton prestige et ta divinité.

———————

NOTES SUR LA Xe SATIRE

---

1. Séjan avait ourdi un complot contre la vie de Tibère. Le vieil empereur envoya Macron à Rome avec une lettre pour le Sénat. Dans cette lettre, d'une longueur calculée, Tibère finissait par accuser Séjan qui fut arrêté par les sénateurs eux-mêmes et exécuté aussitôt...... Son cadavre, traîné pendant trois jours dans les rues de Rome, fut mis en pièces au point qu'il n'en resta pas même un membre entier qu'on pût jeter au Tibre.

2. Sans doute ce Brutidius Niger dont il est fait mention au ch. LXVI du 3e liv. des *Annales* :

Brutidium artibus honestis copiosum, et, si rectum iter pergeret, ad clarissima quæque iturum·, festinatio exstimulabat.... quod multos, etiam bonos, pessum dedit....

3. *Fregerit heminas Areti ædilis iniquas.*
(Perse, sat. I, v. 130).

4. *O fortunatam natam, me consule, Romam.*

Juvénal a qualifié ce vers de *ridicule : ridenda poemata...* et ce n'est pas sans raison ; mais ce n'est point, ce nous semble, par la raison qu'en donnent ordinairement les traducteurs, lesquels mettent dans l'idée le ridicule qui ne se trouve que dans l'expression. Traduire comme on le fait généralement :

« O Rome fortunée, — sous mon consulat née ! » C'est, selon
nous, faire un contre-sens et prêter à Cicéron une sottise dont
il n'était pas capable. Certains commentateurs, entre autres
M. Alexis Pierron, dans son histoire de la littérature romaine,
ont pris la défense de Cicéron et ont donné de ce vers une
explication qui ne nous paraît pas acceptable. Ils ont assimilé
« *natam* » au grec « γενομένην » et ils en ont fait l'équivalent
d'un participe du verbe *esse* qui manque en latin. Ils ont donc
traduit simplement : « O Rome qui as été si heureuse sous mon
consulat ! » Beaucoup d'érudition pour peu de chose. — Pour
comprendre ce vers ne suffit-il pas de se rappeler que, après
ce consulat si fameux, Cicéron avait reçu le titre de « Père de
» la Patrie ? »

. . . . *Sed Roma parentem,*
Roma patrem patriæ Ciceronem libera dixit.
(Sat. VIII, vers 242.)

Puisqu'il était le *Père de Rome*, Rome était apparemment sa
fille ; ce qui est, selon nous, le sens vrai et tout à fait ordi-
naire, en poésie, du mot « *natam* ». Cicéron était vaniteux ;
on comprend fort bien qu'il ait cherché à rappeler indirecte-
ment ce nom de Père de Rome, de Père de la Patrie, qui était
son plus beau titre de gloire, et qu'il se soit écrié : « O Rome,
ma fille, si heureuse sous mon consulat ! » ; mais il n'était
pas bête, et il ne faut pas lui prêter un non-sens.

Le ridicule n'est que dans l'expression et résulte de la caco-
phonie produite par le rapprochement de ces deux mots
« *fortunatam natam* ». L'idée rendue en français par ces deux
petits vers :

O Rome fortunée
Sous mon consulat née !

Quoique n'étant pas du tout celle de Cicéron, peut seule
justifier dans une traduction le « *ridenda poemata* » de Juvénal,
et c'est pour ce motif que nous l'avons, à peu près, conservée
dans la nôtre.

5. Ce passage, en apparence, si simple, nous a beaucoup
embarrassé. Dans certaines éditions, en effet, on lit : « *Alios
elephantos* » ; dans d'autres, « *Altos elephantos* », *Alios elephan-*

tos n'est pas très facile à comprendre, car on ne peut guère
supposer que Juvénal ait voulu opposer l'éléphant d'Afrique à
l'éléphant de l'Inde. *Altos elephantos* est une idée au moins
banale. Nous avons pensé qu'il devait y avoir là une altéra-
tion de texte, altération minime, puisqu'elle consisterait dans
le changement d'une seule lettre. Nous proposons de lire :
« *altos elephantis* », nourris d'éléphants, mangeurs d'élé-
phants ; (*altos de alo*). Notre opinion se fonde sur ce que les
anciens entendaient par « *Ethiopie* » toute la region indéter-
minée qui s'étend au sud de l'Egypte et désignaient par les
noms d'*Eléphantaphages*, de *Strouthiophages*, etc., mangeurs
d'éléphants, mangeurs d'autruches, les populations de l'inté-
rieur. Si nous avons substitué le mot *Nubie* au mot *Ethiopie*,
c'est que la Nubie était connue, elle aussi, sous le nom de
« *Ethiopia supra Ægyptum* ».

> *Rursus ad Æthiopum populos, altosque elephantis.*

6. Allusion aux anneaux des chevaliers romains, anneaux
recueillis sur le champ de bataille de Cannes et envoyés à
Carthage par Annibal.

7. Pour exprimer les centaines et les mille, les anciens se
servaient de la main droite.

8. C. Silius. (Voir Tacite, *Annales*, 1. XI, ch. xii....)

9. Sardanapale.

> *Et Venere, et cœnis, et pluma Sardanapali.*

SATIRE XI

LE LUXE DE LA TABLE

Qu'en festins Atticus prodigue la dépense,
On célèbre son goût et sa magnificence ;
Que Rutilus l'imite, il passe pour un fou.
C'est qu'un Apicius, quand il n'a plus le sou,
Excite dans la foule un rire insurmontable.
Sur nos places, aux bains, aux théâtres, à table,
Partout, de Rutilus on raille le malheur ;
Car, — sa jeunesse étant encore dans sa fleur,
Sa vigueur suffisant à porter une armure,
Son sang bouillant toujours dans sa veine, — on murmure
Que, sans que le Préteur ait daigné s'en mêler,
Sous un maître d'escrime il songe à s'enrôler.
Combien ne voit-on pas de ces gens à la ronde
Qui semblent pour manger créés et mis au monde,
Et qu'un créancier, trop souvent éconduit,
Aux portes des marchés à guetter est réduit ?

Mais celui dont la chère est la plus raffinée
C'est celui qui se noie et dont l'heure est sonnée.

En attendant, on va, dans tous les éléments,
Chercher de quoi flatter leur palais de gourmands.
A leurs désirs le prix n'est jamais un obstacle ;
Et quiconque, avec soin, observe ce spectacle,
Il voit qu'entre ces mets chèrement achetés
Ce sont les plus coûteux qui sont les plus goûtés.

Aussi, point de remords ; pour avoir une somme
Qu'en repas insensés aussitôt on consomme
On mettra sa vaisselle en gage et, sans regret,
D'une mère, en détail, on vendra le portrait ;
Et puis on mangera d'une dent fort agile
Des quatre cents écus rien qu'en un plat d'argile.
C'est ainsi qu'on en vient au brouet frelaté
Qui du gladiateur nourrit l'avidité.

Il faut entre les gens faire une différence.
Ce qui dans Rutilus n'est que folle dépense
Vaut à Ventidius un renom mérité :
On mesure à l'avoir la libéralité.
Certes, j'éprouverais un mépris légitime
Pour l'homme qui d'un mont peut mesurer la cime,
Sait de combien l'Atlas dépasse les sommets
De tous les monts d'Afrique, et qui ne sut jamais,
Dans son humeur toujours prompte à se satisfaire,
Combien d'un coffre-fort une bourse diffère.

C'est un précepte sage et du ciel descendu,
Qu'il faut graver en soi, conseiller assidu,
Et n'oublier jamais : « Connaissez-vous vous-même » ;
Soit qu'on songe à choisir une épouse qu'on aime,
Soit qu'on brigue l'honneur de siéger au sénat.
C'eût été chez Thersite un risible attentat

Que d'oser aspirer à l'armure qu'Ulysse
Réclamait pour lui-même avec peu de justice.
D'un procès épineux voulez-vous vous charger,
Demandez-vous, avant d'en courir le danger :
« D'un ardent orateur puis-je remplir le rôle?
» Ou suis-je un Curtius, un moulin à parole? »
D'abord, en toute chose et quoi que vous fassiez,
Grande ou petite, il faut que vous vous connaissiez,
Il faut que vous sachiez votre exacte mesure ;
Quand même vous n'iriez quérir, par aventure,
Qu'un poisson, n'allez pas vouloir un esturgeon
Alors que vous n'avez en poche qu'un goujon.
Car quel prix vous attend, au terme de la course,
Si votre appétit croît quand décroît votre bourse,
Si les biens des aïeux jusqu'à vous parvenus :
Vaisselle, champs, troupeaux, capital, revenus,
Vous engloutissez tout — démence pitoyable ! —
Dans le gouffre sans fond d'un ventre insatiable ?
L'anneau d'or, à la fin, suit le chemin connu,
Et l'on voit Pollion mendier, le doigt nu.
    Ah ! d'une mort précoce il ne faut pas les plaindre :
Plus que la mort pour eux, la vieillesse est à craindre.
    Des prodigues voilà l'ordinaire procès :
Cet argent que l'usure avance à leurs excès,
Ils le mangent à Rome, à la barbe du maître ;
Puis, quand le fond du sac est tout près d'apparaître,
Quand le pâle usurier tremble pour ses écus,
Ils tournent les talons et s'en vont, court-vêtus,
Se gorger à Baia d'huîtres délicieuses.
Nos mœurs sont de l'honneur à ce point oublieuses
Que, pour un débiteur, s'enfuir à l'étranger
N'est guère plus honteux que de déménager

Du fracas de Subure aux calmes Esquilies ;
Et toutes les douleurs et les mélancolies
Que puisse un tel exil en leurs cœurs soulever,
C'est qu'il leur faut, un an, du Cirque se priver.
Leur sang de leur visage a désappris la route
Et jamais à leur front il n'en monte une goutte.
Peu de gens parmi nous songent à retenir
La pudeur, ridicule et prête à se bannir.

Tu verras, ce jour même, ami, si mes paroles
Ne sont que jeux d'esprit, déclamations folles ;
Si ma vie et mes mœurs, dans la réalité,
Confirment mes discours par leur simplicité ;
Ou bien si je ne suis qu'un gourmand hypocrite
Qui, tout haut, vante un mets dont, tout bas, il s'irrite,
Commande une bouillie et, seul, à demi-voix,
Prescrit au cuisinier quelque morceau de choix.
    Persicus à ma table a promis de se rendre ;
Moi, je le recevrai comme, jadis, Evandre
Reçut le grand Alcide et, quoique moins fameux,
Un héros, comme Alcide issu du sang des Dieux ;
Lesquels, montant tous deux par des routes diverses,
Regagnèrent l'Olympe, après mille traverses,
L'un du haut d'un bûcher, l'autre du fond de l'eau.
    Je t'apprête des mets dont voici le tableau ;
Ils n'ont d'aucun marché subi la perfidie.
    Ma terre de Tibur (4), où j'ai mon Arcadie,
A ma table fournit un tout jeune chevreau,
Le plus tendre de tous, le plus gras du troupeau.
Du saule il n'a jamais brouté la feuille amère
Ni le gazon des prés ; il tette encore sa mère.
Sa chair rose contient moins de sang que de lait.

Puis, après, nous aurons l'asperge qui se plaît
A croître sur les monts, et que, sur ma prière,
Laissant là son fuseau, va cueillir ma fermière ;
En outre, de gros œufs, encor tout chauds du nid,
Qu'à la mère pondeuse un même plat unit ;
Des raisins conservés dans leur fraîcheur première ;
Un panier, que revêt la mousse coutumière,
Dans un heureux mélange, ensemble t'offrira
La poire de Signie et celle de Syra,
Des pommes au parfum encore entier, rivales
De celles du Picène, à mon gré, sans égales.
Leur suc, âpre en automne, est pour toi sans danger,
Car le froid de l'hiver a su le corriger.
  Telle fut du Sénat la table moins austère
Quand du luxe naissant il devint tributaire (2).
  Jadis, un Curius, dans son petit jardin,
De ses mains cultivait et cueillait sans dédain
Les légumes communs et la racine agreste
Que, lui-même, il cuisait à son foyer modeste.
L'esclave le plus vil, traînant la chaîne aux pieds,
Trouverait, aujourd'hui, ces repas trop grossiers,
Au souvenir, bien doux pour son goût subalterne,
D'un bon ventre de truie en la chaude taverne.
  Nos pères du vieux temps gardaient pour les grands jours
Le dos séché d'un porc. Quand l'année, en son cours,
Ramenait d'un parent la fête désirée,
D'un morceau de fin lard la table était parée ;
On y joignait un peu de chair fraîche, parfois,
Reste de la victime ; et notre villageois,
Eut-il du consulat trois fois reçu le titre,
Eut-il de la victoire été trois fois l'arbitre,
Eut-il inscrit son nom parmi les Dictateurs,

Ce jour-là, de bonne heure il quittait les hauteurs
Le hoyau sur l'épaule, et, l'âme radieuse,
Il venait prendre place à la table joyeuse.

Mais, dans ces temps lointains, où toute la cité
Révérait d'un Caton la rude austérité,
Temps où, même un censeur, d'un collègue insensible
Avait à redouter la rigueur inflexible,
Nul ne s'inquiétait de savoir en quels lieux
La mer vaste nourrit ces monstres curieux
Dont, aujourd'hui, l'écaille, avec art façonnée,
Orne le noble lit des descendants d'Enée.
Alors leur couche étroite était sans ornement;
Seul, le chevet de bronze étalait fièrement
D'un âne couronné la tête opiniâtre
Qu'entourait de marmots une troupe folâtre.
Car, dans nos mœurs alors si simples, la maison,
Les meubles et la table étaient à l'unisson.
Alors, de nos soldats telle était la rudesse,
Tel l'ignorant dédain des splendeurs de la Grèce,
Que si, dans le butin, ils trouvaient, par hasard,
Une coupe divine, un chef-d'œuvre de l'art,
Ils brisaient, sans remords, ces merveilles si rares
Pour fondre à leurs chevaux des parures bizarres
Ou pour montrer eux même à l'ennemi tremblant,
Modelés au cimier du casque étincelant,
Comme une mère tendre, une louve cruelle
A deux enfants jumeaux présentant sa mamelle,
Et le Dieu Mars tout nu, qui, la lance à la main,
Protégeait dans ses fils tout le peuple Romain.
Ils mangeaient leur polente (3) en un plat d'Etrurie;
Sur leurs armes brillait leur seule argenterie.

Dans ces temps, qu'on ne peut assez glorifier,

Tout était enviable à qui sait envier.

Même, en nos temples saints, la majesté céleste

A nos simples aïeux était plus manifeste.

Des augures les Dieux n'empruntaient point la voix ;

Ils daignaient nous parler eux-mêmes quelquefois.

Témoin quand les Gaulois marchaient sur l'Italie ;

Dans un profond sommeil, la nuit, ensevelie

Rome ouït une voix qui criait : « Les voici. »

   De Jupiter, pour nous, tel était le souci,

C'est ainsi qu'il veillait au salut de la Ville

Quand il n'était encor qu'un Jupiter d'argile,

Avant que l'or impur ne l'eut déshonoré.

   Le luxe était alors un devoir ignoré ;

Tout était indigène, et l'art et la matière.

L'Eurus abattait-il un noyer séculaire,

D'une table modeste il fournissait le bois.

Maintenant, un festin fût-il digne des rois,

Les turbots et les daims, les parfums et les roses

Au front d'Apicius laissent des plis moroses,

A moins que de sa table un léopard béant

Ne soutienne le poids et le disque géant.

Et pour exécuter le monstre obligatoire,

Il faut aller partout chercher un pur ivoire,

Celui que produit l'Inde au visage hâlé,

Celui que l'éléphant, de son poids accablé,

Abandonne, lui-même, aux forêts d'Arabie,

Et celui qui nous vient d'Egypte ou de Libye.

Un meuble aux pieds d'argent chez lui n'est plus souffert ;

Il est ce qu'est au doigt une bague de fer.

C'est par là qu'aujourd'hui son appétit s'excite,

C'est par là qu'on l'éveille et qu'on le sollicite.

   C'est pourquoi, j'ai bien soin d'écarter de chez moi

Un convive orgueilleux, qui me compare à soi
Et d'un œil de mépris voit ma modeste aisance.
L'ivoire, sous mon toit brille par son absence ;
Tout est en os jusqu'au manche de mes couteaux.
Les mets n'en sont pourtant ni moins bons, ni moins beau
Et la poule n'en est ni pire, ni moins tendre.

A ma table, d'ailleurs, tu ne dois pas t'attendre
A voir officier un écuyer tranchant
Dont le « Portique » entier — accord rare et touchant —
Célèbre le mérite, élève de Triphère ;
— Un docteur de génie, un maître dans sa sphère,
Chez lequel on apprend cet art particulier
De découper un lièvre, un chevreuil, un sanglier,
L'antilope d'Egypte ou l'oiseau de Scythie,
Le grand faisan doré, l'oryx de Gétulie ;
Le tout, non sans tapage, avec un fer courtois,
Car son souper splendide est un souper de bois (4). —
Dépecer une outarde avec tant d'artifice
Est un talent qui manque à l'écuyer novice
Dont l'ignorance est vierge et ne s'élève pas
Au-dessus du beafsteack qu'il tranche à mes repas.

Un esclave échanson, vêtu d'une tunique
Simple et sans ornement, et dont le but unique
Est de le garantir du froid, nous offrira
La coupe plébéienne et la couronnera.
Je n'ai ni Lyciens, ni Phrygiens, ni Thraces,
Achetés à grand prix à des marchands rapaces ;
Quand tu demanderas, que ce soit en latin.

Tous deux ont même habit, ayant même destin,
Les cheveux courts et droits, et, contre l'ordinaire,
Aujourd'hui seulement peignés pour mieux te plaire.
Ils sont, l'un fils du pâtre et l'autre du bouvier.

Un chagrin dévorant consume le premier.
Depuis un fort long temps qu'il n'a pas vu sa mère
Il soupire en songeant à son humble chaumière,
Il est triste en pensant au troupeau bien connu.
C'est un enfant candide, au visage ingénu,
Tel qu'il faudrait que fût cette molle jeunesse
Dont une pourpre ardente illustre la noblesse.
Il ne va pas aux bains étaler l'embonpoint
De deux bulbes jumeaux aussi gros que le poing,
La voix rauque, montrer son aisselle épilée,
Ou masquer, tout confus, sa verge trop enflée.
C'est lui qui, l'œil timide et la rougeur au front,
Te versera d'un vin vendangé sur le mont
Où, jadis, sa naïve enfance fut nourrie ;
Le vin et l'échanson ont la même patrie.

    Peut-être espères-tu que les impurs accents
Des filles de Gadès chatouilleront tes sens
Qu'elles enflammeront, à grand bruit applaudies,
Par le rythme lascif de leurs danses hardies.
De Vénus qui s'endort c'est là le sûr réveil,
Du riche languissant l'aiguillon sans pareil.
Pourtant la volupté qu'inspire l'autre sexe
L'embrase plus encor, car elle est plus complexe,
Et bientôt, mis en rut par l'oreille et les yeux,
Il ne maîtrise plus ses désirs furieux.

    Ces jeux ne souillent point nos humbles maisonnettes.
Qu'il écoute, s'il veut, au bruit des castagnettes,
Ces obscènes chansons, ces propos libertins
Inconnus, dans leur bouge, aux plus viles catins ;
Que de la jouissance il épuise la source,
Celui qui ne craint pas, pour dernière ressource,
Quand l'estomac rempli se refuse à la faim

Sur ses riches pavés d'en vider le trop plein.

Ce sont là des excès qu'on passe à la fortune.

Les dés nous marqueraient d'une note importune

Nous autres, gens de peu ; quelle sévérité

Lorsque de l'adultère un de nous a tâté !

Pour eux, quand il leur plaît d'en prendre la licence,

Ce sont joyeusetés, bons tours, noble élégance.

Je te prépare, ami, des ébats moins pervers ;

Du chantre d'Ilion on nous dira les vers ;

On nous lira Maron dont la haute harmonie

Peut disputer la palme au Cygne d'Ionie.

En oyant de tels vers, faits pour nous enchanter,

De la voix du lecteur doit-on s'inquiéter ?

Adieu donc, les soucis ! A demain les affaires !

Accorde à nos plaisirs les heures nécessaires.

Puisque ce jour entier appartient au repos,

Que l'intérêt n'ait point de place en nos propos ;

Bannis jusqu'au chagrin, à la fureur jalouse

Qu'allume dans ton cœur une infidèle épouse,

Dût-elle, avant le jour désertant le logis,

Ne rentrer qu'à la nuit, sous le toit où tu gis,

La rougeur à l'oreille et le feu sur la joue,

Rajustant ses cheveux qu'une autre main dénoue,

Sa robe, humide encor, offrant, au seul aspect

De ses plis chiffonnés, un indice suspect.

Sur mon seuil, dès l'instant où tu franchis ma porte,

Laisse de tes chagrins la misérable escorte ;

Laisses-y ta maison, laisse tes serviteurs

Avec leur gaspillage et leurs respects menteurs,

Laisse tout ce qui peut troubler ta quiétude ;

De tes amis, surtout, laisse l'ingratitude.

Cependant, de Cybèle on célèbre les jeux,

Sur son char triomphal aux coursiers ombrageux
Trône notre préteur que son luxe dévore ;
Rome entière s'entasse au Cirque qu'elle adore (5) ;
— N'en déplaise à l'orgueil, par ces mots ulcéré,
D'un vulgaire nombreux, trop nombreux, à mon gré. —
J'entends d'ici les voix rouler comme un tonnerre,
Et des Verts j'en conclus la victoire ordinaire ;
Car, si, par aventure, ils n'étaient pas vainqueurs,
Une morne tristesse envahirait les cœurs,
Comme en ce jour de Canne où Rome, encor grossière,
Vit ses consuls vaincus gisant dans la poussière.

  Que la jeunesse accoure à ces jeux ; car les cris,
Le tumulte, et le bruit, l'audace des paris
Conviennent à son âge ; en joyeuses quadrilles
Il lui sied de s'asseoir auprès des belles filles.
Que la nouvelle épouse aille les contempler ;
Au bras de son époux elle y voit étaler
Ce que nul n'oserait conter en sa présence.

  Quant à nous, qui des ans éprouvons l'influence,
Mettons bas notre toge, et, dans cet appareil,
Allons nous imbiber des rayons du soleil (6).
Tu peux te rendre au bain sans masque et sans litière (7),
Quoique, avant la sixième, il reste une heure entière.
Mais une telle vie a ses dégoûts aussi ;
A peine pourrais-tu de cette façon-ci
Vivre cinq jours durant ; car, c'est un vieil adage
Que le plaisir périt par un trop long usage (8).

NOTES SUR LA XIe SATIRE

---

1. *De* Tiburtino *venet pinguissimus* agro....

Il n'est pas douteux qu'il ne s'agisse ici d'une terre appartenant à Juvénal. Ce qu'il dit plus bas de sa fermière, des fils de son pâtre et de son bouvier, etc., ne laisse aucun doute à cet égard. Et ceci suffit à prouver que Juvénal n'était point un « déclassé », comme le veut M. Victor Duruy, mais qu'il jouissait, au contraire, de cette heureuse médiocrité si favorable à l'indépendance et à la modération de l'esprit. Comment M. Duruy qui cite, à l'appui de sa thèse, — à faux sens, il est vrai, — des vers empruntés à cette même satire, comment, dis-je, un historien si sévère a-t-il fait pour ne pas voir cela ? — Hélas ! son siège était fait.

Nous irons plus loin et nous dirons que, à notre humble avis, *pour qui sait lire*, la terre de Tibur n'était pas la seule que possédât Juvénal. Nous lisons, en effet, dans la troisième satire (vers 318-319) :

> « . . . . . . Quoties *te*
> *Roma* tuo *refici properantem* reddet *Aquino....* »

Quoties... reddet... c'est-à-dire que c'était une habitude chez Juvénal d'aller se « refaire » à Aquinum et le mot « pro » *perantem* » indique qu'il y revenait volontiers. Or, Aquinum n'étant pas, comme Tibur, aux portes de Rome, cette habitude

ne s'explique que par la possession d'une partie, au moins, de
son patrimoine au lieu même de sa naissance ; et c'est ce que
confirme, sans doute, le possessif : *tuo*. Ceci, du reste, con-
corde parfaitement avec ce que nous savons de la naissance
de Juvénal : qu'il etait fils ou fils adoptif d'un *riche affranchi*,
« *libertini locupletis filius (vel) alumnus* ».

2.   *Hæc olim nostri jam luxuriosa senatus*
       Cœna fuit. Curius......

Certains traducteurs donnent à ce vers un sens qui pourrait
se rendre ainsi :

> Encor, telle qu'elle est, notre table frugale
> De notre vieux Sénat eût été le scandale.

Ils ont été évidemment influencés par le nom de Curius cité
immédiatement après. Nous croyons notre sens, en même
temps, plus conforme au texte et à la pensée du poète. Dans
le développement de la sensualité gastronomique chez les
Romains, Juvénal établit implicitement trois époques :

1° L'époque contemporaine, celle des Apicius, où elle est
excessive ; 2° l'époque primitive, celle des Curius, où elle est
nulle ; 3° une époque intermédiaire où on commençait à sacri-
fier au plaisir de la table, mais avec une sage modération.
C'est dans ce juste milieu que se tient Juvénal, *âme modérée*,
comme nous avons essayé de l'etablir dans notre préface.

3.   . . . . *Et grandi pasta polenta.*
                        (Perse, sat. III, v. 55).

4. Cet illustre Tryphère, qui tenait école de découpage
comme on tient ecole de philosophie, joignait la pratique à la
théorie et se servait, sans doute. pour ses démonstrations, de
pièces articulées en bois :

. . . . . *tota sonat almea cœna Subura.*

5.   . . . . . *Ac mihi pace*
       Immensæ nimiæque licet si dicere plebis,
       Totam hodie Romam circus capit....

Je ne sais pas si j'ai compris ces vers absolument de la

même manière que les autres traducteurs. Selon moi, Juvénal demande pardon de cette expression : « *Totam hodie Romam circus capit* » non à la population romaine en général ou à la partie du peuple entassée dans le cirque, mais précisément à cette plèbe nombreuse, *trop nombreuse* qui n'y pouvait trouver place. Elle aurait eu, en effet, quelque raison de se plaindre que le poète la mit hors de Rome ; aussi s'en excuse-t-il, mais par un trait de satire.

6.   *Et figas in cute solem.*

(Perse, sat. IV, v. 33.)

7. Sans masque et sans litière. — Peut-être trouvera-t-on cette expression un peu hardie. Elle nous a paru rendre suffisamment l'expression latine « *salva fronte* » qui signifie, en réalité, « sans crainte d'être vu ».

8.   . . . . *Voluptates commendat rarior usus.*

Nous aurions pu rendre ce passage d'une manière un peu plus conforme au texte, peut-être, mais, à notre avis, un peu moins conforme à la logique des idées.

> A peine pourrais-tu de cette façon-ci
> Vivre cinq jours durant ; car, dit un vieil adage,
> « Plus rare est le plaisir, plus doux en est l'usage. »

A la place qu'elle occupe ici, cette sentence serait, croyons-nous, exactement traduite par l'adage français :

> « Toujours du plaisir n'est pas du plaisir. »

Le lecteur appréciera.

SATIRE XII

LE RETOUR DE CATULLE

Plus que mon jour natal ce jour est radieux ;
Pour moi c'est jour de fête et j'ai promis aux Dieux,
A Junon reine, à toi, Déesse au front rigide,
Dont le bras redoutable est armé de l'Égide,
Des victimes qu'attend un autel de gazon,
Une jeune brebis à la blanche toison ;
A Jupiter très bon, qui règne au Capitole,
Un taureau pétulant dont la jeunesse folle
S'agite impatiente et, secouant le cou,
Fait un stupide effort pour rompre son licou.
Il est mûr pour l'autel et sa tête chagrine
Est apte à recevoir le vin et la farine,
Car déjà de sa mère il dédaigne le lait,
Aux chênes il essaie une corne qui nait.
  Si j'étais riche et si, sagement opportune,
A mon affection répondait ma fortune,

Ce n'est pas un taureau semblable à celui-là,
C'est un taureau superbe et plus gras qu'Hispulla,
Nourri, loin de ces lieux, dans les verts pâturages
Où le Clitumne frais erre sous les ombrages ;
C'est un noble animal au front large et puissant
Dont un robuste bras ferait couler le sang.
Que mon cœur offrirait aux Dieux en sacrifice
Pour les remercier que leur main protectrice
D'un extrême péril ait sauvé mon ami,
A son salut encor ne croyant qu'à demi.
Car, c'est peu d'échapper à la mer courroucée,
A la foudre éclatant sur sa nef harassée ;
Un nuage, poussé par un vent furieux,
De ténèbres soudain enveloppe les cieux ;
Un feu subit jaillit et court sur chaque antenne (1).
Chacun se croit atteint et voit sa mort certaine ;
Quel naufrage, en effet, pourrait-on comparer
A l'incendie affreux qui va les dévorer ?
A peine rien de tel se voit chez les poètes
Dans ce que leurs pinceaux ont décrit de tempêtes.
    Un autre mal cruel s'ajoute à celui-ci,
Un mal tout différent, mais qu'il faut plaindre aussi,
Quoiqu'on en puisse voir ailleurs bien des exemples ;
Témoin, tant d'ex-voto suspendus dans les temples.
— On sait que par Isis le peintre est allaité. —
Catulle fut réduit à même extrémité.
Voyant la mer remplir à moitié son navire
Battu de tous côtés par les flots en délire,
Le vieux pilote, au front blanchi dans le danger,
Se déclare impuissant à le plus diriger.
Imitant le castor, alors notre Catulle
Avec l'onde et le vent, malgré lui, capitule.

Comme cet animal, sur le point d'être pris,

D'un organe important, dont il sait bien le prix,

Se mutile lui-même, eunuque volontaire,

« Qu'on jette, disait-il, de sa voix la plus claire,

» Tout ce qui m'appartient » ; prêt à précipiter

Tant d'objets précieux, sans choisir, sans compter :

Une robe de pourpre à ravir un Mécène.

Et ces tissus moelleux et rares, dont la laine,

Sur le dos des brebis qui donnent ces toisons,

Emprunte ce qu'elle a de couleurs aux gazons,

Aux secrètes vertus des sources, dans les plaines

Qu'arrose le Bétis de ses ondes sereines.

Sans murmure, cédant à la nécessité,

Catulle, en ce moment, n'aurait pas hésité

A jeter dans le gouffre, — admirable merveille ! —

Son argent ciselé, vaisselle sans pareille,

Dont un Parthénius modela les contours,

Des vases par milliers, les bassins les plus lourds,

Un cratère plus grand qu'une urne (2) et bien capable

D'apaiser d'un Pholus (3) la soif insatiable

Ou celle de ta femme, ô bienheureux Fuscus ;

D'exquises coupes d'or, dépouilles des vaincus,

Où, joyeux compagnon, jadis buvait sans feinte

Le monarque rusé dont l'argent prit Olynthe.

　　Quel autre, maintenant, pourrait-on rencontrer

Dans ce vaste univers, qui sache préférer

Sa tête à son argent, sa vie à sa fortune ?

A combien de mortels cette erreur est commune !

Ce n'est pas pour jouir qu'ils veulent amasser ;

Leur seule jouissance, hélas ! est d'entasser.

　　De ses nombreux trésors la plus grande partie

Est déjà dans la mer à jamais engloutie.

En vain... Le vent redouble... Il ne leur reste plus
Qu'à mettre au pied du mât la hache, résolus,
Dans l'extrême péril suprême sacrifice,
A mutiler leur nef avant qu'elle périsse.
— Va donc ; livre ta vie à la fureur des vents,
Au gré d'un bois léger qui, sur les flots mouvants,
Entre la mort et toi, pour tout rempart, ne laisse
Que quatre doigts, ou sept, si la planche est épaisse.
Mais quand, prêt à partir, tu porteras à bord
Et le pain et le vin, embarque tout d'abord
Des haches... Garde-toi d'oublier, sur ta tête ;
Ce sera ton salut quand viendra la tempête. —
    Enfin, la mer s'apaise ; elle aplanit ses flots ;
Déjà l'espoir renaît au cœur des matelots.
Plus fort que l'Aquilon, la mer et les tonnerres,
Le destin a vaincu ; les Parques débonnaires
D'une laine plus blanche ont chargé leurs fuseaux ;
L'Auster se fait plus doux qu'un zéphyr sur les eaux.
Comment guider au port la nef désemparée ?
Une voile restait, à demi déchirée,
A la proue, une seule ; on s'ingénie ; aux vents
Qui tombent, on déploie, on tend des vêtements ;
On marche... et du soleil la riante lumière
Ramène en tous les cœurs une espérance entière.
    On découvre bientôt le sommet radieux
Du mont chéri d'Iule et les champs glorieux
Et les murs préférés à ceux d'une marâtre,
Albe... Ainsi la nomma la laie aux flancs d'albâtre
Que les Troyens, du ciel adorant les desseins,
Trouvèrent allaitant ses trente marcassins...
De la mer de Toscane on double enfin le phare (1)
Et le môle géant dont la masse sépare

Les eaux calmes du port des flots tumultueux ;
On glisse entre ces bras qui, d'un jet monstrueux,
S'élancent dans les eaux si loin de nos rivages.
La nature, admirable en de pareils ouvrages,
Ne fit jamais de port égal à celui-ci.
Le nocher, désormais libre de tout soûci,
Conduit jusques au fond sa barque délabrée ;
La plus humble nacelle y serait assurée.
C'est là que, tête rase, en son babil léger,
Le matelot se plaît à conter son danger.

Maintenant donc, enfants, silence ; que votre âme
S'emplisse du respect que le culte réclame.
Allez, ne tardez plus ; secondant mes desseins,
De guirlandes de fleurs ornez les temples saints ;
Sur les couteaux sacrés répandez la farine ;
Que l'autel de gazon d'un feu pur s'illumine.
Je vous suis, et, mon vœu pleinement accompli,
Je reviens aussitôt, de piété rempli,
Couronner au logis mes modestes pénates
De couronnes, comme eux frêles et délicates ;
Rendre à mon Jupiter un culte solennel,
Et, prodiguant l'encens au Lare paternel,
Répandre à pleine main, comme un pieux hommage,
La douce violette au pied de son image.
Tout resplendit chez moi ; le feuillage en faisceaux
Sur ma porte arrondit ses verdoyants arceaux.
Devançant du matin la lumière discrète,
L'éclat de mes flambeaux annonce un jour de fête.
Et pourtant, Corvinus, n'allez pas, aujourd'hui,
Suspecter la grandeur de mon zèle... Celui,
Pour le retour de qui j'offre tant de victimes,

Catulle, a trois enfants, héritiers légitimes.
Quel autre immolerait pour un stérile ami
Une poule malade et défunte à demi ?
Encor serait-ce là dépense non légère !
Qui donc, pour le salut d'un ami, s'il est père,
Offrirait une caille, ou même moins encor ?

   Paccius, qui n'a pas d'héritier de son or,
D'une fièvre bénigne a-t-il senti l'atteinte,
Soudain, de toute part, éclate même plainte ;
A la porte du temple on affiche ses vœux ;
Il en est que l'on voit promettre des cent bœufs.

   Ah ! pourquoi l'éléphant est-il chose si rare
Qu'il faille le tirer d'une terre barbare ?
Pourquoi sous notre ciel n'en est-il jamais né ?
Tout au plus un troupeau paît-il abandonné, —
Le troupeau de César, — dans les bois des Rutules.
Mais tout sujet est vil pour ces bêtes Gétules ;
Car leurs nobles aïeux jadis obéissaient,
Aux ordres d'Annibal, aux consuls ; ils laissaient,
A la voix de Pyrrhus, les belliqueux Molosses
En cohortes s'asseoir sur leurs dos de colosses ;
Aux jeux sanglants de Mars ils prenaient leur ébat,
Comme une tour vivante ils marchaient au combat.

   Hister et Novius, que même zèle anime,
Conduiraient à l'autel cette grande victime,
La seule digne, au gré de ces vils captateurs,
Et du Dieu qu'on adore et des adorateurs.
Tes lares, Gallita (5), verraient son agonie.
Qu'Hister en ait licence, et, dans sa vilenie,
Il prendra, sans scrupule, au milieu du troupeau,
L'esclave le mieux fait, le plus grand, le plus beau ;
Sur les plus jeunes fronts, sa main, sa main brutale,

Posera, sans trembler, la couronne fatale.
D'une fille nubile il n'hésiterait pas
A traîner à l'autel les innocents appas,
N'eût-il aucun espoir qu'un bienveillant Génie
Mit une biche au lieu de son Iphigénie.

A mon concitoyen j'applaudis franchement ;
Car, la flotte des Grecs vaut-elle un testament ?

Si, par cas, le malade échappe à Libitine,
Dans la nasse il est pris ; bientôt il élimine
Un premier légataire et, — tant il fut touché ! —
Hister Pacuvius à sa place est couché.
Et lui, tout orgueilleux d'une telle victoire,
Il nargue ses rivaux éblouis de sa gloire.

Ce n'est pas, tu le vois, sans un profit décent,
Que d'une Iphigénie on peut verser le sang.

Vive Pacuvius ! Puissent les destinées
De l'antique Nestor lui compter les années !
Puisse-t-il, sans relâche accroissant son trésor,
Entasser en ses mains une montagne d'or,
Plus que n'en extorqua jamais Néron lui-même !
Mais qu'il n'aime personne et que nul cœur ne l'aime.

NOTES SUR LA XIIe SATIRE

1. Ce phénomène si bien décrit est ce qu'on appelle mainte-
nant le « feu St-Elme ».

2. *Urnæ cratera capacem*, c'est-à-dire, un cratère dont la
capacité était égale à « une urne », environ 13 litres.

3. Pholus, centaure.

> Dans l'antre de Pholus jamais le jeune Alcide
> But-il, près de Chiron, un vin plus généreux ?
>   (Théocrite, Idylle VII. — Traduction Guillet.)

4. Il s'agit ici du port d'Ostie. L'honneur de cet ouvrage
« digne de la grandeur romaine » revient à Claude qui le fit
exécuter malgré l'avis des ingénieurs, lesquels ne croyaient
pas au succès de l'entreprise. Certains traducteurs ont mal
interprété ce passage, faute d'avoir sous les yeux le cha-
pitre XX de Suétone (*Vie de Claude*).

« *Portum Ostiæ exstruxit, circumdato dextra sinistraque
brachio, et ad introitum, profondo jam salo, mole objecta.....
congestisque pilis superposuit altissimam turrim in exemplum
Alexandrini Phari....* »

5. Gallita, comme Paccius, riche et sans enfants.

SATIRE XIII

LE DÉPOT

   Du crime qu'il commet, quelque nom qu'ait son crime,
Le coupable est toujours la première victime,
Car il ne peut s'absoudre et c'est son châtiment
De se juger lui-même inexorablement ;
D'un Préteur corrompu la vénale insolence
Eut-elle, en sa faveur, fait pencher la balance.
   D'ailleurs, ne vois-tu pas, Calvinus, quel émoi
Le perfide qui vient de te fausser sa foi
Soulève contre lui dans la ville irritée ?...
   Mais ta finance est-elle à ce point limitée
Qu'une perte légère affecte ton repos ?
C'est un revers banal, qu'on voit à tout propos,
Accident pris au tas de l'aveugle Fortune.
Cesse de faire entendre une plainte importune ;
Il faut savoir au coup mesurer la douleur ;
Le chagrin ne doit pas excéder le malheur.

Quoi ! pour avoir subi de si faibles atteintes
D'un mal aussi léger, ta bouche éclate en plaintes ?
Quoi ! d'un amer souci ton cœur est dévoré
Parce qu'un faux ami nie un dépôt sacré !
D'un homme de ton âge est-ce là la sagesse ?
Quoi ! soixante ans passés et sans qu'il y paraisse ?
Sous Fontéius consul (1) au monde être venu
Et de tant de leçons n'avoir rien retenu ?...

En des écrits divins apprendre la science
De triompher du sort, d'en braver l'inconstance,
C'est un labeur utile autant que généreux ;
Mais nous n'estimons pas que l'on soit moins heureux
Quand, sachant profiter des leçons de la vie,
Se résignant au joug qui la tient asservie,
On porte sans fléchir ses incommodités.
Est-il, dis-moi, parmi tant de solennités,
Un jour si solennel qu'il cesse de produire
Et le vol et la fraude, et cent façons de nuire
Qu'à l'âpre soif du gain prête la trahison,
Sans oublier parfois le fer ou le poison ?
Des rares gens de bien le nombre égale à peine
Le nombre des guichets de la cité Thébaine
Ou des bouches du Nil au limon fécondant.
Un neuvième âge règne, en crimes débordant,
Plus que l'âge de fer époque sombre et dure,
Et qui reste sans nom, parce que la nature
A manqué d'un métal pour le stigmatiser.
Insensés ! on nous voit pourtant nous épuiser
Attestant à grands cris et les Dieux et les hommes,
Comme ces clients vils qui, pour les moindres sommes,
Lorsque Fésidius prononce un plaidoyer,
En l'honneur du patron accourent aboyer.

Ignores-tu, vieillard de candeur enfantine,
Combien de l'or d'autrui le charme nous fascine ?
Ne vois-tu pas, dis-moi, que ta simplicité
Sur tous les fronts amène une douce gaîté
Quand tu prétends prouver qu'un parjure est un crime ;
Que, sur l'autel fumant du sang de la victime,
Il est un Dieu vengeur qui reçoit le serment ?
De nos aïeux, jadis, tel fut le sentiment...
Avant que, pour la faux quittant le diadème,
Saturne fugitif régnât en ce lieu même.
Junon était encor fillette et, loin des cieux,
Le vert Ida cachait le futur roi des Dieux.
Point de banquets alors pour la troupe immortelle ;
Chaque divinité dînait à part, chez elle.
On ne connaissait pas Ganymède échanson ;
Blonde comme les blés au jour de la moisson,
Hébé ne versait point le nectar délectable ;
Courant d'un pied boiteux tout autour de la table
Et sur sa lèvre humide essuyant ses bras nus
Vulcain n'éveillait pas les dédains de Vénus.
Alors, d'ailleurs, des Dieux moins grande était la foule,
Et du Ciel constellé qui sur nos têtes roule
Pour l'épaule d'Atlas moindre était le fardeau.
Aucun partage encor à nul maître nouveau
N'avait de la mer triste assigné le royaume ;
Le farouche Pluton, roi du peuple fantôme,
N'avait pas sur son trône assis Perséphoné ;
A sa roue Ixion n'était pas enchaîné ;
Nul vautour ne rongeait le flanc de Prométhée ;
Les effroyables sœurs, trinité redoutée,
Attendaient que le crime engendrât le remords ;
Sisyphe était encore inconnu chez les morts ;

Et, libres de tyrans, les ombres bienheureusès
Aux Champs-Elyséens erraient toujours joyeuses.
Alors la fraude était un prodige ; c'était,
En ce siècle innocent, un monstrueux forfait
Et que rien n'expiait que la mort du coupable,
Qu'un jeune homme, à l'aspect d'un vieillard, fût capable
De ne se point lever devant ses cheveux blancs.
Une barbe quelconque, un duvet de vingt ans
D'un enfant n'obtenaient pas moins de déférence,
Eût-il vu chez son père en plus grande abondance
Et le gland savoureux et la fraise des bois.
Tant l'âge sur les cœurs alors avait de droits!
Autant que du vieillard la blancheur vénérable
Le premier poil follet semblait considérable.

    Maintenant, qu'un ami, tels qu'il les a reçus,
Te rende, avec le sac, la rouille et les écus,
Sa loyauté devient un prodige, un miracle
Digne que des Toscans on feuillette l'oracle,
Qu'on couronne de fleurs une jeune brebis
Et que de son sang pur les autels soient fourbis.

    Pour moi, si, par hasard, à mes yeux se présente
Une âme incorruptible, ingénue, innocente,
C'est un fait merveilleux ; je m'arrête étonné,
Comme si, sur le corps d'un enfant nouveau-né,
D'un hideux animal j'apercevais la tête ;
Je crois voir une mule à gésir toute prête,
Ou, sous le soc de fer, surprenantes moissons.
Tout vivants, de la glèbe émerger des poissons.
Je serais moins troublé si, parmi les tonnerres,
Il pleuvait, tout-à-coup, une grêle de pierres ;
Si l'abeille, au plafond des temples sacro-saints
En grappes allongeait ses bourdonnants essaims ;

Si d'un lait écumant, au sein des mers profondes,
Un fleuve impétueux roulait de blanches ondes.

De quinze cents deniers que tu mis en ses mains
Un parjure a nié le dépôt, et tu geins ?...
Mais que dirais-tu donc si même perfidie
A tel autre a coûté la somme rebondie
De cinq fois cent mille as ? Si pareil coup du sort
D'un troisième a vidé le large coffre-fort ?
Tant à rire des Dieux encline est notre engeance !
Si faible est le souci qu'on a de leur vengeance,
Pourvu que des mortels le mal soit ignoré !
Cet homme, dirait-on qu'il se soit parjuré ?
Voyez cette voix ferme et ce ferme visage.
Il jure les rayons qui percent le nuage
Et la foudre qui veille au mont Capitolin,
Et le glaive de Mars; tes traits, Dieu Sybillin,
Qu'on adore à Cyrrha; belle et chaste Déesse,
Il jure ton carquois, Diane chasseresse ;
De Neptune Egéen il jure le trident,
Il jure l'arc d'Hercule au sifflement strident,
Il jure de Pallas la lance redoutable,
Tout ce que l'arsenal du ciel a de notable.
Est-il père ? « O mon fils, dira-t-il, si je mens,
Puissé-je dévorer ta tête à belles dents. »

Certains au hasard seul soumettent toutes choses.
La Nature préside à leurs métamorphoses,
Fait alterner les jours, les nuits et les saisons :
Pour un Dieu-Providence ils n'ont point de raisons.
C'est pourquoi des autels ils approchent sans crainte.

D'autres du châtiment redoutent fort l'atteinte ;
Ils croient qu'il est des Dieux, tout en se parjurant.
Chacun se dit, alors, en soi délibérant :

« Que de mon corps Isis fasse à sa fantaisie.

» Une jambe de moins, la fièvre ou la phtisie

» Est-ce donc là de quoi se montrer soucieux ?

» De son sistre irrité qu'elle touche mes yeux,

» Pourvu que ce dépôt qu'en ma fourbe je nie,

» Quoiqu'aveugle, ma main le palpe et le manie.

» Sans être fou, Ladas aurait-il hésité

» A préférer la goutte à tant d'agilité ?

» A l'agilité pauvre une goutte opulente !

» Belle gloire, en effet, et digne qu'on la vante,

» D'avoir, dans Pise, étant arrivé le premier,

» Reçu, pour tout potage, un rameau d'olivier...

» La vengeance des Dieux est terrible, sans doute ;

» Mais, la plupart du temps, elle s'attarde en route.

» S'ils veulent, tour à tour, punir tous les forfaits,

» Peut-être, jusqu'à moi ne viendront-ils jamais ?

» D'ailleurs les Dieux sont-ils toujours inexorables ?

» On les a vus souvent épargner des coupables ;

» Quand le crime est égal, inégal est le poids ;

» L'un monte sur le trône et l'autre sur la croix. »

C'est ainsi qu'au moment de succomber, l'infâme

Contre la peur du Ciel réconforte son âme,

Et puis, vers les autels, à son tour, t'appelant,

Il t'entraîne et se plaint de te trouver trop lent.

Car, dans le crime hélas! une audace impudente

D'un cœur droit, pour la foule, est la marque évidente,

Et le drôle, d'ailleurs, joue à rendre attentif

Du plaisant Catullus le bouffon fugitif.

Pour toi, comme Stentor, comme le Mars d'Homère,

Tu lances vers le ciel une clameur amère:

« Jupiter, tu l'entends et tu restes muet,

» Quand ta voix aurait dû siffler ainsi qu'un fouet?

» Dieu de marbre ou d'airain, à quoi bon, à main pleine,

» De l'encens, sur l'autel, faire monter l'haleine ?

» Pourquoi t'offrir le foie encor fumant d'un veau,

» Ou les jambons, tout blancs de graisse, d'un pourceau?

» Je le vois, il n'est pas de différence utile

» Entre ton effigie et celle de Bathylle. »

Ecoute, s'il te plait, un mot consolateur,

Voici ce qu'à tes cris peut répondre un docteur

Qui ne s'est enrôlé ni parmi les Cyniques,

Ni dans le bataillon, plus gourmé, des Stoïques,

Qui n'en diffèrent point si ce n'est par l'habit ;

Que jamais Epicure à ses lois n'asservit,

Ce sage heureux, si sobre en son jardin d'Athènes.

A des maux sérieux il faut des Archigènes (3) ;

Un novice suffit pour un simple embarras.

L'élève de Philippe, ami, retient ton bras.

Si tu ne peux sur terre au méfait qui t'accable

En opposer un seul qui lui soit comparable,

Je me tais ; à ton gré, tu peux, à coups de poing,

Te défoncer le sein ; je ne l'empêche point.

Va, de nombreux soufflets meurtris-toi le visage,

Puisqu'il est reconnu que pour un tel dommage,

Il faut fermer sa porte, et remplir sa maison,

Pour de l'argent perdu, de plus de déraison,

De tumulte et de cris que pour la mort d'un père.

Nul ne feint, en ce cas, quand il se désespère ;

On ne déchire point sa robe par le bord ;

Pour verser de faux pleurs on ne fait point effort.

Les pleurs que l'on répand sont des pleurs véritables.

Mais si nous n'entendons que des plaintes semblables,

Si chaque tribunal, chaque jour, en est plein,

Si, malgré des écrits revêtus de leur seing,

Scellés d'un sceau d'onyx conservé dans l'ivoire,
Lus devant dix témoins de probité notoire,
Des fripons, sans pudeur, trahissent leur serment,
Penses-tu donc, ami, dis-moi, tout bonnement,
Qu'il faille te placer hors de la loi commune ?
Es-tu seul à l'abri des coups de la Fortune ?
Fils de la poule blanche ? Et nous de vils poulets
D'œufs vulgaires éclos pour être ses jouets ?

Le mal dont tu te plains est chose bien légère.
Moins âpre assurément en serait ta colère
Si tu tournais les yeux vers des crimes plus grands.
A ton perfide ami compare ces brigands,
Mercenaires bandits, qui, d'une main hardie,
La nuit, sur nos maisons, déchaînent l'incendie ;
Compare ces larrons, monstres d'impiété,
Qui d'un temple, au mépris de son antiquité,
Ravissent ces bassins, offrande mémorable
Que du temps a bruni la rouille vénérable ;
Ces couronnes qu'aux Dieux vouèrent autrefois
La piété d'un peuple ou le respect des rois.
Où manquent ces trésors, un autre sacrilège,
Sans craindre la massue ou l'arc qui le protège,
Râcle la cuisse d'or d'un Hercule impotent
Ou la face du Dieu qui porte le trident ;
Il emprunte à Castor aussi quelque parcelle.
Pourrait-il hésiter, lui, dont la main mortelle
Fondit plus d'une fois Jupiter tout entier ?
Enfin, compare encor tous ceux qui font métier
De vendre ou d'acheter des poisons homicides,
Celui qu'au fond des mers le sac des parricides
Dans une peau de bœuf engloutit tout vivant,
Un singe, pauvre bête, en la mort le suivant (4).

Et pourtant qu'est-ce là? La moindre part des crimes
Dont Rome, chaque jour, peut nommer les victimes,
Que Gallicus préfet, gardien de la cité,
Du matin jusqu'au soir écoute épouvanté.
Les mœurs du genre humain voulez-vous les connaître?
Une seule maison vous les fera paraître.
Passez-y quelques jours et vous viendrez après,
Si vous l'osez, gémir des maux dont vous souffrez.

S'étonne-t-on de voir chez les races Alpines
C's hideuses tumeurs qui chargent les poitrines?
A Méroé, des seins à ce point triomphants
Que leur ampleur superbe excède les enfants?
Œil bleu chez les Germains et blonde chevelure?
Ce sont-là traits communs d'une même nature.

Quand, tout-à-coup, la grue aux bruyants bataillons
Des campagnes de Thrace envahit les sillons,
A ses cris, aussitôt, le belliqueux Pygmée
Accourt; d'un faible trait sa valeur est armée.
Mais, sa force inégale éprouvant des revers,
L'impitoyable oiseau l'emporte au haut des airs.
Si, chez nous, pareil fait venait à se produire,
Sans doute, à son aspect vous créveriez de rire ;
Mais, quoique, tous les jours, de semblables combats
On y soit spectateurs, on n'en rit pas là-bas,
Car il n'en est pas un dans la gent toute entière
Dont la taille s'élève à plus d'un pied de terre.
— Quoi ! Sa tête parjure échappe au châtiment?
Quoi! sa fraude exécrable aurait ce dénoûment? —
Suppose le chargé de la plus lourde chaîne,
Et (que pourrait de plus désirer notre haine?)
Dictons-lui son supplice et qu'il meure éperdu ;
Ton dépôt, cependant, te sera-t-il rendu?

Non, la perte subsiste, et ce corps qu'on mutile,
Ce sang à ta vengeance offre un plaisir stérile.
— La vengeance est pour moi le suprême plaisir. —
Sans doute, c'est ainsi qu'aveugle en son désir,
S'exprime cette foule ignorante et morose
Qui s'irrite au hasard et s'enflamme sans cause ;
Un rien à sa fureur suffit pour éclater.

C'est par d'autres leçons qu'ont su nous enchanter
Et Chrysippe et Thalès, vieillard, au doux génie,
Et cet autre vieillard, autre sang d'Ionie,
Dont l'Hymette odorant abrita le berceau.
Certe, il eût refusé, quand la main du bourreau
Lui tendait en pleurant ce poison qu'on redoute,
A son accusateur d'en céder une goutte.

La science du bien rend les hommes meilleurs.
En guérissant l'esprit de toutes ses erreurs
Pas-à-pas de nos cœurs elle expulse le vice ;
Elle est de la vertu la première nourrice.
La vengeance est toujours, si grand que soit le droit,
Le plaisir d'un cœur faible et d'un esprit étroit.
Réfléchis à ce fait, — que l'histoire proclame —
Qui pour elle a le goût le plus ardent ? — La femme.

Ne va pas, cependant, croire à l'impunité
D'un esprit conscient de son indignité ;
Car sur lui le remords exerce un dur empire
Et de son fouet vengeur sourdement le déchire.
Crois-moi, c'est un supplice affreux, plus qu'infernal,
Tel que Cédicius n'en trouva point d'égal,
Tel que n'en trouva pas le sombre Radhamante,
Que cet œil qui partout suit cette âme tremblante.

Voici ce que jadis Apollon répondit
A certain Spartiate (5), homme sage et bandit,

Qui, d'un gros sac d'écus étant dépositaire,
Sur le point de le rendre, hésitait à le faire
Et penchait à jurer qu'il n'avait rien reçu.
Or, il voulait savoir si le crime conçu
Du Dieu qu'il consultait obtiendrait l'indulgence.
« Ton doute, dit l'oracle, appelle ma vengeance ;
» Comme le crime même il te sera compté. »
Il rendit donc par crainte et non par probité.
Mais la prédiction se trouva véritable ;
Car notre homme eut la fin la plus épouvantable.
Ses enfants, ses parents, jusqu'au plus éloigné,
Tout périt avec lui ; nul ne fut épargné.
    Telle est du dessein seul la peine inévitable ;
Méditer un forfait c'est en être coupable.
Eh ! que sera-ce donc s'il est exécuté ?
Une perpétuelle et sombre anxiété
Accompagne partout une âme criminelle.
Une table opulente et lui rit et l'appelle ;
Sa gorge desséchée est close, et l'aliment,
Sous ses dents arrêté, grossit péniblement ;
De ses lèvres en vain il approche un breuvage ;
L'Albe le plus exquis, précieux par son âge,
Le dégoûte. Offrez-lui le pur nectar des Dieux,
Comme l'âpre Falerne, il offusque ses yeux
Et creuse sur son front une ride profonde.
La nuit, si, par hasard, un court sommeil l'inonde,
Et, pour quelques instants, endormant ses soucis,
A ses membres procure un repos indécis,
Bientôt l'infortuné croit revoir, dans ses songes.
Le temple, les autels témoins de ses mensonges.
Ce qui, par dessus tout, le remplit de terreur,
Il croit te voir toi-même et, frissonnant d'horreur,

— Car ton ombre paraît plus grande que nature, —
Sa bouche, malgré lui, confesse son parjure.

Voilà ceux dont le front pâlit au moindre éclair ;
Qui défaillent si tôt qu'un vain bruit trouble l'air ;
Voilà l'homme qui tremble aux éclats de la foudre.
Il craint qu'un Dieu vengeur ne le réduise en poudre.
Ce n'est point là pour lui, le jeu des éléments
Ou l'effet tout fortuit de la fureur des vents.
La tempête présente a passé sans lui nuire,
Plus grande est la terreur que la future inspire,
Il fait un crime au ciel de sa sérénité (6).

La fièvre, par hasard, le point-elle au côté,
Il reconnaît la main de quelque Dieu funeste ;
C'est l'ordinaire trait de la haine céleste.
Mais vouer un agneau bêlant aux immortels
Ou la crête d'un coq aux Lares paternels,
C'est ce qu'il n'ose point. Il n'est pas d'espérance
Pour le crime étendu sur son lit de souffrance.
D'ailleurs quelle victime est moins digne que lui
De respirer le jour qui le fuit aujourd'hui ?

Des méchants la nature est mobile, ondoyante ;
Pour commettre le crime ils ont l'âme vaillante ;
Mais, le crime commis, ils commencent à voir
Le vice et la vertu, le droit et le devoir.
Dans le mal toutefois leur nature immuable
Sans cesse les ramène à son penchant coupable.
Peut-on mettre soi-même un terme à son ardeur ?
Sur un front avili ramener la candeur ?
Qui donc avez-vous vu s'arrêter dans le crime ?
Ton perfide, crois-moi, de soi-même victime,
Dans ses propres filets, un jour, enveloppé,
Au fond d'un noir cachot, sépulcre anticipé,

Mourra désespéré, dans la nuit, sous la terre,
Ou dans l'exil lointain sur un roc solitaire.
Alors,.de son supplice et de son châtiment
Tu jouiras, enfin, voluptueusement,
Et tu confesseras, dans ton âme implacable,
Que Jupiter voit tout et qu'il est équitable,
Et, quoique leur justice avance d'un pas lourd,
Qu'aucun des immortels n'est aveugle ni sourd.

NOTES SUR LA XIIIᵉ SATIRE

1. Ce vers et le précédent nous donnent à peu près la date de la composition de cette belle satire. En effet, Fonteius Capiton fut consul la 5ᵉ année du principat de Néron, en 59. Si on ajoute à 59 l'âge de Calvinus, 60 ans, on arrive à l'an 120, 4ᵉ année du principat d'Adrien. Juvénal, né en 42, avait donc, à cette époque, environ 78 ans. Son génie, on le voit, était encore entier.

2. Sans être fou, à moins qu'il ne fût fou, s'il n'était pas fou.

> *Non Ladas si ego, pennipesve Perseus......*
>
> (Catulle).

3. Juvénal nomme dans ses satires deux médecins qui ont marqué dans l'histoire de la médecine : Thémison et Archigène. Nous croirions volontiers que, sous ces deux noms, il désigne, non les personnages eux-mêmes, mais les écoles qu'ils représentent. En effet, le Thémison dont il parle, dans la satire x, comme d'un assassin émérite :

> *Quot Themison ægros autumno occiderit uno,*

ne peut guère être le Thémison qui vivait au temps d'Auguste et qui, dit-on, avait introduit l'usage des sangsues. C'était, sans doute, ou l'école elle-même, ou une façon de docteur

Sangrado qui, à cheval sur les préceptes du Maître, phlébotomisait à mort ses malades. Le Philippe dont il est ici question était vraisemblablement aussi un phlébotomiste :

· *Tu venam vel discipulo committe Philippi.*

Juvénal paraît avoir eu meilleure opinion d'Archigène ou de son école.

Advocat Archigenem....
                         (Sat. VI, v. 236).

Ocius Archigenem quære......
                         (Sat. XIV, v. 252).

C'est pour cette raison que nous avons pris dans notre traduction le nom d'Archigène comme synonyme de « grand médecin » :

Curentur dubii medicis majoribus *ægri.*

4. Le parricide était enfermé dans un sac de cuir avec un singe, un coq et un serpent, puis jeté à l'eau.

5. Le personnage dont il est ici question se nommait Glaucus. Ce trait est emprunté à Hérodote, livr. VI, ch. LXXXVI.

6. L'anxiété qu'il éprouve lui fait désirer que le coup qu'il redoute le frappe sans retard. Il n'est pas rare de voir des gens se tuer pour échapper aux tortures du remords ou à la crainte d'un danger.

SATIRE XIV

L'EXEMPLE

Que de vices, Fuscin, — je dis : vice capable
D'imprimer à l'honneur la tache ineffaçable, —
Des parents aux enfants par l'exemple transmis !
Un père aime les dés, redoutables amis ;
Déjà son héritier, qui porte encor la bulle,
Agite, à son exemple, un cornet minuscule.
Peut-on espérer mieux hélas ! de ces enfants
Qu'un père libertin, un goinfre en cheveux blancs,
Instruit dans le bel art de mélanger l'oronge
Et la truffe en la sauce où le bec-figue plonge ?...
Non. A peine auront-ils accompli leurs sept ans,
Avant que leur mâchoire ait fait toutes ses dents,
Choisis-leur, entre mille, un précepteur austère ;
Sa barbe n'y peut rien ; la table de leur père
Aura toujours pour eux un attrait sans pareil ;
Ils ne sauraient déchoir de son noble appareil.

Rutilus prêche-t-il la douceur ?... la sagesse
Qui comprend et pardonne à l'humaine faiblesse,
Estimant qu'un esclave est homme comme nous,
Que du même limon nous sommes formés tous ?
Ou bien la cruauté ?... lui, pour qui les supplices,
Pour qui le bruit des coups sont si pleins de délices,
Que du fouet, à son gré, les hideux sifflements
Plus qu'un chant de Sirène ont de ravissements ;
Odieux Antiphate, atroce Polyphème,
Qui, chez lui, fait trembler jusqu'à son Lare même,
Et qui n'a de bonheur que lorsque le bourreau
Marque de son fer rouge un pauvre volereau
Pour un torchon soustrait, pour une bagatelle ?
Et son fils ?... Que ne peut sur sa jeune cervelle
L'exemple d'un tel père à qui rien n'est si doux
Que les chaînes, les cris, les pleurs et les verrous ?
    Attends-tu qu'indocile aux leçons de sa mère
La fille de Larga ne soit point adultère,
Qui n'en saurait compter jusqu'au dernier amant
Sans reprendre vingt fois haleine en les nommant ?
Vierge encor, de sa mère elle était confidente ;
A son tour, aujourd'hui, cette mère prudente
Lui dicte les poulets qu'à ses adorateurs
Remettent de Larga les ex-entremetteurs.
    C'est une loi fatale, une loi de nature,
Que la corruption soit plus prompte et plus sûre
Quand l'exemple du vice emprunte autorité
A celui que du sang revêt la majesté.
Deux ou trois jeunes gens dédaigneront peut-être,
De suivre aveuglément l'exemple d'un tel maître,
Parce que Prométhée a façonné leur cœur
D'une main plus propice ou d'un limon meilleur ;

Mais le reste, fidèle au paternel orbite,
Suit le sentier battu que leur sagesse évite.
  Donc de tout acte vil gardons-nous avec soin ;
Craignons, — d'autre motif avons-nous donc besoin ? —
Que, nos enfants suivant l'exemple de nos crimes,
Notre perversité n'en fasse nos victimes.
Le mal trouve toujours de prompts imitateurs ;
Tout peuple, tout climat a ses conspirateurs
Qui de Catilina ressuscitent l'audace ;
Mais Brutus et Caton n'ont pas laissé de trace.
Où réside l'enfance est le temple des Dieux
Et rien n'y doit souiller l'oreille, ni les yeux.
Loin de là les Phrynés, le parasite obscène
De ses chants avinés troublant la nuit sereine.
Témoigne à l'innocence un souverain respect ;
Quand tu méditeras quelque dessein suspect
Ne va pas de l'enfant mépriser la jeunesse ;
Que le berceau d'un fils défende ta sagesse
Car, s'il encourt jamais le courroux des censeurs,
Si ton visage, en lui, revit moins que tes mœurs,
Si plus loin que son père il marche dans le vice,
Il faudra bien, alors, que ta voix retentisse ;
Puis, en propos amers, enfin, las d'éclater,
Tu songeras, sans doute, à le déshériter.
Mais de quel front, vieillard pire en ta turpitude,
D'un père prendrais-tu la sévère attitude,
Toi, dont la tête vide et le cerveau peu sain
Appellent dès longtemps les soins du médecin ?
  Si, par hasard, d'un hôte on attend la visite,
Soudain, autour de toi, tout le monde s'agite
Toi-même, verge en main, en maître impérieux,
Tu dictes à chacun tes ordres furieux :

« Balayez ce pavé, qu'on frotte ces colonnes ;

» Vois-tu cette araignée au lambris ? — Tu frissonnes... —

» Qu'on l'abatte, et, surtout, qu'elle n'échappe pas.

» Toi, lave ce service, ornement du repas,

» Et toi, fais-moi briller ces coupes ciselées. »

Ainsi, pauvre insensé, tu crains qu'en tes allées

Les incongruités qu'un chien fait au hasard

D'un hôte, ton ami, ne choquent le regard ;

Tu trembles qu'en passant, de quelque éclaboussure

A ton portique un char n'imprime la souillure ;

Pourtant un seul valet suffit à l'effacer ;

Un demi-modius de sable et c'est assez.

Ce que tu ne crains pas... ou ce dont tu n'as cure,

C'est de faire à ton fils une maison si pure

Que le vice jamais ne s'y montre à ses yeux.

Certes, tu fais à Rome un don fort précieux

En lui donnant un fils qui serve bien sa mère,

Utile dans la paix, utile dans la guerre ;

Mais il dépend de toi qu'il soit bon citoyen ;

Toi seul le formeras pour le mal ou le bien.

Quand la mère cigogne à sa progéniture,

Loin du nid maternel, a cherché la pâture,

Elle revient, au bec rapportant un lézard,

Un serpent rencontré dans les champs, a l'écart.

Ses petits, à leur tour, quand a poussé leur aile,

Vont chasser des serpents et des lézards, comme elle.

Lorsqu'il s'est bien repu de chiens et de chevaux,

Qu'il a, sur des gibets, fouillé dans des cerveaux,

Le vautour, père tendre autant que la cigogne,

Rapporte à ses petits une part de charogne.

Ainsi feront ses fils, quand, devenu vautour,

Chacun fera son nid sur son arbre, à son tour.

Jamais le noble oiseau qui porte le tonnerre
Sur un cadavre vil n'appesantit sa serre ;
C'est le chevreuil rapide ou le lièvre aux abois
Que son ardeur guerrière immole au fond des bois ;
Et puis, il prend son vol vers son roc solitaire
Emportant son butin palpitant, dans son aire.
Aussi, quittant le nid, bientôt, le jeune aiglon,
Quand la faim lui fera sentir son aiguillon,
Fondra du haut des airs sur l'humble créature
Dont, au sortir de l'œuf, la chair fut sa pâture.
     Cétronius fut grand entre les bâtisseurs ;
De Tibur ses villas couronnaient les hauteurs,
Sur les monts de Préneste elles dressaient leur faîte,
Ses palais enchantaient les plages de Gaète.
Achetés à grand prix, leurs marbres précieux,
Qu'il tirait de la Grèce et de vingt autres lieux,
Ecrasaient de leur pompe insolente, importune,
Et le temple d'Hercule et le tien, ô Fortune.
Telle d'un vil eunuque (1) on a vu la splendeur
Du Capitole même éclipser la grandeur.
Pour lui, sa passion ne fut pas sans dommage ;
Il avait de son fils écorné l'héritage.
Il en laissait, pourtant, à ce jeune insensé
Une part à suffire au plus intéressé.
Mais il dissipa tout par la même manie :
Il voulut de son père effacer le génie.
     Certain, à qui le sort a donné pour auteur
Un mortel du sabbat fidèle observateur,
N'adore, comme lui, que la céleste voûte ;
Il s'abstient de la chair du porc et la redoute
A l'égal de la chair de l'homme ; avec candeur
Il livre son prépuce au sacrificateur ;

Du mépris de nos lois il a pris l'habitude
Et de celles des Juifs fait son unique étude;
Il n'observe et ne craint que ce qu'à ses aïeux
De Moïse a prescrit le droit mystérieux.
Le voyageur en vain lui demande sa route,
S'il n'a la même foi, jamais il ne l'écoute ;
Etes-vous circoncis ? Si vous ne l'êtes pas,
Jamais à la fontaine il ne guide vos pas.
De cette barbarie, enfin, quelle est la cause ?
Chaque septième jour son père se repose,
Ne daignant à nul prix faire œuvre de sa main ;
Et le père à son fils a tracé le chemin.

　　Un naturel penchant nous mène à chaque vice.
Il en est un, pourtant, un seul, c'est l'avarice,
Dont la sordidité répugne à nos garçons ;
C'est peu de notre exemple, il y faut nos leçons.
Ce vice au maintien grave, à face de mégère,
Revêt de la vertu la forme mensongère.
A le louer quel père a jamais hésité ?
L'avare est un mortel plein de frugalité;
C'est un homme prudent et dont l'économie
Pour croître et conserver n'est jamais endormie.
Le dragon qui, jadis, gardait la toison d'or
D'un œil moins attentif veillait sur son trésor.
Ajoutez qu'un vain peuple admire sa sagesse ;
Car, en de telles mains, l'argent grossit sans cesse.
Les moyens, il est vrai, lui sont indifférents.
N'ayant qu'un but, le gain, il sait le prix du temps,
Et, dès l'heure nocturne où son fourneau s'allume,
Il bat, âpre artisan, l'argent sur son enclume.

　　Un père qui le croit heureux au fond du cœur,
De ses trésors grossiers stupide admirateur,

Qui n'imagine pas et ne voit point d'exemple
Que jamais le bonheur d'un chaume ait fait son temple,
A suivre cette voie exhorte son enfant
Et dans l'étroit sentier le pousse, triomphant.
Il est des rudiments à l'école du vice
Qu'avant tout il inculque à son esprit novice.
A l'épargne sordide il est d'abord rompu ;
Bientôt il fera naître en son cœur corrompu
D'accumuler sans fin la soif insatiable.
Lui-même, en sa lésine, injuste, impitoyable,
Non content d'affamer ses valets amaigris,
Il refuse à sa faim un morceau de pain bis,
Un croûton de rebut couvert de moisissure.
En plein mois de septembre, — et non par aventure, —
Il garde de la veille un reste de hachis,
De fèves, de poisson quelque immonde gâchis
Qui d'un autre repas doit faire la pâtée,
D'un silure à demi rongé la chair gâtée ;
Jusques à des poireaux qu'il enferme sous clefs
Après avoir pris soin d'en compter les filets.
Les plus vils mendiants invités à sa table
Refuseraient leur part d'un régal détestable.
   Mais à quoi bon cet or acquis si chèrement ?
Car, c'est une folie indubitablement,
C'est le signe certain d'un esprit frénétique
Pour mourir opulent de vivre famélique.
Chaque jour cependant il voit son sac grossir ;
Mais tant s'accroît son or, tant s'accroît son désir ;
On désire tant moins que tant moins on possède.
   C'est trop peu d'une terre, et ce souci t'obsède ?
Achète ce domaine encore ; arrondis-toi ;
Recule ta frontière... Es-tu content ? Mais quoi !

La moisson du voisin est plus riche et plus belle ?
Achète ; encor ce bois, encor cette parcelle
Et le mont qui blanchit là-bas sous l'olivier...
Mais le maître, à nul prix, ne veut te l'octroyer ?...
Quand la nuit répandra son ombre sur la plaine,
Dans ces vertes moissons dont son âme est si vaine
Lâche tes maigres bœufs, tes chevaux harassés,
De travail et de faim également cassés,
Et que tous ces épis s'entassent dans leur ventre,
Et que pas un d'entr'eux à l'étable ne rentre
Avant que par leur dent le champ ne soit laissé
Aussi ras que le chaume où la faux a passé...
    Que de gens, en pleurant de semblables outrages,
Ont à l'iniquité cédé leurs héritages !
Mais aussi quel concert de mépris acéré
Accompagne partout son nom déshonoré !
  « Quel mal cela fait-il ? » dit notre homme impassible ;
  « A tous ces vains propos, je demeure insensible ;
 » Et je me soucirais autant que d'un fétu
 » De voir tout le canton célebrer ma vertu,
 » S'il me fallait cueillir, pour éviter la haine,
 » Quelques épis de moins dans un moindre domaine. »
    Fort bien ! La maladie et la caducité,
Sans doute, n'auront pas prise sur ta santé ;
A l'abri des soucis les douces destinées
Prolongeront sans fin le cours de tes années,
Si tu possèdes seul plus de glèbe à la fois
Que n'en labourait Rome entière au temps des rois ?...
Plus tard encore, alors qu'en des luttes épiques
Le sang coulait à flots dans les guerres Puniques,
Que nos mâles aïeux, vaincus mais triomphants,
Faisaient trembler Pyrrhus malgré ses éléphants,

Quand ils avaient blanchi par les monts, par les plaines,
Pour prix de leurs sueurs et du sang de leurs veines,
L'État leur accordait à peine deux arpents.
Cet humble don jamais ne fit de mécontents ;
Nul n'accusa jamais Rome d'ingratitude ;
Car ce champ si petit nourrissait d'habitude
Le père de famille et toute sa maison :
Sa femme dont le sein attend un nourrisson,
Quatre petits enfants, jouant, groupe champêtre,
Un seul, fils d'une esclave, et les autres du maître :
De plus, quand leurs aînés, robuste bataillon,
Quittaient pour le logis la vigne ou le sillon.
Pour apaiser leur faim, que la fatigue irrite,
La polenta fumait dans la grande marmite.
   Ce champ ne suffit plus même pour un jardin.
Il est peu de forfaits, dans ce siècle d'airain,
Dont l'âpre soif de l'or ne soit pas l'origine ;
C'est ce désir sans frein qui fait qu'on assassine
Et qu'à la cruauté joignant la trahison
Tant de perfides mains distillent le poison.
Car, c'est peu d'être riche, il faut l'être sur l'heure,
Et devant le torrent debout rien ne demeure ;
L'avarice, en son cours, engloutit à la fois
La pudeur, le respect et la crainte des lois.
   « Enfants, disaient jadis et le Marse et l'Hernique,
» Le vieillard du Vestin, hommes du siècle antique,
» Enfants, ne quittez pas ces monts pour d'autres bords ;
» Aimez l'humble cabane où vos pères sont morts ;
» Laboureurs assidus, demandez à la terre
» Le pain qui doit suffire à votre vie austère.
» C'est ce qui plaît aux Dieux qui protègent nos champs,
» Aimables déités dont les soins si touchants

» En donnant aux humains des moissons délectables

» Ont relégué le gland bien loin dans les étables.

» Quiconque, sans rougir, dans la rude saison,

» Oppose au froid Eurus l'envers d'une toison

» Ou tend sur sa cheville une guêtre grossière

» De la simple vertu ne quitte point l'ornière.

» C'est la pourpre, inconnue au pays des Latins,

» Fléau né, pour nous perdre, en des climats lointains,

» C'est elle qui nous pousse hélas ! à tous les crimes. »

Hommes des anciens jours, c'étaient là vos maximes.

Et maintenant, un père, au milieu de la nuit,

Nuit si longue déjà quand l'automne s'enfuit,

Debout près de la couche où le sommeil le presse,

De son fils, à grands cris, gourmande la paresse ·

« Tes tablettes, enfant ; voyons, réveille-toi.

» Prépare un plaidoyer ; lis et relis la loi ;

» Brigue le cep de vigne ; écris une requête ;

» Surtout, que Lélius remarque bien ta tête

» Où le peigne jamais n'a passé ; que ses yeux

» S'arrêtent étonnés sur tes bras vigoureux

» Et sur le poil touffu qui croît sous tes narines.

» Du Maure basané, va, brûle les chaumines,

» Mets à sac les châteaux, refuges du Breton.

» Quand la neige des ans blanchira ton menton,

» Peut-être pourras-tu, glorieux vexillaire,

» De tes longues sueurs recevoir le salaire.

» Que si ton cœur répugne aux fatigues des camps,

» Si ton ventre s'émeut aux belliqueux accents

» Des clairons se mêlant aux trompettes guerrières,

» Devant toi, le négoce abaisse ses barrières.

» Tout ce que tu pourras revendre moitié plus,

» Achète-le, sans choix, sans dédains superflus

» Des produits qu'au delà du Tibre il faut qu'on porte ;

» Ne va pas distinguer ; cuirs ou parfums, qu'importe ?

» D'où qu'il vienne, crois-moi, l'argent sent toujours bon.

» Qu'en ta bouche sans cesse habite ce dicton :

» (Il est digne des Dieux et de Jupiter même)

» L'honneur n'est qu'un vain mot ; l'or est le bien suprême.

L'aïeule à ses garçons, quand leurs petites voix

Lui demandent un as, le redit chaque fois ;

Même avant l'alphabet tu l'apprends, ô fillette.

Au père, quel qu'il soit, dont l'ardeur indiscrète

Prodigue à ses enfants de semblables leçons,

« Insensé, puis-je dire, attends, nous avançons ;

» A quoi bon te presser ? Moi, je puis te promettre

» Qu'avant peu le disciple éclipsera le maître.

» Ne t'inquiète point ; tu seras dépassé.

» Télamon par Ajax fut jadis effacé ;

» Pélée également fut vaincu par Achille.

» Épargne sa jeunesse aux conseils trop docile ;

» Le virus qu'en naissant en germe il a porté

» Jusqu'aux moelles encor ne l'a pas infecté.

» A peine le duvet de son jeune visage

» Du peigne ou du rasoir connaîtra-t-il l'usage,

» Qu'aux pieds de Cérès même, insensible au mépris,

» Il vendra, faux témoin, le parjure à vil prix.

» Si, par cas, de ta bru la dot franchit ta porte,

» Dot fatale ! crois-moi, c'en est fait, elle est morte.

» Surprise en son sommeil, plein de songes si doux,

» Sa gorge râlera sous les doigts d'un époux.

» Ces biens que tu cherchais au loin, à l'aventure,

» Une route l'y mène et plus courte, et plus sûre ;

» Un grand crime, en effet, exige peu d'efforts.

» Ah ! diras-tu, peut être, un jour, non sans remords,

» Je ne lui prêchais pas de semblables maximes,

» Je ne lui conseillai jamais de pareils crimes.

» Et pourtant, c'est en toi que sa perversité

» Trouve son origine et son autorité.

» Au cœur de ton enfant si ta voix corruptrice

» Par de louches conseils fait germer l'avarice,

» Si tu souffres la fraude à doubler son avoir,

» C'en est fait ; l'arrêter n'est plus en ton pouvoir ;

» Sans souci de tes cris, de borne ou de barrière,

» Son char impétueux l'emporte en la carrière.

» Du champ que l'on accorde à sa fragilité

» Jamais, en ses écarts, nul ne s'est contenté.

» Lorsque devant ton fils tu taxes de démence

» L'homme qui d'un ami soulage l'indigence

» Ou dont la main relève un parent ruiné,

» Tu lui prêches le vol et le meurtre effréné,

» Le crime, quel qu'il soit, qui mène à la richesse ;

» Pour laquelle ton cœur n'a pas moins de tendresse

» Que Décius pour Rome, et (si j'en crois les Grecs

» Dont les contes parfois peuvent sembler suspects,)

» Que pour Thèbes jamais n'en conçut Ménécée ;

» Cette Thèbes des dents d'une hydre ensemencée,

» Où jadis, ô prodige ! on vit, dans les sillons,

» De guerriers tout armés pousser des bataillons

» Qui soudain, comme au son des clairons homicides,

» Engagèrent entre eux des luttes fratricides.

» Ainsi, ce feu naissant que tu viens d'allumer

» Tu le verras grandir, prêt à tout consumer,

» Tu le verras au loin étendre ses ravages ;

» Toi-même, infortuné, subiras ses outrages.

» Ce jeune lionceau que ta main a nourri,

» Il rugira bientôt, et, par l'âge aguerri,

» Tout tremblant en son antre il traînera son maître.

» Ton heure était connue à qui peut la connaître (2) ;

» Mais Lachésis est lente à tourner son fuseau ;

» Vainement d'Atropos t'épargne le ciseau,

» Tu mourras : Pour ton fils ta vie est une gêne,

» Un obstacle à ses vœux. Va, cours chez Archigène,

» Car ta longue vieillesse irrite ton garçon ;

» A tout prix, munis-toi d'un bon contre-poison,

» De l'antidote heureux qu'inventa Mithridate,

» Si tu veux, échappant à sa main scélérate,

» De la rose au printemps, respirer le parfum,

» Et savourer la figue au moment opportun.

» C'est une médecine, aux rois indispensable,

» Que tout père doit prendre en se mettant à table. »

Veux-tu voir un spectacle étrange, curieux,

Que la scène jamais n'offrirait à tes yeux,

Que nul préteur prodigue en sa magnificence

Ne saurait égaler ? Contemple la démence

D'un avare toujours prêt à braver la mort

Pour enfler son pécule, emplir son coffre-fort,

Qu'au vigilant Castor, non sans crainte, il confie ;

Car à Mars, désormais, personne ne se fie

Depuis que ce vengeur pleure tout morfondu

Sa lance dérobée et son casque perdu.

Laissons donc là les jeux de Cérès et de Flore ;

L'humaine comédie est plus piquante encore.

Car l'esprit n'est-il pas bien moins intéressé

A l'aspect d'un danseur dans les airs élancé

Ou sur la corde roide allant d'un pas agile,

Qu'à ton aspect, ô fou, qui fais ton domicile

D'un navire crétois par les vents ballotté

Et sans cesse en péril d'être précipité ?

Et pourquoi ? Pour l'appât de quelque vil négoce.
C'est pour nous rapporter le vin qu'on foule à Gnosse,
Sur l'antique rivage où naquit Jupiter,
Que tu braves ainsi le courroux de la mer ;
Pour moins encor, pour un parfum, pour une drogue.
Pourtant, son cas au tien est loin d'être analogue.
Quand il parcourt ainsi de son pas incertain
Le câble qui frémit sous lui, c'est pour son pain,
C'est pour un toit l'hiver qu'il expose sa vie.
Si tu l'exposes, toi, c'est pour que l'on t'envie,
Pour avoir cent villas, des talents par milliers. —
   Vois ce port, cette mer couverte de voiliers ;
La terre maintenant est moins qu'elle peuplée.
Quelque part que du gain l'espoir l'ait appelée,
Une flotte aussitôt est prête à s'y porter,
Quel que soit le péril, qu'il lui faille affronter
La mer de Carpathie ou le golfe Gétule.
Loin de Calpé, bien loin, en plein gouffre d'Hercule,
Le matelot surpris, dans les flots rougissant,
Entendra le soleil s'éteindre en frémissant.
Encor, si le profit récompensait la peine !
Mais c'est pour revenir au logis bourse pleine,
Pour éblouir les yeux de quelque vain trésor,
Pour des contes d'enfant, qu'on brave ainsi la mort.
   Sous mille aspects divers la démence s'atteste :
Jusqu'aux bras de sa sœur le malheureux Oreste
Croit voir, la torche en main, les trois monstres hideux
Nuit et jour attachés à ses pas hasardeux,
Chiens d'enfer haletant sur la piste du crime ;
Dans le bœuf qu'il égorge, innocente victime,
Ajax entend mugir Ulysse, Agamemnon...
Mais peut-on refuser l'honneur d'un cabanon

A l'avare insensé qui, calme en son délire,
De produits jusqu'au bord encombre son navire
Et s'embarque sans mettre, oublieux du danger,
Entre la mort et lui qu'un bordage léger,
Le tout, pour entasser dans sa caisse élargie,
Quelques disques d'argent marqués d'une effigie ?
  Déjà la foudre gronde et le ciel s'assombrit ;
Notre marchand de poivre ou de froment sourit :
« Bah ! ce n'est rien, dit-il. En route ! Ce ciel sombre
» Que la mer réfléchit et cette barre d'ombre
» N'ont rien de menaçant ; un orage d'été... »
Et cette même nuit, peut-être, épouvanté,
Le malheureux verra de ses nefs fracassées
Flotter autour de lui les épaves pressées.
Lui-même, par les flots à demi submergé,
Luttera, bourse aux dents, d'un bras découragé.
Cet homme, dans ses vœux naguère insatiable,
Qui convoitait plus d'or que ne roulent de sable
Et le riche Pactole et le Tage enchanté,
Maintenant un haillon couvre sa nudité,
Et, mendiant le pain qui fait sa nourriture,
Il montre, pour un as, son naufrage en peinture.
  Ce n'est pas tout ; ces biens, si chèrement acquis,
Il faut les conserver quand on les a conquis.
Quelles craintes alors et quelle inquiétude !
Une grande opulence est une servitude.
Le riche Licinus ne peut dormir qu'après
Que seaux et réservoirs, autour de lui, sont prêts.
Chaque nuit, par son ordre, à l'heure où tout sommeille,
D'esclaves aguerris une cohorte veille ;
Car la terreur habite en son cœur anxieux.
Il tremble pour son or, ses marbres précieux,

Ses vases d'électrum, ses tableaux, ses statues,
Son ivoire incrusté d'écaille de tortues.

Le Cynique, vêtu des trous de son manteau,
Ne craint point que le feu consume son tonneau.
Qu'aujourd'hui sa maison se défonce ou s'écroule,
Une autre, dès demain, sinon la même, roule ;
A réparer la brèche un vil plomb a suffi.
Lorsque de sa grandeur Alexandre bouffi
En son humble coquille (3) aperçut Diogène,
Ce mâle esprit, que rien ne trouble, ni ne gêne,
Qui ne désire rien, lui parut plus heureux
Que l'homme qui convoite un monde dans ses vœux
Et qui doit égaler ses périls à sa gloire.
O Fortune ! tu n'as qu'un pouvoir illusoire.
Déesse, c'est à nous, à notre insanité
Que tu dois ton prestige et ta divinité.

— Mais d'un bien suffisant quelle est donc la mesure ?
Ce qu'exigent la faim, la soif et la froidure.
Socrate de ce peu s'est jadis contenté ;
Plus tard, il suffisait à ta frugalité
Dans ton jardin modeste, ô divin Epicure.
Car toujours la raison concorde à la nature.

Ces exemples, peut-être, ont trop d'austérité ?
Mêlons-y quelque peu de notre infirmité,
J'y consens. Eh bien ! soit ; réalisez la somme
Qu'exige le décret d'Othon pour que, dans Rome,
Aux quatorze gradins quelqu'un puisse s'asseoir...
Vous froncez le sourcil et vous faites bien voir
En allongeant la lèvre un déplaisir extrême...
Prenez deux chevaliers, prenez-en un troisième ;
Est-ce assez ? — Vous ouvrez encor votre giron ?
C'en est fait ! Rien ne peut vous satisfaire.... non !

Ni tout ce que Crésus posséda de richesse,
Ni tout l'or du Grand Roi, ni ce qu'en sa faiblesse
César Claude à Narcisse octroya de trésors ;
Narcisse dont, pourtant, sans honte et sans remords,
L'empereur à ce point subit la discipline
Qu'à son ordre, il signa la mort de Messaline (4).

NOTES SUR LA XIVᵉ SATIRE

1. L'eunuque Posidès (?), affranchi de Claude.

2. Aux astrologues (*mathematicis*).

3. *Testa*. — Nous pensons que Juvénal fait ici allusion à l'escargot qui, comme Diogène, porte partout sa maison avec lui. — *Testa* signifie proprement ici ce que Rabelais appelle un « tonneau fictile ». (Dans son tonneau d'argile....) (Pantagruel, livre III, préface).

4. *Cujus paruit imperiis, uxorem occidere jussus.*

Narcisse fit davantage ; il ordonna lui-même la mort de Messaline, que Claude apprit, du reste, avec une parfaite insensibilité. Narcisse était avide, comme tous les autres affranchis de Claude, (*Ego possideo plus Pallante et Licinis*, sat. I, v. 108) mais il était dévoué à l'empereur et à son fils Britannicus. Agrippine profita de son absence (il était malade aux bains de Sinuessa) pour se débarrasser de Claude, et, lui mort, elle envoya à Narcisse l'ordre de mourir. On voit que Narcisse a été quelque peu calomnié par Racine.

SATIRE XV

LA SUPERSTITION

Qui ne sait, Volusius, quels monstres odieux
Le sot Egyptien a mis au rang des Dieux ?
Ici, devant l'Ibis un respect imbécile
Courbe son front ; là-bas, devant le crocodile.
Le singe sur l'autel a son image d'or
Aux lieux où de Memnon mutilé vibre encor,
A l'essor du soleil, la harpe aux sons magiques,
Où Thèbes gît, cadavre aux cent portes tragiques.
Pour d'aucuns les poissons de la mer sont sacrés,
Pour d'autres, ceux du Nil. Les chiens sont vénérés,
Comme dieux protecteurs, par des cités entières ;
— Diane est sans autel, sans culte et sans prières. —
Gardez-vous d'effleurer d'une indiscrète dent
Soit oignons, soit poireaux ; sacrilège évident !
O saint peuple, adoré de tout ce qu'il adore,
Jusques dans ses jardins ses dieux daignent éclore !

Chez lui, c'est un forfait d'égorger un chevreau ;
Pris d'un effroi dévot à l'aspect d'un agneau,
Il s'abstient de la chair qui nous donne la laine ;
Mais il ne s'abstient pas toujours de chair humaine.

Lorsque de tels repas Ulysse, après dîné,
Racontait les horreurs à son hôte étonné,
Autour d'Alcinoüs il se trouva, sans doute,
Quelque esprit moins crédule aux récits qu'il écoute
Pour rire de bon cœur de ces rêves d'antan,
Ou qui, plein de mépris pour un vil charlatan,
En propos indignés exhala sa colère :
« A la mer l'impudent qui croit ici nous plaire
» Par ces contes de vieille, où nous extravaguons,
» De Cyclopes goulus, d'avides Lestrigons (1).
» Plût aux Dieux que Charybde eût été véritable ;
» Qu'il eût payé tribut au gouffre redoutable !
» Moi, j'aimerais mieux croire aux gueules de Scylla,
» Aux rocs Cyanéens, que seul Argo doubla,
» Aux outres dont les flancs recèlent la tempête,
» A Circé transformant d'un coup de sa baguette,
» Elpénor et sa bande en immondes pourceaux....
» Nous autres, Phéaciens, nous prend-il pour des sots ? »
Tel, ayant moins puisé dans l'urne de Corcyre,
N'étant pas ivre encor, il exhalait son ire.
Non sans raison ; le roi d'Ithaque, en vérité,
Était le seul garant de sa véracité.
Je vais t'entretenir, moi, d'un fait effroyable,
Parfaitement certain quoique à peine croyable,
Sous Junius consul récemment arrivé,
Près de Coptos, et par tout un peuple achevé ;
Crime plus monstrueux qu'aucune tragédie.

De Pyrrha jusqu'à nous, à loisir, étudie
Tout ce que le théâtre exposa de forfaits,
Tu n'en trouveras pas que tout un peuple ait faits.
Oui, frémis au récit d'une action sauvage
Dont la férocité déshonore notre âge.

Un mal invétéré que rien ne guérira
Divise deux cités, Coptos et Tentyra (2) ;
Deux peuples contigus qu'une antique querelle
Enflamme d'une haine implacable, immortelle.
Et la cause du mal, c'est que des deux cités
Chacune du voisin hait les divinités,
Regardant comme seuls dignes qu'on les adore
Les Dieux que de son culte elle-même elle honore.

Donc c'est fête à Tentyre, et cette occasion
Paraît bonne à Coptos pour une invasion.
D'un ennemi joyeux il faut troubler la fête,
Des nobles c'est l'avis ; on part, les chefs en tête.
Il faut qu'*ils* soient surpris au milieu des festins.

Les tables sont partout ; les matins aux matins
Succèdent radieux, et la septième aurore
Sur leurs lits de plaisir, parfois, les trouve encore.
Ce canton de l'Egypte est barbare, odieux ;
Mais pour la volupté, — je l'ai vu de mes yeux, —
A l'infâme Canope il ne le cède guère.
La victoire est aisée, en cette lâche guerre,
Sur des gens avinés, bégayants, titubants...
Ici la flûte nègre aux rustiques accents,
Des danses et des fleurs, des parfums, des couronnes,
— Des parfums, si l'on veut, des parfums autochthones, ---
Là, la haine affamée, au front injurieux.
Qui pourrait contenir ces esprits furieux ?
D'abord de chaque bouche à la fois part l'outrage ;

Ce fut là le clairon qui sonna le carnage.

Puis avec des clameurs on se rue au combat.

Point de traits; la main nue avec rage s'abat ;

Peu de faces bientôt demeurent sans blessures ;

A peine un nez intact dans toutes ces figures ;

Visages mutilés, écrasés, fronts béants,

Os broyés, yeux crevés sous des poings tout sanglants.

Ce n'est qu'un jeu pour eux, une lutte enfantine ;

Quoi ! pas de morts ? Il faut des morts que l'on piétine ;

Quoi ! des milliers de coups et pas un coup mortel !...

Le combat, plus ardent, redouble plus cruel.

Déjà plus d'une main vers la terre s'incline

Et l'ordinaire trait d'une lutte intestine,

La pierre, arme bientôt mille bras vigoureux ;

Non telle cependant que ces illustres preux,

Turnus, le grand Ajax ou le fils de Tydée

En ébranlaient la force ou d'Hector ou d'Enée ;

Mais telle que la meut un bras du temps présent,

De ces robustes bras, hélas ! si différent.

— Notre race baissait déjà du temps d'Homère ;

Ceux qu'aujourd'hui nourrit la terre, notre mère,

Sont faibles et méchants ; et lorsque, par hasard,

Un Dieu sur notre engeance abaisse son regard,

Il sourit de mépris à la fois et de haine. —

Mais à notre récit il faut que je revienne.

Ceux de Tentyre, enfin, reçoivent des renforts ;

Leur audace s'accroît, car ils sont les plus forts.

Alors entrent en jeu contre leurs adversaires

Les glaives acérés, les flèches meurtrières ;

Coptos, tournant le dos, s'enfuit jusqu'au dernier.

Ceux que nourrit Tentyre, à l'ombre du palmier,

Comme limiers ardents s'élancent à leur suite.

Un fuyard, dont la peur précipite la fuite,
Glisse et tombe. Il est pris, mis en pièces soudain,
Puis en mille morceaux haché ; car, dans sa faim,
Nul n'en quitte sa part. La gent victorieuse
Jusqu'aux os dévora la carcasse hideuse.
Ni broche, ni chaudron ; leur horrible appétit
Aurait trouvé trop long d'attendre qu'il fût cuit ;
Toute crue on mangea cette affreuse pâtée.
— O feu, qu'au haut du ciel a ravi Prométhée
Pour en faire à la terre un généreux présent,
Nous nous réjouissons, ô divin élément,
Qu'on n'ait point profané ta flamme sainte et pure. —
    Pour celui dont la dent toucha cette pâture,
Jamais il ne goûta mets plus délicieux...
Ah ! n'allez pas douter, censeur audacieux,
De la réalité de cette jouissance ;
Car le dernier venu, frustré par son absence,
Comme il ne restait rien, à terre se baissant,
En exprima du doigt quelques gouttes de sang.

    Les Vascons, dit l'histoire attristée et ravie,
Par de tels aliments prolongèrent leur vie (3).
Mais leur cas différait, en tout, de ces horreurs.
La Fortune contre eux épuisait ses rigueurs ;
Dès longtemps ruinés par une affreuse guerre,
Un long siège avait mis le comble à leur misère.
Leur exemple ne peut qu'inspirer la pitié.
Maigres, pâles, défaits et morts plus d'à-moitié,
L'ennemi même était touché de leur détresse.
Tout ce que peut souffrir l'âpre faim qui les presse
Ils l'avaient dévoré, l'herbe, les animaux ;
Il ne leur restait plus qu'à manger leurs égaux ;

Ils le firent, tout prêts à se manger eux-mêmes.
Qui pourrait, homme ou Dieu, dans ces crises suprêmes
A de tels malheureux refuser son pardon ?
Ceux qu'ils ont dévoré leur octroîraient ce don.

Zénon nous a légué de plus sages maximes :
Tous moyens de salut ne sont pas légitimes.
Mais un Cantabre, au temps de Metellus l'ancien,
Comment aurait-il fait pour être un stoïcien ?...
Athène est maintenant partout ainsi que Rome,
Et l'orateur Gaulois, qu'à bon droit on renomme,
A l'éloquence instruit le Breton reculé ;
On parle de gager un rhéteur à Thulé.

Ainsi, ce noble peuple eût pu, pour sa défense,
Comme les Sagontins ses égaux en constance,
Dont l'altier désespoir tint le monde attentif,
A défaut d'un meilleur, alléguer ce motif.
Mais l'Egyptien vil, en sa lâche furie,
De l'autel de Tauris passa la barbarie.
Jadis, si l'on en croit le poète menteur
De rites criminels l'Euxin fut l'inventeur ;
Il offrit à ses Dieux des victimes humaines.
Mais, conduit à l'autel, le front ceint de verveines,
On n'avait rien à craindre au-delà du couteau.
Quelle fatalité dans son terrible étau
Les avait donc traînés à ce crime exécrable !
La faim, d'un long blocus compagne inséparable ?
Qu'eussent-ils fait de plus, si le Nil irrité
Eût refusé ses eaux à leur aridité ?
Ce que n'osa jamais, ni Sarmate féroce,
Ni Cimbre, ni Breton, dans sa furie atroce

Un vil peuple l'a fait, inutile bétail
Qui passe tous ses jours, assis au gouvernail,
Voguant au gré du vent sur ses canots d'argile
Ou sur leurs flancs rougis courbant sa rame agile.
   Non, pour un tel forfait on cherche vainement
Un suffisant supplice, un digne châtiment.
Ce que la faim extrême, à peine eût osé faire
Ces barbares l'ont fait dans leur folle colère !
   La Nature, pourtant, témoigne par nos pleurs (4),
Que d'un tendre limon elle a pétri nos cœurs,
De notre humanité la meilleure partie.
C'est elle qui nous fait pleurer de sympathie
A l'aspect d'un ami qu'un sort infortuné
A plaider pour lui-même, hélas ! a condamné ;
D'un pupille accusant un tuteur infidèle,
Pauvre enfant dont les pleurs inondent la prunelle
Et dont les longs cheveux, par leur chaste agrément,
Font douter s'il n'est pas d'un sexe plus charmant.
Nous ne cédons pas moins au vœu de la Nature
Quand notre cœur gémit devant ta sépulture,
O vierge qu'à l'hymen la mort vient d'arracher,
Doux bébé, trop petit encor pour le bûcher.
Car, quel homme de bien, digne que la prêtresse
Lui passe le flambeau de la Bonne Déesse,
Dans ces rites cachés au vulgaire ignorant,
Peut voir les maux d'autrui d'un œil indifférent ?
Entre tout ce qui vit c'est la marque certaine,
Le signe distinctif de la nature humaine.
C'est pourquoi nous qui, seuls, apportons en naissant
Un esprit vénérable, ingénieux, puissant,
Capable de s'unir à la divine essence,
D'embrasser à la fois et l'art et la science,

Nous reçûmes du ciel un instinct précieux
Et que ne connait pas la brute, dont les yeux,
A la terre attachés, de la voûte azurée
N'ont jamais contemplé la majesté sacrée.

   Quand, au commencement, l'auteur de l'Univers
Donna l'âme vivante aux animaux divers,
Il nous donna de plus, à nous, l'âme sensible,
Afin qu'un doux attrait, un penchant invincible,
Nous fit et demander et prêter tour à tour
Le mutuel appui d'un fraternel amour ;
Qu'il unit en un corps la race dispersée ;
Que, l'antique forêt des humains délaissée,
On bâtit des maisons, foyers contre foyers,
Toits contre toits, voisins aux voisins appuyés,
Et qu'ainsi, l'union faisant la confiance,
Chacun put, désormais, dormir en assurance ;
Qu'on couvrit de son corps un frère terrassé
Ou d'un coup redoutable horriblement blessé ;
Que le même clairon menât à la bataille ;
Qu'on luttât à l'abri de la même muraille
Et dans la même tour et sous la même clé.

   Mais, dans ce triste siècle, hélas ! si déréglé,
De serpent à serpent plus grande est la concorde.
Ce qu'à l'espèce il doit, tout animal l'accorde :
Vit-on jamais lion, de sa force abusant,
Déchirer un lion sous sa griffe gisant ?
Dans quel bois le ragot tout fier de sa défense
Du tendre marcassin égorge-t-il l'enfance ?
Dans les jungles de l'Inde et ses halliers épais
Avec le tigre affreux le tigre vit en paix ;
L'ours féroce de l'ours ne redoute aucun piège.
Pour l'homme l'homme seul forge un fer sacrilège.

Nos pères innocents ignoraient ces travaux ;
Ils n'avaient que leurs socs, leurs sarcloirs, leurs hoyaux ;
Leurs mains ne forgeaient point des glaives homicides.
Mais c'est peu ; nous voyons des peuples fratricides
A qui de leurs égaux la mort ne suffit pas
S'ils ne font de leur chair un immonde repas.

Que dirait Pythagore à ce spectacle horrible ?
Où ne fuirait-il pas ? lui dont l'âme sensible,
S'abstenant de tout sang comme de sang humain,
N'accordait même pas tout (5) légume à sa faim !

1. Le Cyclope Polyphème et Antiphate, roi des Lestrigons, avaient dévoré quelques-uns des compagnons d'Ulysse. Juvénal affecte de considérer ici ces récits comme des inventions surannées, des contes d'enfant où l'on trouve des ogres qui aiment la chair fraîche. C'était tout simplement le souvenir de l'anthropophagie primitive.

2. Villes de la Haute-Égypte.

3. Siège de Numance.

4. On voit généralement dans ce passage l'éloge de la Pitié. Nous ne pouvons nous ranger à cette opinion et nous croyons que quiconque voudra serrer le texte d'un peu près sera forcé de se ranger à la nôtre. D'abord, il n'y a pas dans le texte un seul mot qui puisse se traduire directement par « Pitié ». Sans doute, on peut y trouver, et on y trouve effectivement, le sentiment lui-même, mais comme compris implicitement dans un sentiment plus général. Il y a là, selon nous, le germe ou l'esquisse sommaire de tout un système de philosophie qui a pris corps depuis sous le nom de philosophie de la sympathie ou du sentiment. Après avoir cité un acte d'épouvantable férocité, Juvénal n'en conclut pas moins

que la nature nous a donné un « cœur sensible » *mollissima corda* ; ce que nous traduisons par « une tendre argile » parce que c'est le sens le plus direct et parce que, selon nous, il y a là, dans la pensée du poète, une allusion au « *genus durum* » d'Ovide et de Virgile. Cette « tendresse » aux impressions morales, qui est le privilège de l'homme, est la mère de la sympathie, cause génératrice et lien des sociétés humaines, lesquelles ont pour instrument cette intelligence supérieure, notre privilège aussi ; cet « *ingenium* » créateur des arts, des sciences, des religions, etc., sans le concours duquel les sociétés auraient bien pu se former, mais non se développer.

Telle est, à notre avis, la pensée qui domine tout ce passage dont, en dehors d'elle, les développements ne seraient pas suffisamment intelligibles.

5. La fève, dont s'abstenaient les Pythagoriciens.

———

SATIRE XVI [1]

AVANTAGES DE L'ÉTAT MILITAIRE

Que l'état militaire est un heureux métier !
En compter les beaux droits prendrait un jour entier.
Ah ! Gallus, si jamais la fortune propice
Me montre un camp prospère où prendre du service,
Je suis, quoique poltron, tout prêt à m'enrôler ;
Qu'un astre me sourie, on m'y verra voler.
Car, mieux vaut du Destin saisir l'heure bénigne
Que si, pour nous, Vénus, par une grâce insigne,
Vénus même, au dieu Mars avait écrit deux mots,
Ou Junon, à qui plaît la plage de Samos (2).
Examinons d'abord, à part, chaque avantage
Qui de l'armée entière est le commun partage.
C'en est un, à coup sûr, et non le plus petit,
Qu'un bourgeois n'oserait frapper même un conscrit,
Et que, fût-il rossé, lui-même, d'importance,
Il le garde pour lui, cache sa malechance,

Loin d'oser au Préteur étaler, en geignant,
Sa mâchoire ébréchée, un nez encor saignant,
La marque des coups noirs sur sa face livide,
Ses yeux si mal en point qu'un Esculape avide,
Doutant de les guérir, hésite à s'en charger.
   Que s'il tient, cependant, à se faire juger,
Devant un juge en casque il lui faut comparaître ;
Un barbare grossier de son fait doit connaître,
Botté jusqu'au nombril sur son siège élevé.
C'est un vieux droit, chez nous, strictement observé,
Droit jadis édicté par notre grand Camille,
Que le soldat, soustrait à l'action civile,
Dans son camp seulement puisse être poursuivi. —
— Fort bien! Rien n'est plus juste, et j'en serais ravi ;
Leur centurion est leur juge nécessaire.
Qu'il soit fait de ma cause un exposé sincère,
La vengeance parbleu! ne saurait m'échapper. --
   Mais la cohorte entière est prête à t'écharper ;
Tous se mettent d'accord aussitôt pour te nuire.
Veux-tu donc que pour toi la vengeance soit pire
Que ne fut l'attentat dont tu te crois vengé?
Comme un Vagellius il faut être enragé,
Ce sot déclamateur qui nous vint de Modène,
Quand on n'a que deux pieds, pour affronter la haine
De tant de gros souliers et de milliers de clous.
   D'ailleurs, est-il témoin bien disposé pour nous,
Qui veuille aller si loin porter son témoignage?
Est-il même un Pylade, un ami d'un autre âge,
Qui consente à franchir la ceinture d'un camp?...
Sèche, si tu m'en crois, tes larmes sur-le-champ ;
Garde-toi sagement d'adresser ta prière
A des amis tout prêts à tourner le derrière.

Quand le juge aura dit : « Produisez vos témoins »,
Si quelqu'un, ayant vu donner les coups de poings,
Ose dire : « J'ai vu », pour tant de force d'âme,
Soudain, sans hésiter, certes, je le proclame
— Et, dans mon sentiment, je ne puis faire plus, —
L'égal de nos aïeux barbus et chevelus.
Un faux témoin serait plus facile à produire
Contre un pauvre bourgeois incapable de nuire,
Qu'un témoin véridique, acceptant le mandat,
Contre les intérêts ou l'honneur d'un soldat.

  Un autre privilège à noter : je suppose
Qu'un avide voisin m'enlève quelque chose,
Un vallon possédé par vingt de mes aïeux,
Ou le champ que mon père avait hérité d'eux ;
Que de notre limite il arrache la pierre
Gardienne entre nous deux d'une exacte frontière,
Cette borne sacrée où ma main, tous les ans,
Au Terme protecteur offrait, au lieu d'encens,
Et l'agreste bouillie et l'antique galette ;
Que, niant son billet, un débiteur s'entête
A garder les écus, qu'il a reçus de moi ;
Une année il me faut attendre en grand émoi,
Avant que le Préteur s'occupe de ces choses,
Qu'il ait de tout un peuple expédié les causes.
Alors même, combien d'ennuis et de délais !
Que de fois, vainement, il faut aller aux plaids !
Déjà Céditius, tout bouillant d'éloquence,
Dépose sa lacerne, et Fuscus, la prudence
Incarnée, a couru... se précautionner (3).
Nous sommes prêts... Remise... Il faut s'en retourner.
Ah ! le bourgeois qui veut combattre en cette arène,
Il ne doit épargner ni son temps, ni sa peine ;

Mais, pour l'heureux mortel que ceint un baudrier,
Il choisit à son gré l'heure de guerroyer ;
La longueur du procès n'épuise pas sa bourse.
    Inscris à leur actif encor cette ressource :
Du vivant de leur père ils ont droit de tester (4).
Car, ce que le service a pu leur rapporter,
De par les lois, échappe au pouvoir arbitraire
Qui, sur tout autre bien, chez nous, compète au père.
C'est pourquoi, de son fils encor sous le drapeau,
Grossissant son pécule en exposant sa peau,
Coranus, tout tremblant sous le poids d'un grand âge,
Sénile captateur, convoite l'héritage.
Lui, cependant, du plus glorieux zèle épris,
Reçoit de ses exploits le légitime prix.   ·
    Au général lui-même, à mon sens, il importe
Qu'aux faveurs, le plus brave ait la part la plus forte,
Que de colliers d'honneur ils soient tous décorés...

NOTES SUR LA XVIᵉ SATIRE

1. On a prétendu que ce fragment de satire n'était pas de Juvénal. Nous sommes d'un sentiment tout opposé. Outre qu'on y reconnaît, au premier coup d'œil, l'allure ordinaire de son style, on y retrouve jusqu'à des expressions, consacrées peut-être, mais, en tout cas, employées par lui, dans d'autres satires, d'une façon caractéristique. Par exemple : *Da testem...* (Sat. VIII, v. 136.) *Si dicas sub judice : Vidi....* (Sat. VII, v. 13), etc.

Il est d'ailleurs évident que c'est là sa dernière composition, composition interrompue par la mort. Relégué, à l'âge de plus de quatre-vingts ans, au fond de l'Égypte, sous prétexte d'y commander une cohorte, nous savons que son esprit n'y resta pas inactif. Cet homme qui, à soixante-dix-huit ans, avait écrit la satire XIIIᵉ (le dépôt) et depuis, sans doute, la XIVᵉ (l'exemple), une des plus considérables par son étendue, avait déjà produit pendant son séjour en Égypte la XVᵉ (la superstition). Il est donc plus que probable qu'il voulut tirer parti de sa tardive expérience de la vie militaire pour nous laisser un nouvel ouvrage et qu'il mourut la plume à la main sans avoir eu le temps de l'achever. Toutes ces vraisemblances équivalent pour nous à une certitude, surtout en présence d'une affirmation sans preuves.

Quant à la prétendue infériorité de cette satire (60 vers,

quand la moindre en compte plus du double et la vi^e, 661),
nous avouons qu'elle nous échappe. Peut-être nous faisons-
nous illusion, mais il nous semble, au contraire, y sentir
comme la douce ironie d'un vieillard aimable qui se venge
agréablement d'avoir été fait tribun malgré lui. Nos esprits,
prévenus en général, ont quelque peine à se représenter Juvé-
nal « bonhomme » et pourtant c'était un « bon homme »,
comme le bonhomme... Victor Hugo.

2. Junon était particulièrement honorée à Samos où elle
avait un temple célèbre.

3. *Fusco jam micturiente.*

4. D'après l'ancienne législation, le fils de famille ne pou-
vait rien acquérir qui lui appartînt en propre, partant rien
léguer. Cette incapacité fut peu à peu atténuée par la théorie
des pécules, surtout par le *castrense peculium* établi par Auguste
et qui donnait au fils la propriété de ce qu'il acquérait au ser-
vice militaire.

Cette innovation, si naturelle d'ailleurs, n'eut-elle pas des
effets funestes, en rendant le soldat avide ? Et n'est-ce pas,
eu partie, à cette avidité qu'on dut de voir les armées vendre,
tant de fois, l'empire ?

FIN.

ERRATA

Page 24, *ligne* 20, *au lieu de :* la contenir, *lire :* le contenir.

— 26, — 22. — *Thrasœa,* — *Thrasea.*

— 38, — 5, — *Licinie,* — *Licinis.*

— 42, — 17, — *juxtas,* — *jussas.*

— 133, — 7, — Vieninal, — Viminal.

— 143, — 4, — traits, - toits.

— 163, — 23, — Sabure, — Subure.

— 164, — 21, — Sabure, — Subure.

— 176, — 6, — *la* soutient, — *le* soutient.

— 191, — 13, — *la* Sère, — le Sère.

— 251, — 8, — Tel pourtant, Tels pourtant.

— 263, — 30, — éclatant, — éclatent.

— 272, — 31, — Quoique, — quoique.

TABLE

ÉTUDE 1

JUVÉNAL.

Satire Iʳᵉ. Pourquoi Juvénal compose des satires...... 103

II. Des hypocrites......................... 116

III. Les embarras de Rome................ 129

IV. Le turbot............................. 148

V. Les parasites.......................... 159

VI. Les femmes........................... 169

VII. Misère des gens de lettres 209

VIII. Les nobles........................... 227

IX. Cinædi et Pathici 243

X. Les vœux.... 254

XI. Le luxe de la table.... 274

XII. Le retour de Catulle.... 288

XIII. Le dépôt 296

XIV. L'exemple 311

XV. La superstition........... 329

XVI. Avantages de l'état militaire. 340

VERSAILLES, IMPRIMERIE CERF ET FILS, 59, RUE DUPLESSIS.

Lightning Source UK Ltd.
Milton Keynes UK
UKHW020609021118
331641UK00009B/537/P